동아시아 일기 연구와 근대의 재구성

국립중앙도서관 출판시도서목록(CIP)

동아시아 일기 연구와 근대의 재구성
이정덕, 안승택 편저
 - 서울: 논형, 2014
    p. ;   cm. - (논형학술: 82)

참여필자: 이성호, 池田勇太, 陳姃湲, 何鳳嬌,
          严海建, 松田忍
ISBN 978-89-6357-157-7 94330 : ₩22000

일기 문학[日記文學]
동아시아[東—]

809.6-KDC5
809.8-DDC21   CIP2014018958

동아시아 일기 연구와 근대의 재구성

이정덕 · 안승택 편저

논형

동아시아 일기 연구와 근대의 재구성

초판 1쇄 인쇄 2014년 6월 20일
초판 1쇄 발행 2014년 6월 30일

편저자 이정덕·안승택
펴낸곳 논형
펴낸이 소재두
등록번호 제2003-000019호
등록일자 2003년 3월 5일
주소 서울시 관악구 성현동 7-77 한림토이프라자 6층
전화 02-887-3561
팩스 02-887-6690
ISBN 978-89-6357-157-7 94330

값 22,000원

서문

한 권의 책을 만드는 일은 사실 그리 어려운 일은 아니다. 글을 쓰려는 사람이 많이 있고, 이미 쓴 글이나 쓰고 있는 글이 많이 있으며, 그 글을 엮어 내려는 출판사도 많다. 게다가 여기에 일정한 재원도 마련되어 있다면, 일은 일사천리로 진행되기 마련이다.

그럼에도 불구하고 한 권의 책을 내는 일은 대단히 어려운 일이다. 글을 쓰는 사람도 너무 많고, 그들이 쓴 글이나 쓰고 있는 글도 너무 많으며, 그 글을 엮어 내려는 출판사도 많기 때문이다. 그 재원의 파괴, 자원의 파괴, 인력의 파괴상은 거의 재앙의 수준으로 치닫고 있다.

문제는 결국 책을 쓰는 사람은 많은데 읽는 사람이 적다는 것이고, 조금 더 적극적으로 표현하자면 책을 읽어야 할 사람들이 책을 쓰기만 하고 있다는 사실에 있다. 조금 덜 쓰고 조금 더 읽을 수 있다면, 책을 둘러싼 우리의 실존적 상황은 조금 더 나아지지 않을까.

이런 상황인식에도 불구하고 우리는 이 책을 내기로 했다. 이 책이 아니고는 알 수 없는 아시아적 차원에서 문제의 존재양태를 알리고 싶었고, 산재하지 않고 뭉쳐있을 때 이 기획의 효용이 배가될 뿐 아니라, 우리 작업의 의의를 분명히 각인할 수 있다고 보았기 때문이다.

수요자의 욕구로 인해서가 아니라, 공급자의 욕구로 인해 이 책을 낸다는 점을 분명히 해두고 싶다. 독자들은 이 책에서 전혀 생각지 못했고 접해본 일 없던 세계를 만날 것이다. 그 세계가 읽는 이의 마음에 들지는 모르겠다. 그러나 우리는 대단히 마음에 들어 하고 있다.

우리는 '개인기록의 사회과학'이라는 약칭으로 불리는 연구 집단이다. 전북대학교 〈쌀, 삶, 문명연구소〉에 센터를 두지만, 전주뿐 아니라 서울과 대전 등 각처에 흩어져 살아가는 사람들이고, 이제 막 일본과 대만, 중국으로 그 네트워크를 확장한 상태이다. 전공은 인류학, 사회학, 경제학, 과학사, 사상사, 사회사 등으로 다양하며, 한국쪽 인력은 사회과학 전공이 많고 해외 인력은 모두 역사학 전공자이나, 각 개인들은 모두 그 사이를 오가며 작업하는 성향이다.

우리가 하는 작업의 특징을 거칠게 요약하자면 다음 두 가지 점으로 제시할 수 있다. 첫째는 근대성의 문제를 중심으로 다루는 것은 다른 많은 인문사회과학의 논의들과 마찬가지이되, 그것을 근본적으로 지역적(으로 이질적)인 현상으로 포착하며, 동시다발적으로 다양한 근대성들이 형성되고 표출하는 가운데 우리가 살아가는 근대적인 세계가 만들어졌다는 입장이다. 이는 소위 말하는 서구적 근대성의 지표들 ―국민국가, 자본주의, 합리적 개인화 등― 을 기준으로 다양한 사회들이 언제, 어떻게 그와 같은(또는 유사한) 단계에 진입했는가를 논하는 방식에 반대함을 뜻한다. 이 책의 제목을 『동아시아 일기 연구와 근대의 재구성』이라 한 것은, 그러한 '반대'의 기획 아래 우리가 근대에 접근한다는 점을 드러내려는 것이었다.

이 '반대'에는 두 가지 버전이 있을 수 있다. 하나는 그 지표들로 포괄되지 않는 다른 근대성들이 있다는 식의 보다 강한 버전이고, 다른 하나는 그 지표들 안에 포괄되지만 다시 그 하위 범주로는 서구적인 것과 다른 근대성들이 있다고 보는, 보다 약한 버전이다. 우리 안에는 양자의 버전이 공존하며 서로 논쟁하면서 논의를 진행하고 있다. 독자들은 이 책 안에서 두 버전 모두를 발견할 것이며, 우리가 당장 답할 수 없는 문제에 대한 선험적 전제를 배격하고 아시아 도처에서의 실증적 연구를 통해 그 답을 찾아가고 있음을 확인하게 될 것이다. 현 상태에서 이에 대한 우리의 입장은, 그럼에도 불구하고 근대가 무엇인지 또는 언제부터인지를 전제하지 않는 우리의 방식이, 근대(성)에 대한 보다 풍부하고, 실제에 가까운 이해를 가능하게 해준다는 것이다. 이 점을 독자들과 함께 음미하고, 또 많은 토론을 이어갔으면 한다.

우리의 작업이 가지는 두 번째 특징은, 그와 같이 지역적으로 다양한 근대성들을 개인기록, 특히 생활현장에서의 실제 경험과 감각을 바탕으로 나날의 삶을 기록해나간 일기 자료를 중심으로 분석한다는 점이다. 지금까지 진행한 연구결과를 토대로 갖게 된 우리의 감각에 따르면, 우리 사회에서 근대적 세계의 성장은, 재래의 것들이 스스로 변화할 시간을 충분히 갖지 못한 상태에서 새로운 것들이 등장함에 따라, 양자가 일관된 논리를 형성하지 않은 채 결합되어 있는 압축근대성(compressed modernity)의 특징을 보인다. 물론 이 압축근대성은 지역마다 불균등한 방식과 속도로 전개되었고, 따라서 그 결합의 양상들 역시 지역에 따라 서로 다른 패턴을 지녔을 것이다. 이렇게 지역적으로 불균등한 압축근대성의 전개과정을 가장 세밀하고 풍부하게 보여주는 것이 각 지역마다의 생활일기라는 것이 우리의 판단이다.

우리가 보기에 사태에 대한 이러한 인식은 단지 연구관점의 문제에 머무는 것이 아니라 몇 가지 연구방법상의 혁신을 요구하는 것이기도 하다. 그 첫째는 (일단 역사학자의 시대구분 용어를 따라 표현하자면) 전근대(조선 후기) 및 근대시기(일제 강점기)에 집중되어 있던 일기연구를 현대시기까지 끌고 내려올 필요가 있다는 점이다. 우리가 추구하는 압축근대성의 양상은 그 시기가 최근으로 내려올수록 더욱 격화되었고, 이전 시기에 시작된 변화가 이 시기에 보다 확고한 모습으로 자리 잡은 것이 분명하기 때문이다. 따라서 현대일기에 대한 자료축적이 거의 없는 상황에서, 우리는 생활일기를 직접 발굴하고, 이를 탈초, 입력하여 자료집으로 간행하는 수고를 아끼지 않으면서 이를 분석해나가는 방법을 취하게 되었다.

　　둘째, 아시아적 규모에서의 비교연구를 수행할 때, 국민국가 단위에서의 변화단계나 시점을 전제하면서 일기자료를 토대로 국가 단위의 비교연구를 하는 것이 아니라, 각 일기들이 보여주는 세계 자체를 두고 아시아적 차원에서의 비교연구를 시도하는 방법론적 전환이 필요하다. 개인이 적은 일기를 민족사나 국가사, 혹은 특정 행정단위를 전제로 한 지역사로 치환하는 방식은 장소착오(anachorism)에 빠질 공산이 크다. 반면 우리의 방법은 그러한 오류를 피하고 또한 국가주의나 민족주의, 지역주의의 함정에 빠지지 않으면서, 아시아적 차원에서의 상호이해를 도모하는 방법이 될 수 있다고 본다. 물론 이 언급은 일기가 나타내는 생활세계에 미치는 민족적, 국가적, 지역적 그리고 글로벌한 차원의 힘들이 지니는 규정력을 배제하는 것이 아니다. 민족사, 국가사, 지역사 그리고 세계사적 차원에 대한 이해가 깊어질수록 일기 속 생활세계에 대한 이해 역시 깊어질 수 있음은 당연한 전제이다.

셋째, 이제는 진부한 상투어구가 되어버린 감도 있지만, 학제적인 융복합연구의 본격적인 착수가 요구된다. 우리는 다양한 분야의 전공자로 연구 집단을 구성했을 뿐만 아니라, 이들이 같은 자료를 가지고 함께 토론하고 분석하며, 그것도 현장에서 발굴한 자료를 연구 가능한 자료로 바꾸는 작업(탈초, 입력, 해제, 간행)부터 함께 진행하면서, 연구의 시초부터 끝까지 함께 하고 있다. 이 방식이 갖는 위력은 한마디로 미경험자의 상상을 초월한다. 또한 그간 일기자료에 대한 분석이 대개 문학자나 역사학자들에 의한 정성적인 방식에 머물렀음을 하나의 한계로 인식하고, 사회학자와 경제학자에 의한 정량적인 분석을 일기연구에 도입하고 있다. 이 책에는 그 성과가 아직 나타나지 않았지만, 이 책과 함께 간행되는 임실『창평일기』에 대한 연구서에서 우리는 그 단초를 제시하였다. 물론 이 언급은 정성적 분석의 가치를 폄훼하는 것과는 거리가 멀다. 우리는 오히려 정성적인 분석과 정량적인 분석이 함께 진행될 때 기존의 방식으로 보지 못했던 생활세계의 사태들이 눈에 들어올 것으로 기대하고 있으며, 그 가능성은 이미 현실태로서 우리 앞에 나타나고 있음을 강력히 주장하고 싶다.

이 책에 실린 글들은 올봄 전북대학교에서 개최된 국제학술회의 〈Modernization and Diary in East Asia〉(2014. 3. 5~3. 7)에서 발표된 원고를 수정, 보완한 것들이다. 발표진은 전북대학교 〈쌀, 삶, 문명연구소〉를 중심으로 형성된 'SSK 개인기록의 사회과학' 연구팀이 근간이 되어, 이들이 일기자료에 대한 동아시아 차원에서의 비교연구를 제안하고 이에 호응하여 참여하기로 결정한 한국, 중국,

일본, 대만의 연구자들로 구성되었다. 일기 연구를 전면에 내세우는 국제학술회의를 구성하는 것, 그것도 현대일기를 분석의 중심에 놓는 연구자들을 모으는 일은 사실 그리 쉬운 일은 아니었다. 참여를 결정한 연구자들 스스로도 그러한 국제공동연구의 가능성에 대해 자신이 없어 하는 모습이 준비 단계부터 역력했다. 그러나 막상 차려진 자리에 모여 얘기가 시작되자 비상한 열기와 놀라운 경험을 나누게 되면서, 회의장은 이상한 흥분에 휩싸여갔다. 한마디로 하자면, 일기도, 일기를 둘러싼 상황도, 그에 대한 연구의 상황도 모두 천차만별이었는데, 그럼에도 불구하고 우리는 그것이 같은 시대의 어떤 유사한 분위기를 공유하는 것이기도 하다는 점을 본능적으로 깨닫지 않을 수 없었다.

일기에 대한 연구가 가장 방대하고 체계적으로 진행되어 있는 것은 일본이었다. 우리는 두 발표로부터 많은 것을 배울 수 있었으며, 향후 한국의 일기연구가 나아갈 지점에 대해서도 많은 시사를 얻었다. 그러나 그만큼 전근대일기와 근대일기의 구분이 대단히 엄격하게 나누어져 있다는 인상이었다. 이는 근년 한국의 일기연구자들에게도 많은 영향을 미치고 있는바, 이에 대해서는 우리의 상황과 관련하여 조금 더 비판적인 안목도 필요할지 모르겠다는 인상도 갖게 된다. 또 현대일기에 대해서는 일본에서도 이제 막 연구가 시작되고 있는 모습이었다. 이와 관련해서는 오히려 우리의 작업이 그들에게 깊은 인상을 준 면도 있지 않은가 자위해본다.

그중 이케다 유타(池田勇太)의 글「역사와 개인기록: 일본근대 농촌일기로부터의 고찰」은 일본 근현대일기의 현황과 연구동향을 소개한 것으로, 그 양상을 개괄적으로 이해할 수 있게 해준다. 때로 전근대일기의 상황까지 대조해가며 일본 근대일기의 특징을 점검해나가는 그의 논의는, 일기에 관심을 갖는 사람은 물론 그렇지 않은 사람에게도 유익한 정보를 잔뜩 담고 있다. 특히 그는 비-엘리트층까지 포함하여 농촌에서도 누구나가 일기를 쓰게 되었다는 사실 자체가 일본사회에서 근대성의 표현이었으며, 이 자체를 역사연구의 대상으로 삼을 필요가 있다는 지적을 하고 있다. 한국사회에 주로 근거하는 우리의 감각은 "여전히 '누구나'는 아니었고 농촌에서도 어떤 특정한 속성을 공유하는 사람들이 아니었을까"라는 것이었지만, 이 자체가 향후 한국에서의 일기연구의 과제가 될 뿐 아니라, 비교연구의 과제도 될 터이다. 여하 간에, 일기의 내용만이 아니라 그 기록행위 발생, 지속의 사회사적 맥락을 다루어야 한다는 그의 논점으로부터는 많은 것을 배우고, 또 충분히 공감도 하게 된다.

마츠다 시노부(松田忍)의 글「신생활운동으로 살피는 아시아의 전후(戰後)」는 전후 일본에서 신생활운동(新生活運動)을 이끌었던 아즈미도쿠야(安積得也)의 일기를 주로 다루지만, 그 자체에 한정되지 않고 널리 논의의 확장가능성을 모색하는 광폭적인 행보를 보여준다. 그는 이를 통해 20세기 중반의 일본 그리고 아시아에서 '생활'이란 무엇이었고, 그 '개선'을 주창하는 운동이 동시다발적으로 일어났던 배경은 어떤 것이었는지에 대한 비교연구를 제안하였다. 우리는 이 제안을 적극 받아 안으면서 향후 심층적인 논의를 이어가기로 하였다. 이때 그가 제시한바, 당시의 '생활' 개념은 물질문명만 아니라 어떤 '혼'의 측면을 포함하는 것이었고, 이 생활의 수준으로까지 침투하게 되었을 때 비로소 근대성은 지역화한 현상으로 일어서 올라오게 되었으며, 이 영역에서의 근본대립은 좌파와 우파 모두에 존재했던 대외의존 노선과 독립 노선 사이의 구별이었다는 지적은 중요한 참조의 지점이 될 것이다. 그의 논의가 대단히 미묘한 지점에서 선을 긋고 있는 점 그리고 그 선을 단지 일본사회 내부에서 다루는 것이 아니라 아시아적 차원으로 이미 끄집어 내오고 있었다는 점은, 무척 반가운 지점이면서 동시에 새삼 우리가 짊어진 과제가 만만한 것이 아님을 다시 생각하게 하였다.

　장기간에 걸쳐 체계적으로 발전해온 일본의 경우와 비교하자면 대만의 근현대 일기연구는 단기간에 폭발적인 성장을 하고, 그럼에도 불구하고 강력한 입지와 조금 다른 성격의 체계성을 갖추게 되었다는 점에서 대단히 흥미롭다. 대만에서 온 두 발표자의 글, 특히 진정원의 글을 통해, 우리는 억눌려 있던 대만 민족주의의 분출과 함께 대만에서의 일기연구가 대만사 전체의 판도를 뒤바꾸는 중요한 역할을 하였음을 확인하게 된다. 여기에는 중국과 대만 사이의 관계와 관련된 독특한 역사적 상황이 개입되어 있다. 중국사가 대만사를 압도하고 후자는 거의 내용이 없다시피 했던 조건에서, 과연 어떻게 하면 대만 사람들 스스로 대만 사람의 역사를 구성해낼 수 있는가가 시대적 과제로 되는 상황이었고, 일기는 은폐되어 있던 대만사를 복원하는 가장 강력한 사료가 되었다는 것이 그 설명이었다. 또한 발표에 곁들여진 프리젠테이션 자료를 통해, 전자화된 자료로서 데이터베이스를 구축하고 활용하는 방식에 있어서도 그들이 가장 앞선 수준에 도달해 있음을 확인할 수 있었다. 이에 대해서도 역시 회의 참가자 모두 커다란 감명을 받지 않을 수 없었다.

　진정원의 글 「일기자료로 돌아본 대만사 연구 20년」은 이렇게 어떤 역사학의 반전과정을 보여주면서, 동시에 지난 100년 가량의 기간 동안 대만과 대만인이 처해있던 상황 그리고 그 기간 억눌렸다가 마침내 분출된 어떤 사회적 에너지가 느껴지게 한다는 점에서 대단히 독특하다. 우리는 이 글이 일기연구에 관심을 갖는 전문 연구자뿐 아니라, 사회와 역사의 존재방식에 관심을 갖는 많은 일반인들도 함께 읽어야 할 글이라는 느낌을 갖게 된다. 아마도 그것을 통해 독자들은 대만이라는 공간, 그곳에서 살아왔고 살아가는 사람들 그리고 그들이 살아온 시간에 대한 끈끈한 공감과 애정을 느끼게 될 것이며, 우리가 동시대를 살아가는 아시아인으로서 함께 소통할 바가 얼마나 많은지 다시 한 번 생각하게 될 것이다. 만일 전문가라면, 대만 중앙연구원 대만사연구소의 조직과 활동으로부터 어떤 부러움을, 아니면 두려움을, 그도 아니면(만일 스스로의 처지에 예민한 연구자라면) 모종의 서러움이라도 느끼게 될 것이다. 실은 이 부분이 우리가 대만사에서 배워야 할 가장 중요한 것일지 모른다는 점을 꼭 적어두고 싶었다.

허펑차오(何鳳嬌)의 글 「『관원선생일기』로 본 전후(戰後) 초기 대만의 대호여량(大戶餘糧) 수매 문제」는 솔직히 쉽게 읽히는 글은 아니다. 상당히 분량이 많을 뿐만 아니라 많은 사료의 나열로 인해, 게다가 우리에게 낯선 대만사의 영역이다 보니, 전문 연구자라 할지라도 집중력을 유지하기가 쉽지는 않을 것이다. 그럼에도 불구하고 우리는 이 글이 두 가지 점에서 주목할 만한 업적이라고 평가하게 되었다. 하나는 아시아사에의 전망을 지닌 한국현대사를 위한 주요한 참조지점으로서의 의의이다. 이 글은 제2차 세계대전 이후 지주계급에게 예전처럼 우호적일 수 없었던 국민국가의 대-지주 정책과 그 안에서의 사태 전개에 대해, 지주계급 스스로 어떻게 바라보고 또 대응

해나갔는지 보여주는 대단히 진귀한 논문이다. 주지하듯이 제2차 세계대전 이후 전 세계는 토지재분배 문제를 둘러싸고 거대한 격랑 속으로 휩쓸려 들어갔다. 이에 대해서는 이미 방대한 연구가 있고 심지어 연구의 동력을 소진한 뒤 연구사 전개가 이미 멈춰버린 듯한 감마저 있지만, 실은 어떤 부분은 거의 건드려지지 않은 채 남아있는 것도 사실이다. 이 글은 그 공백지대에 어떤 파문을 일으키는 돌멩이와 같은 성격을 내밀히 간직하고 있으며, 우리는 이것이 일기연구의 힘이라고 이해하였다. 다른 하나는, 앞서 언급한 대만인의 관점과 지평에서 대만의 역사를 구축해나가는 과업과 관련한 의의이다. 이미 길게 언급해 다시 부언하지는 않겠으나, 나열된 사료들 속에서 우리는 그 기록들 하나하나에 대한 대만사 연구자의 애착과 같은 것을 읽지 않을 수 없었다. 이 점 역시 독자들이 함께 음미하기 바란다.

중국의 일기와 관련된 글은 옌하이젠(嚴海建)의 「왕위안화(王元化)의 『90년대 일기』로 본 당대 중국의 변화」 하나였지만, 그것이 던진 파장은 다른 나라로부터 온 복수의 발표들에 결코 뒤짐이 없었다. 여기에서도 역시 중국사회에 고유한 역사적 상황이 배경이 되어, 일기는 그 격변을 타고 크게 요동치고 있었다. 한편에서 사회주의화 이후의 중국은 일기와 같은 개인기록이 일말의 존립근거조차 찾을 수 없을 정도로 집단화된 사회였다. 그럼에도 불구하고 그 집단화의 열풍이 꺾을 수 없었던 거인과도 같은 정신이 그 시대를 살아남았고, 개혁개방 이후 그가 다시 바로 일기를 적기 시작했던 것 그리고 사회 자체의 변화와 구별되는 개인정신의 위대한 지속과 변화를 그 일기가 보여준다는 점은, 그 자체로 감동적인 역사적 사실이었다. 일기에 적힌 내용뿐 아니라 일기라는 기록물과 그 기록행위가 놓인 이러한 극적인 역사적 상황에 우리의 인식이 미친 것은, 우리에게 일기란 무엇인가, 그것은 어떻게 사회의 지배를 받으며 또 그것에 저항하는가 하는 문제와 관련하여 커다란 도전을 안겨준 것으로 생각된다. 앞으로 우리의 연구가 답을 찾아가야 할 문제가 아닐 수 없다.

이정덕의 글「한국에서의 일기연구와 근대성」은 문명사 연구에 힘을 기울여온 인류학자가, 그간 역사학자들이 중심이 되고 일부 역사적 사회과학자들이 가세해온 근대성 및 일기자료의 연구현황을 개괄하고 논평한 글로서 흥미롭다. 그 학문적 출발점의 차이에 대한 인식이 이 글의 취지 및 의의에 대한 이해에 도움이 될 것이다. 그가 주로 문제로 삼는 것은 우선 조선 재래의 것을 전근대적인 것으로, 서구에서 유입된 것을 근대적인 것으로 전제하는 상투화된 인식 그리고 이러한 인식을 전제로 깔면서 시공간을 달리하는 여러 일기에 나타나는 다양한 생활세계를 그 시대 규정을 반영하는 생활상이 나타난 자료로만 가두어놓고 활용하는 경향이다. 역사학의 본연적 임무 중 하나가 시대의 구분에 있다는 점은 의심의 여지가 없다. 직업으로서의 역사학 역시 이에 따라 편성된다. 사회과학자들에게 서구 중심적 인식론은 운명과도 같은 굴레이다. 그들은 학문적으로 그것과 투쟁하면서, 직업적으로 그 안에서 헤엄친다. 그러나 그들이 대상으로 삼는 인간의 삶은 그와 같은 시대 구분, 서구 중심적 세계관 안에 갇히기도 하지만, 그것을 아무렇지도 않다는 듯이 넘나들기도 한다. 그의 글의 본 뜻은 역사학과 사회과학의 기존 연구들을 도매금으로 넘기려는 것이 아니라, 이 문제에 대한 토론의 장으로 독자들을 초대하려는 것이다.

이성호의 글「1970년대의 주민동원과 농촌사회의 변동: 『창평일기』를 중심으로」는 전북 임실 지역의 한 마을에서 일생을 보낸 농촌 주민의 일기를 토대로, 1970년대 농촌 마을에서 국가와 농촌 주민이 맺는 정치적 관계를 그 총체적 생활상에 대한 미시적 분석을 통해 보여준다. 이 배경에는 국가와 농촌 주민의 관계 맺음을 두고 국가의 동원 전략/능력을 강조하는 입장과 주민의 성취욕구 및 자발적, 능동적 참여를 강조하는 입장 사이의 이론적 대립이 깔려 있다. 이 문제에 대한 그의 입장은 '자발적 동원'이라는 표현으로 압축되는바, 여기에서의 '자발성'은 그 안에 말 그대로의 의미와 반어적 의미 그리고 '동원'과 결합됨으로써 갖게 되는 역설적 의미 모두가 포함된 것이라고 할 수 있다. 국가 측의 압도적인 힘의 우위 아래, 점차 체계성을 더해가는 (상호) 감시와 통제 체제 안에서, 그나마 국가가 내려주는 사적 이익추구의 동아줄을 움켜쥘 수 있었던 엘리트층 주민의 몰아세우기 앞에서, 사적 이익 확보를 위해 공적 사업에 참여함으로써 이루어지는 '자발성'이라 이해되기 때문이다. 학술회의의 자리에서 우리는 이 글과 마츠다 논문에서 다룬 신생활운동의 성격을 비교하며, 국적도 다른 초면인 사람들치고는 상당히 공세적으로 서로 질의응답을 벌였다. 그 자리에서의 잠정적인 결론은, 간단히 말하면 공통점도 있지만 그 본성적 측면에서 하향적 운동과 상향적 운동이라는 차이가 있다는 것이었다. 그러나 그것으로 논의가 끝났다고 생각하는 참석자는 아무도 없었을 것으로 생각된다. 그 자리에 있던 우리 모두를 포함하여, 향후 독자들과 함께 이 문제에 대한 토론과 다양한 비교연구를 진행해나가는 것이 우리가 현재 가지고 있는 희망이며 포부이다.

서문으로서는 장황한 논의가 되었다. 일정하게 서론의 기능도 겸하는 서문이 이 글에 부여된 역할이었다는 점에서 읽는 분들의 양해를 구한다. 우리 연구 집단의 내력과 현 위치 그리고 이 책이 서 있는 자리의 내력과 이 책을 읽는 것만으로는 놓치게 될지 모를 국제학술회의 당일 현장의 감각을 전하려던 것이 이렇게 길어지고 말았다. 그럼에도 그것을 모두 전할 수 없음은 당연하다. 이 책이 다시 그 나머지 얘기를 앞으로 이어가고 또 넓혀갈 수 있는 계기가 되었으면 한다.

　이 책이 나오기까지, 또 이 책의 바탕이 된 학술회의가 성립하기까지, 많은 분들의 도움을 받았다. 우선 우리 연구 집단의 초기 성립과정에서 함께 힘을 보태주셨고 또 항시 응원해주고 계시는 한림대학교 국사학과의 염정섭 선생님께 감사의 말씀을 전하고 싶다. 그리고 회의를 성립시키기까지 그리고 회의 성립 이후에도 무슨 일이든 마다 않고 도와주고 계신 전북대학교 일어일문학과의 임경택 선생님께는, 그저 감사하다는 말씀을 드리는 것만으로는 부족한 음덕을 입고 있다. 우리 연구팀원이 아님에도 불구하고 회의 당일 사회를 봐주셨던 전북대학교 고고문화인류학과의 채수홍 선생님, 또 일본 측 발표자의 섭외를 위해 애써주신 간다가이고대학(神田外語大學)의 츠치다 히로시게(土田宏成) 선생님과 하야시 후미키(林史樹) 선생님께도 깊이 감사드린다.

저자들을 대표하여
안승택

차례

1부

동아시아 일기 연구의 동향과 방법

1장

역사와 개인기록
일본근대 농촌일기로부터의 고찰

이케다 유타

1. 서론

본인에게 주어진 과제는 일본근대의 일기, 특히 쇼와기(昭和期)를 중심으로 한 일기에 대하여 일본에서의 현황과 연구동향을 개관하는 것이다. 이 장에서는 주로 역사학의 관점에서, 연구가 많이 축적된 쇼와전기(昭和前期)를 중심으로 기술하고자 한다. 구체적으로는 개인기록에서도 가장 개인적인 사료인 일기가 본 공동연구의 주제인 '동아시아의 근대화'와 어떠한 관계가 있는지에 대해, 농촌주민의 일기를 대상으로 약간의 고찰을 시도하고자 한다.

2. 현상과 연구동향

일기론

먼저 언급해야 할 것은 일본의 학술적인 현대사 연구에서 일기로 특화된 문제 설정은 지금까지 거의 존재하지 않았다는 점이다. 이것은 역사학에서는 가능한 한 많은 기록을 연구에 활용하기 때문인데, 예를 들어 개인에 관한 기록 중 문서사료의 경우만 보더라도, 일기 외에 편지나 전보, 메모, 노트, 금전출납장이나 영수증, 청구서, 임대서류, 임명장, 이력서, 호적, 성적표, 학습노트, 작문 등 실로 다양한 기록이 이용되고 있다. 이로 인해 서민에 이르기까지 비교적 많은 사료들이 존재하는 근현대 연구에서 일기만으로 특화된 연구 과제를 설정하는 일은 이루어지기 힘들었을 것이다.[1]

따라서 좁은 식견으로 살핀 결과이기는 하지만, 최근 니시카와 유코(西川裕子)의 연구가 등장하기 이전까지는, 일본근현대사 연구에서는 일기 자체에 관한 연구 —즉 일기론— 가 거의 이루어지지 않았던 것으로 보인다. 니시카와 유코의 『일기를 적는다는 것(日記をつづるということ)』(吉川弘文館, 2009)은 근현대 일본의 일기를 포괄적으로 검토한 것으로 연구사상 특필될만한 책이다. 니시카와는 일기가 가진 '국민교육장치'로서의 기능에 주목하여, 일기를 쓰는 습관을 권장하였던 시대로 일본근대를 파악하면서, 일기장의 상품사(商品史)나 젠더사 등 다양한 관점에서 일기를 검토하였다. 또한 이와 거의 같은 시기에 일기수집가인 아오키 마사미(靑木正美)는 『자기중심의 문학(自己中心の文学)』(博文館新社, 2008)을 출판하였다. 고서점 주인인 아오키는 고서를 매입하는 한편에서 오랜 기간 일기를 수집해왔으며, 지금까지도 자신의 컬렉션에서 선정한 일기를 출판하면

---

1) 전근대에 대해서는 일기 연구가 축적되어 있다. 역사사전의 부록에서는 도쿠가와 시대까지의 일기일람이 게재되어 있으며, 가령 『日記解題辞典 古代·中世·近世』(馬場萬夫, 2005)와 같은 책도 출판되어 있다.

서 일기에 관한 글을 써오고 있다. 아오키는 자신의 저서에서 많은 개인일기를 소개함과 동시에 일기장 그 자체의 역사까지도 논하고 있다. 일본에서 본격적인 근현대일기론의 시작은 여기에서부터라고 할 수 있을 것이다.[2]

그 후 이러한 연구들의 결과도 포함하면서 역사학적인 관점에서 근대 일기를 다룬『일기로 읽는 근대일본(日記に読む近代日本)』전5권(吉川弘文館, 2011~2012)[3]이 출판되었다. 이는 일반 독자를 위한 입문서이지만 연구자의 날카로운 고찰이 많이 포함되어 있으며, 이 글 역시 이들 성과로부터 많은 도움을 받았다.

문학 연구

다음으로 극히 개괄적인 것이나마 사견을 밝히자면, 일본근대의 일기에 관한 연구는 주로 역사학에서의 정치사 연구와 문학에서의 문학가 연구를 통해 축적되어왔다고 해도 좋을 것이다. 그중 후자에 대해서는 메이지에서 다이쇼기의 문학가들의 일기를 연구한 오다기리 스스무(小田切進)의『근대일본의 일기(近代日本の日記)』(講談社, 1974)·『속 근대일본의 일기(続近代日本の日記)』(講談社, 1987)나, 도널드 킨(Donald Lawrence Keene)의『속 백대의 과객(続百代の過客)』상, 하(朝日新聞社, 1988) 등이 대표적이다. 개별 문학가에 대

---

2) 더욱 엄밀히 말하면 그 이전에도 근현대의 일기론이 전혀 없었던 것은 아니다. 예를 들어 일본근현대사 연구자를 교육하기 위한 입문서에서 사사키 타카시(佐々木隆)는 일기를 역사 연구의 소재로 쓰는 것에 대한 유의점을 기술하고 있으며, 이를 통해 상세한 일기론을 전개하고 있다(佐々木隆, 1983).

3) 이 시리즈는 1권 막부, 메이지전기, 2권 메이지후기, 3권 다이쇼, 4권 쇼와전기, 5권 아시아와 일본으로 구성되었다.

한 연구에서는 일기가 전집에 포함된 경우가 많다.[4] 이들은 작가 연구의 자료로서 활자화된 것들이다.[5] 특히 근대 일본문학에서는 사소설(私小說)이라는 문학형식이 발달하여 작품이 작가의 일상과 밀접한 관계에 있다고 보고, 작품의 바탕이 되는 개인일기나 편지, 작가의 주변에 관한 연구가 진행된 것으로 보인다. 극단적인 예를 들자면 일기의 형식으로 작품을 발표한 하야시 후미코(林芙美子)와 나카 칸스케(中勘助)의 경우처럼, 문인에 따라서는 매일의 일기가 작품 그 자체가 되는 경우도 있기 때문이다.[6] 그렇다고는 해도 오다기리 스스무(小田切進)는 "근대 일기에서 뛰어난 문학적 기록이 된 것 중 많은 것들은 공개를 생각하지 않고 쓰였다. 그 점이 완전한 창작의 형태로 나타났던 헤이안조(平安朝) 여류(女流)들의 '일기문학'과의 결정적 차이이다"(小田切進, 1974: 18)라고 서술하고 있다. 물론 전혀 타인의 눈을 의식하지 않고 쓰는 일기는 없다고 하더라도, 근대 일기는 기본적으로 공개를 전제로 하고 있지 않다.

문학가의 일기로서 잘 알려진 것으로는 나가이 카후(永井荷風)의 『단조정일승(斷腸亭日乘)』이나 다카미 준(高見 順)의 『다카미 준 일기(高見順日記)』, 야마다 후타로(山田風太郎)의 전쟁 중으로부터 패전 이후까지를 기록한 일기[7] 등이 있으며, 이들은 단행본으로 출판

---

4) 시가 나오야(志賀直哉), 도쿠다 슈세이(德田秋声), 아리시마 다케오(有島武郎), 가와바타 야스나리(川端康成), 미시마 유키오(三島由紀夫) 등의 것들이 있다.
5) 예를 들어 문학가의 일기를 많이 소장한 일본근대 문학관에서는 『문학가의 일기(文学者の日記)』(博文館, 1999~2001) 총 8권을 간행하였다.
6) 오다기리 스스무의 『근대일본의 일기』에 따르면, 시마오 도시오(島尾敏雄), 이시카와 다츠조(石川達三), 미나카미 츠토무(水上勉), 츠츠이 야스타카(筒井康隆), 오오카 쇼헤이(大岡昇平) 등도 일기를 공개해서 작품화하고 있다.
7) 야마다 후타로의 간행된 일기는 작가가 되기 전의 일개 학생이던 시절의 일기이며, 이를 서민의 일기라고 볼 경우 발군의 풍부한 표현력을 가진 일기라고 할 수 있다.

되었다. 최근에 야마모토 슈고로(山本周五郎)의 일기(山本周五郎, 2011; 山本周五郎, 2011; 2013)가 출판된 것처럼, 문학가의 일기간행은 향후에도 이어질 것으로 보인다.

정치사의 연구

다음으로 정치사 연구의 자료로서 정치가, 관료, 군인의 일기 간행 현황에 대하여 적어보기로 한다. 정치에 종사한 사람들의 일기, 편지야말로 정치사 연구의 혈맥이기에, 일찍부터 일기의 공개가 이루어졌고 또 현재도 연구자들에 의해 일기 간행이 적극적으로 진행되고 있다. 메이지전기의 오쿠보 도시미치(大久保利通)나 기도 다카요시(木戸孝允), 다이쇼기 인물로는 하라 다카시(原敬)의 일기 등이 현재에 이르기까지도 정치사 연구의 기초사료가 되어 있다. 연구자들이 얼마나 그것들에 의존하는지에 관해서는, 방대한 〈하라 다카시의 일기〉가 공개된 이후 출판사와 편집을 바꿔 두 차례에 걸쳐 간행되었고 현재는 영인본으로도 출판되어 이용되고 있다는 사실에 의해 단적으로 짐작할 수 있을 것이다. 아울러 정치인들의 일기사료를 중심으로 근현대 일본정치사를 개관한 입문서로는 미쿠리야 다카시(御厨貴) 편저, 『근현대일본을 사료로 읽다(近現代日本を史料で読む)』(中央公論新社, 2011)가 있다.

몇 가지 참고문헌(佐々木隆, 2011; 土田宏成, 2011, (4))을 참고하여 쇼와 전반의 정치사에 관한 일기 중 주요한 것들을 언급하자면, 먼저 일찍이 주목을 받아 기본문헌이 되었던 것으로는 『기도 고이치 일기(木戸幸一日記)』(木戸日記研究会, 1966; 1980)와 『사이온지 긴카즈와 정국(西園寺公と政局)』이 있다. 전자는 쇼와천황의 측근이었던 기도 고이치의 일기이고, 후자는 원로 사이온지 긴모치(西園寺公望)의 비서였던 하라다 구마오(原田熊雄)의 구술기록으로, 이것들은 모두 극동국제군사재판에서 증거물건으로 제출되었다.[8] 연구자에 의한 일기간행은 그 이후에도 계속되었으며, 정치가, 관료의 일기로는 하마구치 나이카구(浜口雄幸, 총리), 호소카와 모리사다(細川護貞, 고노에 후미마로[近衛文麿] 비서관), 아리마 요리야스(有馬頼寧, 대정익찬회[大政翼贊会] 사무총장), 마키노 노부아키(牧野伸顕, 내무장관), 가자미 아키라(風見章, 근위내각 사법장관), 하토야마 이치로(鳩山一郎, 총리), 오가와 헤키치(小川平吉, 정우회), 고야마 간고(小山完吾, 귀족원의원), 미야모토 다케노스케(宮本武之輔, 기술관료), 아모우 에이지(天羽英二, 외무관료, 정보국총재), 이시이 이타로(石射猪太郎, 외무성 동아시아국장), 다케베 로쿠조(武部六蔵, 내무관료), 이리에 스케마사(入江相政, 시종장) 등의 일기가 간행되었다. 또 최근의 것으로는 반군 연설을 한 것으로 알려진 정당 정치인 사이토 다카오(斎藤隆夫)의 일기(伊藤隆, 2009) 등이 있다. 또한 추밀원(枢密院) 의장을 역임한 구라토미 유자부로(倉富勇三郎)의 상세하고 장대한 일기를 나가이 가즈시(永井和氏) 등이 『구라토미 유자부로 일기(倉富勇三郎日記)』 전9권을 예정으로 2010년부터 간행해오고 있다(倉富勇三郎日記研究会, 2010~2012).

군인·무관의 일기로는 육군장관, 조선총독을 역임한 우가키 가즈

---

8) 『西園寺公と政局』全8巻, 別巻1巻(岩波書店, 1950~1956)은 정확하게는 일기가 아니며, 일기를 바탕으로 한 구술 채록에 제삼자가 글을 입힌 것이다.

시게(宇垣一成)의 『우가키 가즈시게 일기(宇垣一成日記)』 전3권(み
すず書房, 1967~1971) 외에 자이베 아키라(財部彪, 해군장관), 다
카기 소키치(高木惣吉, 해군), 나라 타케지(奈良武次, 시종무관장[侍
從武官長]), 혼죠 시게시(本庄繁, 관동군사령관), 아라키 사다오(荒
木貞夫, 육군장관), 마사키 진자부로(真崎甚三郎, 황도파[皇道派] 육
군대장), 하야시 센쥬로(林銑十郎, 총리), 오카다 게이스케(岡田啓介,
총리) 등의 일기가 간행되었다. 또한 쇼와천황의 남동생이며 해군 군
인이었던 다카마츠노미야(高松宮)의 『다카마츠노미야 일기(高松宮日
記)』 전8권(中央公論社, 1995~1997)과 같은 황족의 일기도 간행되
었다.

　아울러 패전 이후에도 사토 에이사쿠(佐藤栄作, 총리)처럼, 비서
관의 일기까지 간행되어 연구가 거듭되고 있는 인물도 있다(佐藤栄
作 · 伊藤隆, 1997~1999; 楠田實 · 和田純, 2001).

저명인의 일기

　이와 같이 역사연구에서는 정치관계자의 일기가 잇달아 간행되
어 연구에 이용되어 왔다. 다음으로 협의의 정치, 문학 이외 인사들
의 일기를 몇 가지 제시하기로 한다. 먼저 지식인의 일기로는 외교
평론가인 기요사와 기요시(清沢冽)의 전쟁 중 일기 『암흑일기(暗黒
日記)』[9]가 유명하여 여러 판으로 간행되어 있다. 최근의 것으로는
『도쿠토미 소호 종전후일기(德富蘇峰 終戦後日記)』 전4권(講談社,
2006~2007)가 있으며, 전후 오랫동안 공개되지 않았던 도쿠토미 소

---

9) 원제는 「전쟁일기(戦争日記)」.

호(德富蘇峰)의 패전 직전 심경을 세간에 전해 화제가 되었다. 이 밖에도 간행되어 있는 일기 중 꾸준히 인기가 있는 것으로는 코미디언 후루카와 롯파(古川緑波)의 『후루카와 롯파의 쇼와일기(古川ロッパ昭和日記)』 전4권(晶文社, 1987~1989), 도쿄제국대학의 정치학자였던 야베 데이지(矢部貞治)와 요시노 사쿠조(吉野作造), 경제학자인 우에다 데이지로(上田貞次郎)의 일기 등이 알려져 있다. 민속학자인 미야모토 츠네이치(宮本常一)의 일기는 그가 촬영한 사진을 함께 편집하여 출간하였고, CD-ROM으로도 나왔다.

지금까지 간행된 일기를 중심으로 소개를 하였다. 그러나 일기의 대부분은 가령 존재가 알려져서 이용될지라도 쉽게 출판까지 이루어지지는 않는다. 일본근현대사에서 큰 족적을 남긴 인물의 사료가 어떻게 발굴, 연구되는지 그 전체적 상황에 대해서는 이토 다카시(伊藤隆), 스에타케 요시야(季武嘉也) 편저 『근현대일본인물사료정보사전(近現代日本人物史料情報辞典)』 전4권(吉川弘文館, 2004~2011)에 잘 정리되어 있으니 참고하기 바란다. 또한 이 글은 일기의 간행 상황만을 간략하게 개관하기 위한 것으로, 개별 일기를 이용한 연구 전체와 관련해서는 그 방대함으로 인해 모두 정리할 수 없었음에 대해 양해를 구한다.

전쟁체험의 일기

저명인이나 역사적으로 중요한 역할을 한 사람들의 일기가 연구되고 또 간행되어 오는 한편에서, 무명인들의 일기 역시 발굴하여 또는 본인이나 관계자에 의해 출판되어 왔다. 경향적으로 보면, 특

히 제2차 세계대전, 그것도 전쟁말기의 체험에 관한 일기가 많다. 츠치다 히로시게(土田宏成, 2011~2012)가 정리한 바를 참고하여 몇 가지를 소개하자면, 학도병으로는 자유주의자로서의 언명을 남기고 특공으로 사망한 우에하라 료지(上原良司)(上原良司·中島博昭, 2005), 대일본제국의 붕괴를 예언하고 해군항공대에서 전사하였던 하야시 다다오(林尹夫, 1967), 같은 해군항공대에서 전사한 다쿠지마 노리미츠(宅嶋徳光, 1995), 인간어뢰 '회천(回天)'의 승무원이 된 와다 미노루(和田稔, 1995) 등의 일기가 있다. 여성의 일기로는 여자정신대원 테라니시 마리코(寺西マリコ)의 일기(寺西マリコ, 1983), 세리자와 모토코(芹沢茂登子)의 『군국소녀의 일기(軍国少女の日記)』(カタログハウス, 1995), 호소다 스미코(細田寸海子)의 『어느 농촌소녀의 전쟁일기(ある農村少女の戦争日記)』(一草社, 2007) 등이 있으며, 또한 앞에서 언급한 아오키 마사미(青木正美)가 자신이 수집한 일기를 『전시하의 서민일기(戦時下の庶民日記)』(日本図書センター, 1987), 『태평양전쟁 후방의 그림일기(太平洋戦争銃後の絵日記)』(東京堂出版, 1995)로 출판한 바 있다. 남방군총사령부에 배속되어 사이공 등으로 군정에 종사한 화족(華族)인 사카키바라 마사하루(榊原政春)의 1941~1943년 일기『한 중위의 동남아시아 군정일기(一中尉の東南アジア軍政日記)』(草思社, 1998)와 같이 출정한 군인, 병사의 일기도 출판되었다.

이러한 전쟁체험 일기가 많이 나온 까닭을 생각해보면 역시 가혹한 체험이 그렇게 만들었다고도 할 수 있으며, 또 현재 일본인에게 그것들이 관심을 불러일으키는 대상이 되고 있고, 읽을거리로서도 흥미롭기 때문이다. 전쟁은 사람들의 일상을 극적인 것으로 바꾸고, 개개인의 체험과 역사의 굴곡과 만나는 접점을 명료하게 제시하여 준다. 이러한 관점에서 본다면 쇼와기의 일기 간행, 연구가 문학가, 정치가, 군인, 저명인의 것을 많이 다루고, 또 서민의 것일지라도 전쟁체험을 중심으로 이루어지고 있다는 점은, 역사 연구의 진전이라는 면에서 자연스러운 모습으로 보인다. 일기라고 하는, 개인기록 중에서도 가장 사적인 영역에 속하는 '일기'가 위화감 없이 역사자료로 활용되기 위해서는, 역시 중요한 정치가의 일기나 편지처럼 해당 기록이 그 자체로 국가의 역사가 되거나 중대사건의 증언이 되는 경우 등, 큰 역사와 접점을 지니는 일이 필요했던 것으로 생각된다.

3. 농촌일기로부터의 고찰

다이쇼 · 쇼와기의 일기 보급

이러한 시점에서 볼 때, 내세울 만한 중요한 사건과의 교차점이 적은 무명인들의 나날에 대한 기록의 발굴이 늦어지고 있는 것 역시 자연스러운 현상이라고 할 것이다. 그러나 실제로 쇼와기를 살았던 많은 사람들이 일기를 적고 있었던 것으로 생각되므로, 이런 방대한 개인기록은 지금까지도 발굴되지 못한 채 잠자고 있거나, 혹은 이미 소멸되고 있는 것으로 보인다. 그들 중 일부는 일기의 저자 자신이 그 일부를 자비로 출판하거나, 동인지에 게재하는 등의 사례도 다수 발견된다. 또한 연구의 확대와 더불어 지금까지 발굴되지 못했던 기록들도 점차 활자화되고 있다.[10] 이 글에서는 본인도 간행에 참여하였던 농촌주민의 일기 『구루미자와 모리 일기(胡桃澤盛日記)』(1919~1946)[11]를 중심으로 기존 역사연구의 경계에 놓여있는 개인 기록을 둘러싼 논점 및 과제에 대해 몇 가지 언급하고자 한다.

근현대 농촌사 연구 전반을 논평할 처지는 못되나마 2009년부터 2012년까지에 걸쳐 나가노현 남부의 이이다시(飯田市)라는 농촌지역에서 지자체사 연구를 하였던 감각으로 말하자면, 농촌의 일상을 장기적으로 기록한 사료가 꼭 드물다고 할 수는 없다. 이전에 본인의 근무지로부터 걸어서 갈 수 있는 거리에, 1세기 가까이에 걸쳐 누에를 친 기록을 계속 적어온 농가가 있었다. 근현대의 농촌주민은 일상적 기록을 많이 남기고 있었다. 쇼와기의 사료군을 조사하면 일기가 나오는 일은 드문 일도 아니고, 쇼와기 패전 후의 일기장 20권 정도가 한꺼번에 나오는 경우도 있었다. 단편적인 일기라면 다양한 사료군에서 나타나고 있다. 구루미자와 모리의 사촌인 마츠시타 치히

---

10) 저명한 정치가·관료 이외의 정치·행정관계자의 일기도 발굴이 계속되고 있다. 제국 농회간사인 오카다 나라우(岡田温)의 1892~1929년 일기가 가와히가시 야스히로(川東竫弘)를 편자로 하여 『帝国農会幹事 岡田温日記』(全8巻, 『松山大学総合研究所所報』49~74, 2006~2013)으로 간행되었다(오카다의 일기는 1949년까지 남아있다). 가와히가시(川東)는 에히메현 우와지마의 실업가이자 정치가인 다카바타케 가메타로(高畠亀太郎)의 1897~1945년 일기를 『高畠亀太郎日記』(川東竫弘, 三好昌文, 全6巻, 愛媛新聞社, 1999~2004)로 간행하기도 하였다(이 일기의 원본은 1972년까지임).
   또한 중앙 정치가가 아닌 정치가의 일기로는 나가노현 시모이나군 마츠오 마을의 부농 모리모토 슈헤이(森本州平)의 일기가 현재 조금씩 간행되고 있다. 須崎慎, 「史料紹介森本州平日記抄」1~15(『神戸大学教養部論集』35~50, 1985~1992); 東京大学文学部日本近代政治史ゼミ, 「森本州平日記」1~6, 『東京大学日本史学研究室紀要』11~17, 2007~2013. 마츠모토시의회 의원 시절의 정치가 다나하시 고토라(棚橋小虎)의 일기도 나가이 준이치(長井純市)가 중심이 되어 간행 중이다. 『棚橋小虎日記』昭和17·18·20年, 法政大学大原社会問題研究所, 2009~2014. 스자키 신이치(須崎慎一)는 효고현 고베시의 헌책방 지츠조(實三)의 일기를 활자화하고 있다. 『古家實三日記研究』1~10, 古家實三日記研究会, 2001~2012.

11) 1923~1946년의 일기가 『胡桃澤盛日記』. 全6巻(『胡桃澤盛日記』刊行会, 2011~2013)로 간행.

로(松下千尋)도 다이쇼 말기부터 쇼와 초기에 걸친 수년 분의 일기를 남기고 있어, 같은 기간의『구루미자와 모리 일기』와 대조하여 연구하는 것이 가능하다.

다이쇼기에서 쇼와기에 걸친 일기가 지역에 다량으로 잠들어 있다는 것은 사회의 다양한 계층에서 일기를 쓰는 습관이 다이쇼기부터 쇼와기에 걸쳐 확대, 정착되고 있었다는 점을 보여준다. 현재의 일기 연구를 토대로 그 배경이라고 여겨지는 요점을 제시한다면, 다음의 세 가지를 들 수 있다(西川祐子, 2009; 山口輝臣, 2012: 5~10).

(1) 일기장이라는 상품의 보급
(2) 교육에 의한 일기의 강제
(3) 일기 매뉴얼의 보급

또한『호토토기스(ホトトギス)』등의 잡지에서는 독자들로부터 일기를 모집하여 게재하고(西川裕子, 2009: 66~74) 문학가는 일기체의 소설을 발표하였다. 근대일본의 일기문화를 고려할 때 이런 것들은 중요한 전제로 보인다.

또한 니시카와 유코(西川祐子)에 의하면 일본근대의 일기는 '상품화된 일기장 시대의 일기'로 정의된다(西川祐子, 2009: 46). 물론 일기에는 대학노트나 일본종이[和紙]에 쓴 것, 메모장 등 다양한 형태가 있지만, 확실히 하쿠분칸(博文館)을 필두로 한 몇몇 출판사가 일기장을 판매하고 많은 일본인이 그것들을 이용하여 일기를 썼다는 점은 메이지기부터 쇼와기 일기문화의 한 특징이라고 할 수 있다.

『구루미자와 모리 일기』역시 종이가 부족하였던 1946년을 제외하고는 시판 일기장을 이용하여 쓰고 있다. 이러한 상품화된 일기장에 일기를 쓰는 습관은 같은 시대 동아시아에서도 유행하던 일이라 여겨지지만, 이에 대한 비교연구는 향후의 과제로 삼기로 한다.

농촌민의 일기

그런데 문제는 이렇게 많은 사람들이 일기를 남기는 가운데 ―말하자면 쇼와기로 들어오면 수년 동안 쓴 일기는 드물지 않은 기록이 된다― 지금까지의 역사연구에서는 주변적인 위치에 놓여 있던 무명인들의 개인적인 기록이 연구라는 측면에서 어떤 의미를 지닐 수 있는가 하는 점이다.

이런 문제가 떠오르는 것은 왜냐하면 『구루미자와 모리 일기』를 통독하면 그것이 완전히 사적인 기록임에도 불구하고 쇼와 전전기(戰前期) 일본사를 읽는 것 같은 인상을 받게 되기 때문이다. 이 일기는 소규모 지주의 아들이며 좌익 청년운동에도 가담했던 한 청년이 매일 농업과 양잠업에 열중하는 가운데 일후 촌회의원(村会議員)을 거쳐 촌장이 되고, 전시체제 아래의 마을을 이끌며 분투하였던 기록이다. 그는 촌장 시절에 만주로의 분촌이민(分村移民)을 추진하였고 1946년 이민에 대한 사죄의 말을 유서로 남기고 자살하였기 때문에, 그의 일기는 만주이민 연구에서 주목을 받고 있다(飯田市歷史硏究所, 2007). 또한 그의 일기는 양잠농가의 경영을 연구하거나, 또는 촌락의 전시체제나 다이쇼기의 청년운동을 연구하는 데 사료로서도 활용될 수 있는 일기이다. 그러나 이런 각각의 논점과는 별개로, 개인의 인생이 어떤 보편성을 띤 역사로 느껴진다는 점에 대해 필자는 솔직히 의아스럽게 여기고 있다.

농민일기로서 지금까지 알려진 것으로는, 농민운동을 하였던 시부야 데이스케(渋谷定輔)의 『농민애사(農民哀史)』(勁草書房, 1970)[12]나 야마가타현의 농민 고토 젠지(後藤善治)의 『젠지일지(善治日誌)』[13], 니가타현의 소작농민 일기인 『니시야마 고이치 일기(西山光一日記)』 등이 있다.[14] 또한 일기 자체가 간행된 것은 아니지만 나가노현의 마츠모토분지(松本盆地)에서 농업을 하던 가라사와 쇼우조(唐沢正三)의 1930~1996년 기간 66권의 일기를 소개한 나카무라 야스히코(中村靖彦)의 『일기가 말하는 일본의 농촌(日記が語る日本の農村)』(中央公論社, 1996)이 있다.

『농민애사』는 저술에 가까운 성격이라 이질적이지만, 다른 일기들로 말하자면 이들 역시 시대의 변화를 잘 반영하는 일기라고 할 수 있다. 니가타현의 소작농이었던 니시야마 고이치(西山光一)의 1925년부터 1945년까지의 시기는 나가노현 지주였던 구루미자와 모리의 1925년부터 1945년까지 시기와 전혀 다른 세계를 살고 있었던 것처럼 느껴지지는 않는다. 일례로 『니시야마 고이치 일기(西山光一日記)』에서 1926년 4월 28일의 내용을 보면 다음과 같다.

오전 △ 〔니시야마 소지(西山惣二). 남동생〕 못자리 써레질〔小切り. 흙을 갈아세워 잘게 부수는 작업〕, □ 〔니시야마 고이치〕 옷개울가를

---

12) 이는 1925~1926년의 일기를 바탕으로 이후 가필하여 정리한 것이다. 『女工哀史』 (細井和喜蔵, 改造社, 1925年)를 의식해서 쓴 것으로 작품적 요소가 짙다.

13) 豊原研究会 編, 『善治日誌』, 東京大学出版会, 1977. 이는 1893~1934년간의 농민 일기이다.

14) 西田美昭, 久保安夫 編, 『西山光一日記』, 東京大学出版会, 1991; 同 編, 『西山光一戦後日記』, 東京大学出版会, 1998. 이는 1925~1975년간의 일기이다.

38   동아시아 일기 연구와 근대의 재구성

치고, 올라가서 못자리에 들어가고, 중식 후 소방연습 있었음. 출근.
처음에는 운전 없음. 이후 하시모토야(橋本屋)에서 연회를 열다.

같은 해 4월 26일의 구루미자와 모리의 일기는 다음과 같다.

공설 소방조(消防組) 발회식(發會式). 오전, 발회식. 오후, 소순검(小
巡檢). 저녁, 연회.
이후 도중 마츠바야(松葉屋)에 들리고, 하시모토야(橋本屋)에 들리
다. 너무 취해서 좋지 않았다. 역시 충고를 따랐더라면 좋았겠다.
금후 절주(節酒)한다.

소방조에서의 활동이 있고 그 이후에는 연회가 있다. 구루미자와
일기에서는 그 이전의 소방조가 해산되고 공설 소방조가 발회한 것
에 대한 축하라는 차이가 있지만, 나날의 농사작업의 기록 사이에 이
러한 서술이 점점이 존재한다. 농촌의 일상풍경을 상기해본다면 니
시야마 고이치도 구루미자와 모리도 모두 동떨어진 세계에 살고 있
지는 않았던 것으로 느껴진다.

또한 『구루미자와 모리 일기』의 경우 신문이나 라디오가 전하는 소
식에 대하여 감상을 쓰고 있는 것도, 그 시대의 역사를 읽는 듯한 느
낌을 독자가 갖게끔 하는 전제가 되고 있다. 쇼와전기에는 대공황이
나 전쟁이라는 국민공유의 큰 사건들이 있었기 때문에 동시대성을
느끼게 되는 것인지도 모른다. 이상은 쇼와시기 일본사회가 높은 통
합 정도, 다른 지역 간의 나름의 높은 균질성을 가지고 있었다는 점
을 생각하게 하지만, 이에 대한 논의는 이 글의 범위를 벗어나므로
더 다루지는 않기로 한다.

자아의 기록

한 가지 더 생각해야 할 문제로 『구루미자와 모리 일기』가 자아의 기록, 즉 노동이나 사건의 기록뿐만 아니라 자기의 내면을 묘사하고 있으며, 그리고 그것이 일기 전체의 분위기를 감싸고 있다는 점을 들 수 있다. 특히 청춘기의 일기에서 그 경향이 강하게 나타난다. 예를 들어 1926년 5월 1일의 기록은 다음과 같다.

초여름 날씨다. 오늘의 따뜻함은. 맨발로 기분 좋게 일할 수 있다. 지기 시작한 산벚꽃의 옅은 색채의 꽃잎이 산들바람에 날리는 것도 봄이 가는 모습을 말해주고 있다. 일몰 때까지 속셔츠 한 장으로 지낼 수 있는 여름이 온 것이다. 남성적인, 우리들의 시대이다.
고이치(伍一) 군에게 부탁해서 후쿠이의 들을 종일 제초.
나는 행복감에 젖어 있다. 나 자신의 과거에도 상당한 역경은 있었다. 가정이 싸늘했던 날. 어머니의 죽음. 실의. 그러나 자신의 고뇌는 아직도, 아직도 작기만 하다. 활기찬 T군이 그제 준 엽서. …라는데, 나는 '아이고'라는 말만. T군의 과거와 현재의 모습을 볼 때, 뭐라고 위로해야 좋을지 모르겠다. 전에는 불우함에 탄식하던 나의 고뇌와 T군의 불우, 그것은 도저히 비교될 수 없을 만큼 T군은 매우 심각하고 어두운 불행이다. 그리고 쓸쓸히 북조선의 영사(營舍)에 어린 것을 남겨둘 수 있는 고향집을 기억하는 형의 마음가짐은 어떤 것일지.—산벚의 꽃이 조용히 진다. T군의 출발의 날의 그 장면! 그런데도 나는!
과거다. 과거다. 모든 것은.
온천 마을에 자신의 몸을 기억하고 있는 한 사람의 이성(異性)이 있다는 것을 생각할 때, 나는 행복하다. 그렇지만 T군은. 역시 인생은 고뇌이다.

저녁, 카스가(春日) 군 있는 곳에 가다. 보도 발행의 건.

밤, 츠츠이(筒井)에게 가다. 동창회기록 인계 및 도서관회계 인계.

실로 적나라한 정신의 기록이라고 할 수 있을 것이다. 노동의 서술, 계절의 묘사도, 그의 근심과 녹아들어 하나의 풍경을 이루고 있는 듯하다.

이와 같이 구루미자와 자신은 일기에 자아를 기록해두는 일에 대해 의식적이었던 것으로 보인다. 1924년 2월 29일의 일기는 다음과 같다.

처음으로 자기가 오랫동안 잊고 있었던 본래의 사명을 다시 찾아낼수 있었다. 이 일기장에 대해, 그 생활에 대해. 이 일기는 곧 생활이 되지 않으면 안 된다. 본래의 자신을 볼 때는 금후 항상 또 많은 것을 고민하지 않으면 안 될 것이다. 이 일기장은 자신의 정신사(精神史)로서 나가야만 한다.

이것은 구루미자와 모리가 친구인 구루미자와 다츠미(胡桃澤巽)가 있는 곳에 놀러 가서 그의 일기를 읽고, 스스로 고민이 부족한 것을 자각한 날의 기록이다. 젊은 구루미자와 모리는 인생에서 고민해야 한다는 것, 자신의 생활에서 반성해야만 한다는 것을 스스로에게 부과하고 있다. 그리고 그것을 일기에 적어 일기를 자신의 생활을 반성하는 방법으로 삼고, 자신의 정신사로 만들고 싶다고 쓰고 있다.

여기에는 '자기수양의 동반자로서의 일기'라는 의식이 보인다. 이렇게 그의 일기, 특히 젊었을 때의 일기는 자아를 강하게 내세우는 기록이다. 그리고 소작농이었던 친구 구루미자와 다츠미도 또한 자기의 고민에 대한 일기를 쓰고 있었던 것에서 드러나듯이, 이런 일기는 이 시기의 농촌청년들 사이에 널리 퍼져 있었던 것으로 추정된다.[15]

다이쇼에서 쇼와기의 젊은이들의 일기에서 자신의 내면을 기록한 일기가 많은 것에 대하여, 니시카와 유코(西川祐子)는 이러한 내면의 일기를 쓰는 문학의 기원을 메이지 후반의 학생기숙사, 고등학교의 문화에서 찾고 있다(西川祐子, 2009). 이런 판단이 옳은지는 현 단계에서 아직 분명해지지 않았지만, 메이지 40년대 제일고등학교(第一高等学校)의 학생이었던 미야모토 다케노스케(宮本武之輔)의 일기를 살펴보면, 확실히 그것은 자아의 기록이라고 불러도 좋은 종류의 것이었다.[16] 아울러 '자아'라는 말을 여기에서 사용하는 것은 단지 내면의 서술만이라면 그 이전의 일기에도 보이는 현상이기 때문이며, 보다 명확하게 이 시기에 등장한 일기의 성격을 표현하려면 일기 전체를 포괄하는 느낌을 나타내 '자아의 일기'라고 부르는 것이 적절할 것으로 생각된다.

미야모토는 자신의 일기를 소설의 소재로 삼을 수 있다고 생각하고 있었다.[17] 즉 자아의 일기에는 문학의 영향이 확인되는 것이다. 청년기의 구루미자와 모리도 문학애호가를 위한 일기장인『신문예일기(新文芸日記)』(新潮社)를 구입하여 일기를 적고 있었으며, 그의 일기 쓰기 방식은 그런 문학 취향과 관계되어 있었던 것으로 생

---

15) 이러한 사정은 당시 청년들이 발행하던 동인지를 보면 분명히 나타난다.

16)『宮本武之輔日記』(全18冊, 電気通信協会東海支部, 1971)는 1907~1941년 기간 자필일기의 영인본이며, 고등학교 학생시절부터 사망하기 전까지의 전체 일기이다.

17)『宮本武之輔日記』, 1909,「己酉日記序」. "끝으로 내가 일기를 적는 한 가지 목적을 언급한다. 그것은 기만하지 않고 속이지 않는 진정(眞情)을 나타낸 이 일기에 의해, 나는 어떤 소설 하나를 만들 수 있음을 믿어 의심치 않는다."

각된다.

개인적인 기록의 역사성

여기에서 이해를 구해야 할 것은, 일본에서는 이렇게 자아를 강하게 표현한 일기가 광범위하게 등장한 것이 특기할 만한 역사적 현상이라는 점이다. 도쿠가와 시대에도 상중층(上中層)의 일본인이 많은 일기를 남겼지만 그것은 나날의 사건을 적은 것으로, 그에 대한 감상이 쓰여 있는 것도 있지만 구루미자와 모리의 일기처럼 자아를 강하게 기록한 것은 아니었다. 자기의 내면에 관한 서술이 담겨있는 일기일지라도 기본적으로는 억제된 필치로 된 서술 속에서 이를 적어 내리고 있었다.

예를 들어 도쿠가와 시대의 무사가 자신의 내면을 어떻게 표현하고 있었는지 확인하기 위해, 구마모토의 번사(藩士)인 나카무라 조사이(中村恕斎)의 일기 일부를 현대어로 번역해서 인용한다. 1845년 11월 20일의 일기이다(恕斎日録刊行会, 2002).

오늘은 용천암(湧泉庵)에서 참배하고, 돌아오는 길에 텐지로(典次郎)가 요즘 친어머니 상중으로 집에 칩거해 있기 때문에 문안을 갔는데, 점점 잡담이 되어, 실학(實學) 무리의 이야기 등을 한 후에, 서로 마음이 맞게 되었기에, 나의 결점 등을 물었더니, 텐지로가 말한 것은, 나는 사물을 마음속에 담아두고 다른 사람에게 터놓고 말하지 않는 느낌이 있는 고로, 다른 사람들도 마음속의 말을 하지 않는 경향이 있다고 한다. …(중략)… 그리고 또한 나는 기분 변화가 심해서, 때에 따라서는 다른 사람과 어울리지 않는 분위기, 또는 뭔가 불쾌한 얼굴표정, 또는 뭔가 속상해서 불쾌하게 생각하고 있지나 않은

지 생각하게 만드는 때도 있지만, 오랫동안 교제하고 속내를 잘 이해
하다 보면, 이것은 단지 기분의 변화가 있을 뿐인 일이므로, 지금은
그것을 조금도 의심스럽게 생각하지 않지만, 모르는 사람이라면 여
러 가지로 달리 생각할 수도 있을 것이라는 등의 이야기를 하였다.
이후 마음가짐을 첫째로 할 일이다.

  나카무라 조사이의 일기는 풍부한 정보와 함께 위와 같은 성찰을
담고 있는 양질의 일기이지만, 그럼에도 그 서술은 수다스럽게 자기
의 번민을 적어내리는 것은 아니다. 그리고 또한 이러한 내면에 대
한 서술을 가진 일기는 메이지 전기 이전에는 그다지 많이 보이지
않는다.

  그럼 어떤 일기가 많았는가 하면, 비망록적으로 매일의 내객(來
客), 작업 등을 기록하거나 세간의 풍문을 적은 것이 많다. 그리고 그
일기 중에는 집안의 자손들에게 읽힐 것을 상정하고 작성된 것도 적
지 않았다. 그러한 일기의 존재방식은 대대로 이어지는 가업을 지니
는 이에[家]라는 존재를 전제로 하고 있었다. 예를 들어 이이다(飯田)
의 번사(藩士) 쿠마가야가(熊谷家)는 그 이름도 '이에의 기록[家之記]'
이라고 하여 가업이나 가인(家人)에 관한 일록(日錄)을 1778년부터
1901년까지 기록하고 있다.[18] 이것은 여러 세대를 거쳐 가며 쓰인 일
록이다.

  쿠마가야가에서는 1885~1887년에 이이다정(飯田町) 지방관청
[戸長役場]에 근무하였던 당시의 공무일지도 쓰고 있었다. 이런 직

---

18) 飯田市美術博物館所藏, 「熊谷家文書」. 또한 쿠마가야가에서는 그 외에 1748년부터
   1900년에 이르는 세상물정의 견문을 기록한 「이목초(耳目抄)」라는 기록이 남아있다.

책에 따른 일기는 개인기록이라기보다도 공적인 위치에서의 기록에 해당되기 때문에 이 글에서는 직접적인 대상으로 삼지 않겠지만, 이 역시 드문 일이 아니다. 구루미자와 모리도 개인의 일기와는 별개로 촌장시절인 1941~1945년에 『촌장일지(村長日誌)』라는 일기를 남겼다.

　이런 일지는 자아의 일기 등장 이전의 일기 서술에 가까우며, 매일의 사건 기록을 중심으로 하고 있다. 또한 이러한 공적인 일기는 － 예를 들어 학교의 교무일지처럼－ 복수의 사람들에 의해 매일 쓰이는 것도 있었다. 이들을 일본어에서는 동일하게 '일기', '일지', '일록'으로 표현하고 있지만, 영어에서 Diary와 Journal의 구별이 있듯이 그 범주를 나누는 것도 가능할지 모르겠다.

　장황하게 서술하였지만, 이상의 것들을 다시 이 글에서 다루는 '개인기록이 역사일 수 있는지 하는 문제'와 관련시켜 서술하자면, 농촌지역과 같은 비엘리트의 세계에서 자아의 일기가 도처에 등장하게 되는 것은 진정 근대일본에 있어서의 역사적인 현상이었다. 즉, 널리 서민 수준까지 개인의 기록이 사적인 것으로서 쓰였다는 점이야말로 역사연구의 대상일 수 있는 것이다.

일기의 자기교육기능

　한 가지 더 생각해야 할 점으로서 일기가 지니는 교육의 기능을 들 수 있다. 구루미자와는 고등교육을 받지 않았다. 아오키 마사미는 쇼와 전전기(戰前期)에는 중등학교, 대학에 진학하는 계급과 진학을 못하는 일반대중으로 사회가 양분되어 있었으며, "읽을 만한 일기를 써서 남기는 일이 가능했던 사람들이란 예외 없이 상급학교를 나왔거나 그 교육을 받고 있던 사람으로 한정되어 있었다"(靑木正美, 2008: 158)라고 말하고 있다. 많은 일기를 보아온 아오키는 읽을 만한 일기와 그렇지 못한 일기가 차이가 나는 배경으로 고등교육을 받을 수 있었던 계층과 받을 수 없었던 계층의 격차를 상정하고 있다. 그러나 구루미자와는 이에 해당되지 않는다. 그의 일기는 충분히 읽을거리가 되는 표현력이 풍부한 것이지만, 구루미자와는 고등소학교 졸업 후 겨우 을종농학교(乙種農学校)를 나왔을 뿐이다.

이를 가능하게 한 것은 다름 아닌 일기였던 것으로 생각된다. 일기를 지속적으로 쓰는 사이에 문장력이 몸에 붙게 되어 풍부한 표현으로 자기의 이야기를 표현하여 쓸 수 있게 되었던 것으로 여겨지는 것이다.

아오키 마사미가 앞서와 같은 서술을 하고 있지만, 정작 아오키 자신은 자전거포의 아들로 고등교육에 진학할 수 없었음에도 불구하고, 일기를 쓰는 습관에 의해 학습의욕이 늘어나 정시제 고등학교를 다녔으며, 마침내 스스로 책도 쓰는 고서점주가 된 인물이다. 일기가 가진 교육기능이 공교육의 부족함을 보완했다고 할 수 있는 것이 아닐까. 구루미자와의 경우 소설과 신문을 애독하였고, 일기를 씀으로써 스스로 표현을 습득해갔던 것으로 생각된다. 그런 까닭에 그의 일기에는 비록 틀린 표기가 많이 나타남에도 불구하고 읽을거리가 충실한 일기가 된 것이다. 농촌에서의 근대화에 대해 고려할 때 이렇게 일기가 지닌 자기교육의 기능을 고려할 필요가 있을 것이다.

4. 맺으며

이 글에서는 주로 쇼와기 일본 일기의 간행 상황을 소개하고, 농촌민의 일기인 『구루미자와 모리 일기』를 통해 현재의 일본에 있어서의 근현대일기 연구에 대한 몇 가지 논점에 대해 다루었다.

여기에서는 마지막으로 사료발굴상의 과제에 대해 언급하고자 한다.

현재 간행되고 있는 농촌의 일기는 본인이 자발적으로 발표한 것을 제외한다면 그다지 많지 않은 것으로 보인다. 전쟁체험을 담은 일기를 제외하면 연구자가 관여해서 활자화한 일기의 특징은 장기간에 걸쳐 지속적으로 기록된 것들이다. 이 점을 연구의 측면에서 보자면, 장기적인 시야로부터 촌락의 모습, 노동실태, 가정경영, 생활실태, 민속관행, 사람들의 사고방식 등의 변화를 분석하는 것이 이로 인해 가능하게 된다.[19] 그러나 역으로 말하면 비교적 짧은 기간의 일기가 그다지 나타나지 않고 있다고 할 수 있을지도 모른다.

본래 연구의 시각이나 방법은 다양하기 때문에, 단기간의 일기라도 연구하기에 따라서는 필요한 정보를 얻는 일이 가능하며, 흔해빠진 서술일수록 더욱더 어떤 정도의 일반성을 기대할 수 있다. 그러나 일기를 쓴 당사자나 자손에게는 그 일기가 타인에게 보여줄 만한 가치가 있는 것이라고 인식되지 않는 것이 보통이다. 또한 도시의 주민과 달리 같은 고장에서 현재에도 계속 살아가고 있는 농가가 일기를 공표하는 일은 그 집안의 부끄러운 면을 외부에 노출시키는 행위가 되기도 하고, 동시에 이웃관계 등에서 다양한 문제를 야기할 위험성

---

19) 일례로 『니시야마 고이치 일기』에 관한 연구를 들 수 있다(西田美昭, 2001).

도 가지고 있다.

금후의 과제라면, 굳이 출판이라는 형태를 취하지 않더라도, 숨어 있는 많은 일기가 파기되지 않고 보존됨으로써 언젠가는 연구에도 이용될 수 있도록 그 가능성을 계속 유지하는 일일 것이다. 시간의 흐름과 함께 현대사가 역사로 되어 가는 가운데, 그 점을 확실히 절감하게 된다.

참고문헌

ドナルド・キーン(Donald L. Keene). 1988. 『続百代の過客(上・下)』. 朝日新聞社.

岡田温, 川東竫弘 編. 2006~2013. 『帝国農会幹事 岡田温日記(1~8)』. 松山大学総合研究所所報.

高松宮. 1995~1997. 『高松宮日記(1~8)』. 中央公論社.

古川緑波. 1987~1989. 『古川ロッパ昭和日記(1~4)』. 晶文社.

宮本武之輔. 1971. 『宮本武之輔日記(1~18)』. 電気通信協会東海支部.

芹沢茂登子. 1995. 『軍国少女の日記』. カタログハウス.

楠田實, 和田純 編集, 五百旗頭真 編集. 2001. 『楠田實日記』. 中央公論新社.

宅嶋徳光. 1995. 『くちなしの花』. 光人社.

徳富蘇峰. 2006~2007. 『徳富蘇峰 終戦後日記(1~4)』. 講談社.

東京大学文学部日本近代政治史ゼミ. 2007~2013. "森本州平日記(1~6)." 『東京大学日本史学研究室紀要 (11~17)』.

林尹夫. 1967. 『わがいのち月明に燃ゆ』. 筑摩書房.

馬場萬夫 編. 2005. 『日記解題辞典 古代・中世・近世』. 東京堂出版.

木戸日記研究会 校訂. 1966. 『木戸幸一日記(上・下)』. 東京大学出版会.

木戸日記研究会 校訂. 1980. 『木戸幸一日記 東京裁判期』. 東京大学出版会.

飯田市歴史研究所 編. 2007. 『満州移民―飯田下伊那からのメッセージ―』. 現代史料出版.

棚橋小虎. 2009~2014. 『棚橋小虎日記(昭和17・18・20年)』. 法政大学大原社会問題研究所.

寺西マリコ, 桑原達三郎 註. 1983. 『女子挺身隊甘木日記』. 石風社.

山口輝臣. 2012. 『日記に読む近代日本3: 大正』. 吉川弘文館.

山本周五郎. 2011. 『山本周五郎戦中日記』. 角川晴樹事務所.

山本周五郎. 2013. 『山本周五郎愛妻日記』. 角川晴樹事務所.

渋谷定輔. 1970. 『農民哀史』. 勁草書房.

上原良司, 中島博昭 編. 2005. 『新版 あゝ祖国よ恋人よ きけわだつみのこえ 上原良司』. 信濃毎日新聞社.

恕斎日録刊行会 編. 2002. 『肥後中村恕斎日録(第1巻)』. 熊本出版文化会館.

西田美昭, 久保安夫 編. 1991. 『西山光一日記』. 東京大学出版会.

西田美昭, 久保安夫 編. 1998. 『西山光一戦後日記』. 東京大学出版会.

西田美昭. 2001. "農民生活からみた20世紀日本社会." 『歴史学研究』755.

西川裕子. 2009. 『日記をつづるということ』. 吉川弘文館.

細田寸海子. 2007. 『ある農村少女の戦争日記』. 一草社.

小田切進. 1974. 『近代日本の日記』. 講談社.

小田切進. 1987. 『続近代日本の日記』. 講談社.

須崎愼. 1985~1992. "史料紹介森本州平日記抄(1~15)." 『神戸大学教養部論集』35~50.

須崎愼一. 2001~2012. 『古家實三日記研究(1~10)』. 古家實三日記研究会.

榊原政春. 1998. 『一中尉の東南アジア軍政日記』. 草思社.

御厨貴 編. 2011. 『近現代日本を史料で読む』. 中央公論新社.

宇垣一成. 1967~1971. 『宇垣一成日記(1~3)』. みすず書房.

熊谷家. 〈熊谷家文書〉. 『未刊行』. 飯田市美術博物館 所蔵.

原田熊雄 述. 1950~1956. 『西園寺公と政局(1~8, 別巻1巻)』. 岩波書店.

伊藤隆 編, 季武嘉也 編. 2004~2011. 『近現代日本人物史料情報辞典(1~4)』. 吉川弘文館.

伊藤隆 編. 2009. 『斎藤隆夫日記(上・下)』. 中央公論新社.

長与善郎, 生田春月, 生田長江, 財団法人日本近代文学館 編. 1999~2001. 『文学者の日記(1~8)』. 博文館.

佐藤栄作, 伊藤隆 監修. 1997~1999. 『佐藤栄作日記(1~6)』. 朝日新聞社.

佐々木隆. 1983. 「日記」. 伊藤隆, 中村隆英 編. 『近代日本研究入門』. 東京大学出版会.

佐々木隆. 2011. 「日記」. 御厨貴 編. 『近現代日本を史料で読む』. 中央公論新社.

中村靖彦. 1996. 『日記が語る日本の農村』. 中央公論社.

倉富勇三郎日記研究会 編. 2010~2012.『倉富勇三郎日記(1~2)』. 国書刊行会.

川東竫弘, 三好昌文. 1999~2004.『高畠亀太郎日記(1~6)』. 愛媛新聞社.

青木正美 編. 1995.『太平洋戦争銃後の絵日記. 東京堂出版.

青木正美. 1987.『戦時下の庶民日記』. 日本図書センター.

青木正美. 2008.『自己中心の文学』. 博文館新社.

清沢洌. 2004.『暗黒日記』. 岩波文庫.

土田宏成 編. 2011~2012.『日記に読む近代日本(1~5)』. 吉川弘文館.

豊原研究会 編. 1977.『善治日誌』. 東京大学出版会.

胡桃澤盛. 2011~2013.『胡桃澤盛日記(1919~1946)(1~6)』. 胡桃澤盛日記 刊行会.

和田稔. 1995.『わだつみのこえ消えることなく』. 角川書店.

2장

일기 자료로 돌아본 대만사 연구 20년

진정원

1. 들어가면서

1990년대 이후가 되면 대만의 인문학 연구는, 대만사회의 민주화와 본토화의 흐름을 타고 일대 전환점을 맞이하게 되었다. 그때까지 국사와 국문학으로서 중국 본토의 역사와 문학을 중시해오던 흐름에서 벗어나, 현재 대만사회가 발을 딛고 있는 대만에 드디어 주목하기 시작한 것이다. 이러한 추세는 점점 가속화되어, 2000년대에 들어서면 대만의 대표적인 국립대학에는 국사와 국문학에서 대만사와 대만문학을 따로 떼어내 독립된 전공 분야로 내거는 대학원이 다수 설립되는 등,[1] 대만 연구는 새로운 연구 분야임에도 불구하고 대만학계에서 명실공히 부동의 학문적 지위를 누리게 되었다.

한편 대만 연구의 급속한 활성화가 1990년대 이후 대만사회의 아이덴티티 구축과 뗄레야 뗄 수 없는 관계를 가지고 있었다는 점은, 특히 역사학 분야에서는 한 가지 중요한 딜레마로 작용하고 있었다.

---

1) 예를 들면, 국립대만대학(國立臺灣大學)의 대만문학과(2004년 설립), 국립대만사범대학(國立臺灣師範大學)에 설립된 대만어문학과(2003년 설립)와 대만사학과(2004년 설립), 국립정치대학(國立政治大學)의 대만사학과(2003년 설립)와 대만문학과(2004년 설립), 국립성공대학(國立成功大學)의 대만문학과(2000년 설립), 국립청화대학(國立淸華大學)의 대만문학과(2002년 설립) 등을 들 수 있다.

대만에는 대만인 스스로의 의식을 반영하는, 즉 대만인 스스로에 의해서 기록된 사료가 거의 남아 있지 않았기 때문이다. 원주민은 물론이고, 중국 본토에서 모여든 농업 이민들 또한 스스로의 언어를 기록할 수 있는 문자 체계를 가지고 있지 않았다. 게다가 서로 다른 외세에 의한 식민 통치가 거듭되었기 때문에, 공용어로서의 역할을 했던 지배 세력의 언어마저 시대에 따라 서로 같지 않았다. 결국 현재 역사가가 이용할 수 있는 대만의 역사 기록은, 예를 들면 청조의 지방관이나 일제 시대의 일본인 관료 등 대부분 대만인이 아닌 지배자들이 그들의 입장에서 서술한 것이다. 다시 말해서 대만사 연구는, 대만을 타자로 인식하고 있을 뿐 아니라 그 연속성마저 부정하고 있는 이러한 사료에 의거하여, 대만 스스로의 역사적 아이덴티티를 구축해야 한다는 난제에 봉착하고 있었던 것이다.

그로부터 10여 년이 지난 2009년 가을, 대만사 연구를 실질적으로 주도한다고 할 수 있는 중앙연구원 대만사연구소(中央研究院 臺灣史研究所)는, 오픈 하우스 행사로 "하루 하루가 좋은 날, 대만 일기 특별전(日日是好日: 臺灣日記特展)"이라는 주제로 전시회를 개최하고,[2] 그 일환으로 "대만인은 종전을 이렇게 말한다: 일기로 본 대만사(臺灣人如此說終戰: 日記中的臺灣史)"라는 제목의 기념 강연을 열었다.[3] 일반인을 대상으로 한 이 강연회는, 강연장에 들어가지 못한 수많은 청중들을 위해서 임시로 회의실 밖에 원격 강연을 준비해야 했을 정

---

2) 중앙연구원 대만사연구소 당안관 홈페이지 http://archives.ith.sinica.edu.tw/news_con.php?no=24 참조(2014년 4월 30일 열람 확인).

3) 중앙연구원 대만사연구소 당안관 홈페이지 http://archives.ith.sinica.edu.tw/news_con.php?no=22 참조(2014년 4월 30일 열람 확인) 쉬쉐지(許雪姬)의 강연 내용은 주로 다음 논문에 기초하고 있었다(許雪姬, 2008: 151~178).

도로 많은 호응을 얻었다.[4] 여기서도 볼 수 있듯이, 90년대에 연구 목적과 사료적 한계 사이에서 고민해야만 했던 대만사 연구는 2000년대 후반이 되면 "대만인의 입장에서는 역사가 이렇게 보인다"라고 자신 있게 이야기 할 수 있을 정도로 성장해 있었고, 이를 계기로 스스로의 뿌리와 역사를 궁금해하는 일반 민중의 광범위한 관심과 지지를 끌어내, 대만인으로서의 아이덴티티를 확립한다는 목표에 성큼 다가갈 수 있었다. 그렇다면 이러한 변화가 있기까지 대만사를 둘러싸고 대만에서는 어떠한 흐름이 있었던 것일까.

이 글에서는 과거 20여 년간에 걸친 대만사 학계의 일기 자료의 발굴과 정리 그리고 이용에 대해서, 특히 중앙연구원 대만사 연구소에서의 성과를 중심으로 되돌아 보고, 대만 현대사의 입장에서 대만사 연구가 걸어온 흐름을 되짚어 보기로 한다.

2. 일기 사료의 등장과 정리: 장리쥔(張麗俊)과 린셴탕(林獻堂) 일기를 중심으로

일제시대와 청대, 심지어는 그 이전의 네덜란드 통치시대에 대해서도, 대만사 연구자가 이용할 수 있는 자료는 외부 통치 세력이 제삼자의 입장에서 대만에 관하여 서술한 것이 대부분이었다는 점은 앞에서도 설명한 바와 같다. 이는 우선 대만이 스스로의 왕조나 통치체제를 발전시키지 못했던 탓에 왕조기록체계와 같은 관변 역사기술의 전통이 결여되어 있었기 때문이다. 한편 원주민은 물론이고 대부분 푸젠성과 광둥성 출신으로 이루어진 중국으로부터의 농업 이민

---

4) 중앙연구원 대만사연구소 당안관 홈페이지 http://archives.ith.sinica.edu.tw/news_con.php?no=26 참조(2014년 4월 30일 열람 확인).

들도 스스로의 언어를 기록할 수 있는 문자체계를 가지고 있지 않았기 때문이기도 했다.[5] 이러한 상황에서 식민통치가 반복되는 과정에서 기록 수단으로 쓰이게 되는 통치자 측의 언어마저 비연속적이었기 때문에, 통치세력의 변화에 따라 대만인들 스스로의 자기 기술 또한 단절을 경험할 수밖에 없었던 것이다.

한편 반복된 식민 경험은 기록이라는 차원에만 영향을 미친 것은 아니었다. 그러한 기록을 이용하는 후대의 역사가들 역시 또 한번의 단절을 경험해야만 했다. 고유의 언어를 기록할 수 있는 문자체계를 가지지 못한 대만인들에게 있어서, 통치자들은 물론 스스로의 선조들이 남긴 기록 또한 이미 외국어로 변해 버린 낯선 문서인 경우가 대부분이었기 때문이다. 한국어 문헌 사료를 가지고 있었음에도 불구하고, 한국사 연구자들이 20세기 이후 일본어나 한문으로 쓰여진 자료들을 활용하기 위해서 국역 사업에 들인 노력을 떠올린다면, 대만사 영역에서 기초 사료의 해독과 정리 작업이 갖는 의미와 중요성을 짐작할 수 있을 것이다. 일기와 같은 개인 사료도 물론 예외가 될 수 없다.

대만사 연구의 이러한 성격은, 실질적으로 학계의 연구를 주도하고 있다고 할 수 있는 중앙연구원 대만사연구소의 연혁이나 조직에서도 엿볼 수 있다. 대만사연구소의 전신으로서 1986년 중앙연구원에 설치된 "대만사 현지 조사 프로젝트(臺灣史田野研究計劃)"는 그 명칭에서도 알 수 있듯이, 연구 자체보다도 대만사와 관련된 자료의 발굴과 정리를 주요 임무로 하고 있었다(林玉茹 · 張隆志 · 詹素娟

---

5) 주지하는 바와 같이, 청대에 중국 남방으로부터 이주한 농업 이민들이 주로 쓰는 민난어나 광둥어는 현대 중국어인 북경어와는 서로 다른 언어일 뿐 아니라, 현재에도 그 기록 수단이 확립되어 있지 않다.

編, 2013: 16). 이러한 전통은 대만사연구소가 독립된 연구소로서 정식 인가를 받은 후에도, 연구소 내에 설치된 고문서실과 당안관으로 이어졌다(林玉茹・張隆志・詹素娟 編, 2013: 102~103). 그 가운데에서도 가장 먼저 자료 수집과 정리의 대상이 된 것은, 이른바 "대만오대가문(臺灣五大家族)"을 비롯한 몇몇 명문가에 남겨져 온 자료들이었다. 청대 이후 쌓은 재력을 바탕으로 일제시대에 지방 유지로서 각 지역사회에서 강한 영향력을 행사해왔던 이들은,[6] 1970년대 후반부터 이미 역사 연구의 대상이 되어 왔을 뿐 아니라,[7] 대만사 연구가 본격적으로 시작된 이후에는, 그 기초 자료로서 각 가문에 남겨져 온 각종 고문서와 같은 자료들이 가장 먼저 수집과 정리의 대상이 되었다. 일기 자료가 처음으로 주목을 받게 된 것 역시 이 과정에서였다. 1998년 대만사연구소 준비처(籌備處)가 설립 5주년을 기념하여 이제까지의 자료 발굴성과를 공개하기 위하여 개최한 자료 전시회에,[8] 장리쥔(張麗俊, 1868~1941)과 린셴탕(林獻堂,

---

6) 구체적으로는, 우펑 린씨가(霧峰 林家), 지룽 옌씨가(基隆 顔家), 반치아오 린씨가(板橋 林家), 루강 구씨가(鹿港 辜家), 가오슝 천씨가(高雄 陳家)를 가리킨다. 각각의 가문에 대한 개별적인 연구 외에, 다음에서 종합적인 개설을 참고할 수 있다(司馬嘯青, 1987).

7) 여기서는 각각의 가문에 대한 개별 연구를 모두 개괄하는 대신에, 가장 많은 연구 성과가 양산되어 있는 동시에, 이 글에서도 직접 다루게 될 우펑 린씨가에 대한 연구 단행본만을 다음과 같이 정리한다(Meskill, 1979; 黃富三, 1987; 王世慶, 1991; 黃富三, 1992).

8) "중앙연구원 연구소 조직 규정(中央研究院研究所組織規程, 1990년 반포, 2011년 수정)"의 제2조 3항의 규정에 따라, 중앙연구원의 모든 연구소는 먼저 "준비처(籌備處)"라고 하는 시범 단계를 반드시 거쳐야 하는데, "학술 자문 위원에 의하여 이미 상당 기간의 시범 운용을 거쳐 설립 당초의 계획의 충분히 달성되었다고 판단되었을 때, 평의회의 심사, 중앙연구원 원장의 신청과 총통의 허가를 거쳐 정식 연구소로 승격된다." 대만사연구소의 경우, 1986년 설치된 "대만사 현지 조사 프로젝트"를 모체로 하여, 1993년 6월 준비처가 발족되었고, 여기서 다시 10여 년이 지난 2004년 7월, 정식 연구소로 승격되었다(林玉茹・張隆志・詹素娟 編, 2013: 18~20).

1881~1956)의 일기가 출품되었던 것이다.[9]

1868년 대만 중부의 평위안(豐原)에서 출생한 장리쥔은, 일본 식민 통치가 시작되자 보정(保正)과 협의회(協議會) 회원을 역임하는 등,[10] 일제 시대 평위안 지역을 대표하는 지방 유지이자, 대만 중부를 대표하는 문예 클럽이었던 리서(櫟社)를 대표하는 문인으로도 알려져 있었다.[11] 장리쥔의 호를 따서 『수죽거주인일기(水竹居主人日記)』라고 불리우는 그의 일기는 1918년부터 1937년까지 일 년분씩 선장본으로 정리된 27권이 현존하는데, 내용은 모두 구한문으로 기록되어 있다.[12]

한편, 린셴탕은 일제시대 대만 굴지의 명문가였던 우펑 린씨가의 가장이자, 1921년에는 일제시대 대만 민족 운동을 상징하는 "대만문화협회(臺灣文化協會)"를 창립하는 데에 주도적인 역할을 하는 등 일본 식민 통치 하의 대만인 사회를 대표한다고 해도 과언이 아닌 인물이었다. 그의 호를 따서 일반적으로 『관원선생일기(灌園先生日記)』

---

9) 두 일기의 발굴과 정리 과정에 관한 이 글의 설명은 주로 다음에 의거한다(許雪姬, 1998: 1~34; 許雪姬, 2013: 493~504; 李毓嵐, 2004: 411~418).

10) 대만총독부는 1897년 8월 "보갑조례(保甲條例)"를 공포하고, 중국 고래의 촌락 자위 조직인 보갑제도(保甲制度)를 부활시켜, 경찰 업무를 보조하게끔 한 동시에, 연좌제를 도입해 대만인의 항일 운동을 억제하고자 하였다. 보갑제도에서는 10호를 1명의 갑장(甲長) 하에 1갑으로 묶고, 다시 10갑을 1보로 하여 보정의 책임 하에 두었는데, 보정은 지방관의 인가로 임명되는 명예직이었다. 장리쥔은 1899년부터 1918년까지 하남갱 제1보(下南坑 第一保)의 보정을 역임하였다. 대만의 보갑제도에 관한 국내의 논저로는 다음이 있다(손준식, 2010: 49~75).

11) 대만총독부는 대만인들의 무장 항일 운동을 억제하기 위해서, 중국 민족의식을 가지고 있었던 구식 문인들을 대상으로 양문회(揚文會)나 향로전(饗老典)과 같은 문예행사를 개최하였을 뿐 아니라, 그들이 시사(詩社)를 조직하는 것을 허용하였다. 그 중에서도 1902년에 우펑 린씨가 출신들을 비롯한 대만 중부의 구식 문인들을 중심으로 조직된 리서(櫟社)는 일본에 대한 비판적인 태도와 정신을 견지하고 있었던 것으로 유명한데, 장리쥔뿐 아니라 린셴탕도 활동에 관여하고 있었다. 대만에서는 이에 대해서도 많은 연구 성과가 축적되어 있는데, 여기서는 최근의 단행본으로서 다음 만을 소개한다(廖振富, 2006).

12) 曾秀英, 「豐原地方史添進重要史料:「水竹居主人日記」廿七册, 將由中縣政府與中研院出版」, 『中國時報』, 1998년 7월 2일, 30p.

라고 불리는 린셴탕 일기는 1년분씩 "당용일기(當用日記)"에 기록되었는데,[13] 1927년부터 1955년까지의 일기 중 1928년과 1936년의 2년을 제외하고 모두 27년 분이 남아 있다.

이 두 일기가 모두 일제시대 대만인 사회를 대표하는 인물에 의해서 기록되었다는 점을 감안한다면, 공개와 동시에 큰 각광을 받은 것은 어쩌면 당연한 귀결이라고 할 수 있을 것이다.[14] 예를 들어, 장리쥔의 일기는 대만인의 입장에서 보갑제도(保甲制度)를 재검증할 수 있는 거의 유일한 자료였을 뿐 아니라,[15] 그의 다양한 활동상을 통해서 일본 식민통치를 겪으면서 대만인의 생활과 사회가 어떻게 변화하였는지를 구체적으로 검토할 수 있는 가능성 또한 제공하고 있었다(許雪姬, 1998: 1~34).[16] 한편, 장리쥔이 대만 중부 지역의 지방 유지에 불과했다면, 린셴탕은 명실공히 일제시대 대만인 최고의 유력자였을 뿐 아니라, 민족운동 지도자로서의 명망까지 누리고 있었다. 때문에 린셴탕 일기는 모든 대만사 연구자의 필독서라고 할 수 있을 정도로, 당시 대만 안팎에서 린셴탕을 중심으로 펼쳐지고

---

13) 당시 하쿠분칸(博文館) 등 일본의 대형 출판사가 앞다투어 발행하고 있었던 "당용일기"는, 보통 하루에 한 페이지씩 일 년분을 기록할 수 있도록 발간된 일기책인데, 일본 내지뿐 아니라, 대만과 조선에서도 크게 유행하였다(青木正美, 2008: 13~56; 西川祐子, 2009: 76~84). 한편, 린셴탕도 장리쥔과 마찬가지로 기본적으로는 구한 문으로 일기를 적어 내려갔지만, 당시의 시대 상황을 반영하여 일본어에서의 한자어나 가나가 그대로 혼용되어 있는 경우가 많다.

14) "先人日記成為珍貴史料: 中研院臺史所籌備處辦日記展, 其中林獻堂日記, 在臺灣史研究中, 重要性無出其右",『聯合報』, 1998년 6월 22일, 14p; "林獻堂日記後人捐贈臺史所: 臺史所籌備處昨獲五周年慶大禮, 日記所載達廿七年, 逾百萬字",『聯合報』, 1998년 6월 27일, 14p.

15) 陳文芬, "水竹居主人日記 陸續面世: 首度以臺灣民間觀點記載日治時期保甲制施行面貌, 重要性不遜於林獻堂日記",『中國時報』, 2001년 5월 7일, 21p. 한편 장리쥔 일기에 근거하여 보갑제도를 재고찰하고 있는 연구 성과로는 다음을 들 수 있다(洪秋芬, 2000: 211-268).

16) 그러한 연구성과로는〈표 1〉의 논문 리스트를 참조.

있었던 대만인들의 각종 활동을 들여다 볼 수 있는 일급 사료였다. 게다가 그 기록이 일제시대에 그치지 않고 전후의 국민당 통치 시기도 포함하고 있었기 때문에, 통치 권력에 의해서 단절된 역사를 대만인의 입장에서 일관성 있게 조감할 수 있다는 이점 또한 가지고 있었다.[17]

중요한 것은 그러한 학계의 주목과 평가가 단순한 반향이나 일시적인 호기심에 그치지 않고, 한 연구자의 판단과 의지를 계기로 10여 년이 넘는 기간 동안 조직적이고 체계적인 정리 작업으로 이어졌다는 점일 것이다. "걸어 다니는 대만사 사전(臺灣史活字典)"이라고 불리울 정도로(陳逢甲, 2008: vii), 근 20여 년간 대만 학계의 대만사 연구를 실질적으로 주도해왔다고 할 수 있는 쉬쉐지(許雪姬)야말로 그 장본인이다.[18] 당시 중앙연구원 근대사연구소의 연구원이었던 쉬쉐지는, 이 두 편의 일기가 일제시대부터 전후에 이르는 대만 근현대사를 대만인의 입장에서 재구성하는 근거가 될 수 있을 것이라는 판단 하에, 후손으로부터 일기를 기증받아 중앙연구원 등의 후원 하에 정리와 출판 사업에 착수했던 것이다.[19] 다만 여기서 독자의 의구심

---

17) "先人日記成為珍貴史料: 中研院臺史所籌備處辦日記展, 其中林獻堂日記, 在臺灣史研究中, 重要性無出其右", 『聯合報』, 1998년 6월 22일, 14p.

18) 쉬쉐지는 1982년 대만 학계에서 처음으로 대만사 영역의 논문으로 박사학위를 취득한 후, 중앙연구원 근대사연구소를 거쳐 2002년부터 대만사연구소에 재직하고 있다. 2005년 9월부터 2011년 8월까지 대만사연구소 소장을 역임한 그는, 청대에서부터 일제시대를 거쳐 전후에 이르기까지 대만사의 거의 모든 시기를 연구 대상으로 하는 유일한 연구자로서, 명실공히 1990년대 이후 대만인 입장에서의 대만사 연구를 대표하는 인물이라고 할 수 있다. 쉬쉐지에 대해서는 국내에서도 다음의 번역 논문과 인터뷰 기사가 소개되어 있다(許雪姬, 2007: 293~353; "전문가로부터 듣는다: 許雪姬(Hsu Hsueh-Chi) 대만사연구소장 인터뷰", 『기록인 IN』 6, 2009년 6월, 70~77pp.

19) 구체적으로는, 먼저 장리쥔의 손자이자 일기를 소장하고 있었던 장더마오(張德懋)를 쉬쉐지가 설득하여 전시가 끝난지 한 달여 만인 1998년 7월, 일기를 기증 받는 동시에, 타이중현립문화센터(臺中縣立文化中心)와 중앙연구원 근대사연구소에서

을 불러일으키는 부분은, 연구자가 일기 공개의 필요성을 인식할 수
는 있었다고 하더라도, 전문 공개를 전제로 하는 일기 기증에 후손들
이 과연 동의할 수 있었을까 하는 점일 것이다.

　일기는 후세나 제삼자에게 공개하는 것을 예상하고 기록되었다기
보다는, 자기 자신을 위해서 개인적이고 사적인 세계를 표현하는 공
간인 경우가 대부분이다. 때문에 사후라고 하더라도 일기의 공개가
가족 구성원 간의 갈등과 분쟁으로 이어질 가능성을 무시할 수 없다.
특히 대부분 공적인 활동에 대한 간단한 메모 정도의 기록만으로 이
루어진 린셴탕 일기와는 달리, 장리쥔 일기의 경우 그의 내적 세계와
여성 관계에 대한 상세한 묘사까지 포함되어 있었다. 따라서 일기의
공개로 말미암은 후손들 사이의 분쟁은 일찌감치부터 우려되고 있었
고 후손들을 설득하고 있었던 쉬쉐지 자신 조차 전문 공개 가능성에
대해서는 회의적이었다.[20] 그럼에도 불구하고 후손들이 일기 기증에
동의할 수 있었던 데에는 쉬쉐지를 비롯한 여러 관계자들의 적극적
인 설득뿐 아니라, 전후 30여 년간 억압적인 사상 통제가 지속되어왔
다는 대만 근현대사의 아픈 기억 또한 작용하고 있었다.

　주지하는 바와 같이 한국과는 달리 일본 식민 통치가 끝나고 나서
대만의 통치권을 장악한 것은 또 다른 이민족, 즉 중국 대륙에서 넘
어온 국민당 정권이었다. 때문에 1987년 계엄령 해제와 함께 본토화
와 민주화가 본격적으로 진행되기 전까지, 대만인들의 민족적 아이

　공동으로 일기를 정리하여 출간하는 데에 동의를 얻을 수 있었다(呂芳上, 2000: ii
　~iii). 이어서 린셴탕 일기가 중앙연구원에 기증되어, 그 정리 및 출판이 결정된 것
　은 다음 해 3월의 일이었다(李遠哲 2013, iii).

20) 張柏福, "水竹居主人日記將出版: 秀才出身的張麗俊, 為臺灣史學留下了珍貴史料",
　『聯合報』, 1998년 7월 17일, 39p.

덴티티와 관련된 사상이나 활동은 일제시대와 마찬가지로 통제와 억압의 대상이었다. 해방 이후에도 반 세기를 더 기다려서야 겨우 분출될 수 있었던 대만 민족주의는, 1990년대 후반에는 이미 사회 곳곳에 팽배해 있었다. 이러한 분위기 속에서 일기는 개인이나 가족의 소유이기 이전에 대만인 모두의 역사 기록이라는 당위적인 논리가 오히려 강한 설득력을 가질 수 있었던 것이다.

예를 들면 예룽중(葉榮鍾, 1900~1978)은 린셴탕의 사후에 일찌감치 그 존재가 알려져 있었던 린셴탕 일기 중 일부를 개인적으로 보관하고 있었는데, 일기를 돌려 달라는 후손들의 요구를 다음과 같은 이유로 물리쳤다고 한다.

> 린셴탕 일기는 모든 대만인들의 것이다. 비록 그의 장손이라고 할지라도 개인이 그것을 독점하는 것을 용서할 수 없다. 언젠가 그의 기념관과 같은 시설이 세워져서, 이 일기가 보관되어 전시될 자리가 마련된다면, 나는 그 날에야 비로소 이 일기가 영원히 보존될 수 있게끔 네게 돌려줄 수 있을 것이다(林博正, 2013: vi).

국민당 체제 하에서 대만 민족주의는 억압의 대상이었지만, 그렇기 때문에 예룽중의 이러한 논리는 오히려 충분히 설득력을 가질 수 있었고, 린셴탕의 장손인 린보정(林博正) 또한 실제로 예룽중의 사후를 기다려서야 일기를 되찾아 왔다. 이 뿐만이 아니다. 린보정은 계엄령이 아직 해제되지 않았던 1960년대부터 세계 각지로 흩어져 있었던 린셴탕 일기들을 대만으로 옮겨오기 위해서 갖은 노력을 아끼지 않았고, 이미 1970년대 후반부터 이렇게 한 곳에 모아진 조부의 일기를 연구자들에게 연구 자료로서 제공하고 있었다(林博正, 2013:

vi~vii). 다시 말해서 린보정은 린셴탕 일기를 일찌감치 대만인의 역사 기록이라고 인식하고 있었던 것이다. 한편 장리쥔 일기의 기증자인 장더마오의 경우, 일기의 전문 공개에 즉시 동의한 것은 아니었다.[21] 그러나 그 역시 최종적으로는 "일기를 부분적으로 삭제한다거나 수정하여 출판한다면, 당시의 사회상을 완전하게 드러낼 수는 없을 것으로 생각하기 때문에"(張德懋, 2000: i), 전문 공개를 희망하게 되었다고 하여 대만사 연구에 대한 기대를 드러내고 있었다.

연구자와 관계자들의 설득이 그 아무리 끈질겼다고 할지라도, 대만인들의 역사와 아이덴티티에 대한 이러한 기나긴 목마름이 없었다면, 린셴탕이나 장리쥔의 일기가 후손의 품을 떠나 만천하에 공개되기를 기대하기는 힘들었다고 해야 할 것이다. 그렇다면 이렇게 기증된 일기들은 구체적으로 어떠한 정리 작업을 거쳐서 출판되었을까.

일반적으로 어떤 개인의 일기를 후일 출판하기까지는, 일기 주인의 손글씨를 해독하여 활자화해야 할 뿐 아니라, 그를 중심으로 일기에 등장하는 인물 관계와 사건들을 제삼자가 이해할 수 있도록 설명하는 역주 작업 또한 거치기 마련이다. 그런데 앞에서도 설명하였듯이, 장리쥔 일기와 린셴탕 일기는 시기적으로 무려 10년 가까이 중복되어 있을 뿐 아니라, 일기의 배경이 된 곳 또한 모두 대만 중부 지역이었기 때문에 서로 겹치는 내용이 적지 않았다. 다시 말해서 두 일기의 역주 사업을 동시에 진행하는 것이야말로, 방대한 양의 자료를 가장 효율적으로 정리할 수 있는 방법이었던 것이다. 때문에 연구 책임자인 쉬

---

21) 曾秀英, "保存豊原史實記錄, 中縣長有盤算: 廖永來訪「水竹居主人日記」作者後代, 要求將日記留在縣史館", 『中國時報』, 1998년 7월 11일, 18p.

쉐지는 1999년 3월 장리쥔 일기에 이어서 린셴탕 일기의 출판 계획도 확정되자, 먼저 시작되어 있었던 장리쥔 일기의 주역 작업과 린셴탕 일기의 그것을 통합하여 함께 진행하기로 결정하였다(許雪姬, 2013: 495).

그러나 중요시된 것이 효율성뿐이었던 것은 아니다. "독해가 먼저, 출판은 그 다음"이라는 취지 하에(許雪姬, 2013: 493), 쉐쉐지는 단기간에 집중적으로 작업을 완성시켜 출판 시기를 앞당기는 대신에 여러 연구자들과 장기적인 공동 연구를 통해서 역주 사업의 정확성을 기하기로 하고, 1999년 4월부터 "일기해독반(日記解讀班)"이라고 하는 연구회를 시작하였던 것이다. 그로부터 5년 뒤인 2004년에 먼저 장리쥔 일기의 역주가 완성되고, 다시 3년을 지나 2007년 8월에 린셴탕 일기가 끝나기까지 무려 8년의 시간이 걸렸다.[22] 그 동안 중앙연구원 대만사연구소에서는 정기적으로 매주 월요일 오후 2시부터 5시까지 일기해독반을 개최하여, 쉐쉐지의 주도 하에 일기 주역 작업이 진행되어 왔다. 그렇다면 일기해독반은 구체적으로 어떻게 운영되었을까.

먼저 일기해독반은 참가 자격을 제한하거나 멤버를 고정시키지 않고, 연구 기관이나 대학의 전임 연구자뿐 아니라 대학원 학생, 심지어는 외국인 연구자에게까지 개방하고 있었다. 때문에 일기해독반에 참가하는 인원이 고정되어 있었던 것은 아니었고, 그 성과물로 출판

---

22) 다만 린셴탕 일기의 출판이 실제로 완성된 것은 그 후로도 6년 여가 흐른 2013년 연말이었다. 출판 사업이 본래 5년을 계획하고 있었던 사실에 비추어 보더라도, 그 작업이 결코 간단치 않았음을 짐작하고도 남음이 있다. 陳文芬, "林獻堂日記首冊中研院出版: 李遠哲作序形容其為「具體而微的臺灣史」總計二十七冊五年內出版完成", 『中國時報』, 2001년 4월 29일, 21p.

된 일기에 공동주해자로 기재되어 있는 연구자들 또한 매권 달라지고 있었다. 다만 이러한 멤버들 외에 일기해독반은 그 운영을 전담하는 전임 연구 인력을 두고 있었는데, 그의 가장 큰 책임은 일기해독반 개최 전에 일기 원본의 손글씨를 해독하여 정확하게 입력하는 것이었다. 그리고 나면 참가자 중에서 정해진 담당자가 여기에 다시 구독점과 등장 인물이나 사건, 문물 등에 대한 설명을 보충하여, 사전에 연구회 당일 배부될 자료를 준비한다. 연구회가 시작되면 담당자가 하루 분의 일기 원본을 낭독하는 동안, 다른 참가자들이 입력된 내용과 대조하여 오자나 탈자와 함께 구독점이 타당한지 등을 확인한다. 이어서 준비된 보충 설명을 중심으로 해당 날짜의 일기 내용과 역사적 사건을 비교하고 토론한다. 회의 내용은 연구회를 마친 후에 전임 인력에 의해서 다시 정리되어 참가자들에게 열람된 후, 최종적으로 연구 책임자인 쉬쉐지의 교열을 거쳐서 비로소 출판 원고로서 완성된다. 이러한 치밀하고 복잡한 과정 때문에 두 일기의 출판이 모두 완성된 것은, 사업이 시작되고 나서 무려 15년 이상이 지난 2013년 11월의 일이었다.[23] 다만 그 때문에 출판 시간을 앞당기는 것 이상의 성과들을 얻을 수 있었다는 점 또한 지적되어야 할 것이다.

그 성과로 가장 먼저 들어야 할 점은, 정기적으로 일기를 직접 접하고 토론할 수 있는 기회를 장기간 여러 연구자에게 제공함으로써 일기 자료의 중요성과 그 가능성을 널리 알릴 수 있었다는 사실이

---

23) 장리쥔 일기의 경우 2004년 8월에 10권이 전부 출판되었고, 린셴탕 일기는 2007년에 일기해독반이 수료된 후 다시 6년 후인 2013년 11월에야 비로소 27권의 출판이 모두 완성되었다.

다. 특히 2000년대 이후 이미 무르익은 대만 본토화의 흐름 속에서, 선대의 일기를 개인이 아닌 대만인 전체의 역사 유산으로 보는 인식은 학계를 넘어서서, 스스로의 뿌리와 역사를 찾고자 하는 대만사회의 내적 요구와도 결합되었고, 새로운 일기 자료의 연이은 발굴과 기증이라는 결과로 이어졌다. 린셴탕 일기의 주역이 완성된 2007년 이후에도, 일기해독반이 또 다른 대형 일기 사료인 황왕청(黃旺成, 1888~1979)의 일기를 대상으로 활동을 지속하고 있다는 사실이야말로 그 가장 좋은 예일 것이다.

일제시대 대만 민족주의를 대변하는 잡지로 유명한『대만민보(臺灣民報)』의 기자를 지낸 것으로 알려져 있던 황왕청의 일기가 처음 학계에 알려진 것은,[24] 그를 통해서 대만 민족주의의 계보를 규명하고자, 한 연구자가 후손을 직접 방문하면서부터였다. 린셴탕 일기와 장리쥔 일기가 공개된 해이기도 한 1998년, 당시 옥스포드대학에서 박사 논문을 준비하고 있었던 대만사 연구자 쩡스룽(曾士榮)이 그 장본인이다. 그는 대만인이 직접 기록한 일기야말로 대만 민족주의를 해석하는 가장 중요한 자료라는 인식 하에, 대만인들의 일기를 찾기 시작했다. 그 과정에서 황왕청이 1912년부터 1973년까지 무려 49년 동안 하루도 빠짐없이 기록한 일기의 대부분이 현존한다는 사실을 알게 된 것이다(曾士榮, 2013: i).[25] 2006년 쩡스룽은 이 사실을 황왕청의 후손이자 역사학자이기도 하였던 천펑자(陳逢甲)와 당시 이미 5년 이상 일기 출판 작업을 진행하고 있었던 쉬쉐지에게도 알렸고

---

24) 황왕청에 대한 전반적인 전기로는 다음이 있다(張德南, 1999).

25) 쩡스룽은 황왕청 외에도 우신룽(吳新榮, 1907~1967)의 일기도 발굴하여, 이 두 자료를 중심으로 대만 민족주의를 분석한 박사논문을 2006년 완성, 출판하였다 (Tzeng, 2009).

(陳逢甲, 2008: v), 천펑자와 쉬쉐지는 즉시 후손들을 설득하여, 같은 해 8월에는 현존하는 일기 모두가 전문 출판을 전제로 중앙연구원 대만사연구소에 기증되었다.[26] 그리고 다음해 1월, 린셴탕 일기의 주역 사업이 대부분 마무리 지어지자, 황왕청 일기는 자연스럽게 일기해독반의 다음 작업 대상이 되었던 것이다.[27]

황왕청 일기뿐이 아니었다. 선대나 자기 자신의 일기를 연구 자료로 기증하는 일이 대만사회에서 더 이상 드문 일이라고 할 수 없어지면서, 개인 일기 자료를 소장하게 된 다른 연구기관에서도, 이미 10년 이상 이어져 온 일기해독반의 방식을 받아들여 정기적으로 연구회를 열게 되었다. 그 대표적인 예로 루지잉(陸季盈, 1916~2004)의 일기를 들 수 있을 것이다. 대만 남부의 가오슝(高雄)에서 태어나 일생의 대부분을 평범한 농부로 보낸 루지잉이 일제시대이던 1933년 7월부터 2004년 세상을 뜨기 직전까지 무려 70여 년간 빠짐없이 상세한 농사 과정을 비롯하여 일상 생활에 이르기까지 기록해온 일기가, 2009년 아들 루둥위안(陸東原)에 의해서 국립대만역사박물관(國立臺灣歷史博物館)에 기증되자(陳怡宏, 2011: 19~22), 이 박물관 소속 연구자는 물론 타기관에서 농업사나 생활사, 과학사를 연구하는

---

26) 丁榮生, "日據至戰後, 任記者, 創民眾黨, 黃旺成日記臺史所納入研究", 『中國時報』, 2006년 8월 22일, A8p.

27) 황왕청 일기의 주역 사업은 현재까지 7년 이상 진행되고 있는데, 이미 12년분의 일기가 출간되었다(許雪姬, 2008~2013). 또 2014년 1월부터는 이와는 별도로 요시오카 키사부로(吉岡喜三郎, 1882~196?)의 일기에 대한 일기해독반도, 중앙연구원 대만사연구소 부연구원 중수민(鍾淑敏)의 주도 하에 운영 중이다. 1907년부터 1933년까지 대만 각지에서 순사로 일했던 요시오카 키사부로의 일기는 2009년 발굴되어 이듬해 중앙연구원 대만사연구소에 기증되었는데, 대만에서의 식민지 경찰의 활동을 세부적으로 확인할 수 있는 중요한 사료로 평가되고 있다. 중앙연구원 대만사연구소 당안관 홈페이지 http://archives.ith.sinica.edu.tw/news_con.php?no=81 참조(2014년 4월 30일 열람 확인).

대만사 연구자도 함께 루지잉 일기를 강독하는 연구회 활동이 열리게 된 것이다.[28]

3. 대만인의 입장에서 다시 쓰는 대만사: 심포지움의 개최와 논문집의 발간

대만사회 곳곳에서 일기가 발굴되고 기증되기 시작했다는 것은, 오히려 일기해독반 활동의 외적 영향력이 가져온 부수적인 성과라고 해야 할 것이다. 실제로 그 활동에 참가해왔던 연구자 자신들이 직접 경험한 가장 중요한 내적 성과는, 일기 자료를 이용하여 이전과는 다른 대만사 연구를 시도할 수 있었다는 데에서 찾아야 하기 때문이다. 여기서 특히 주목해야 할 점은, 앞에서도 설명하였듯이 일기해독반이 폐쇄적인 조직으로 구성되지 않고 희망자가 자유로이 참가할 수 있는 열린 활동이었기 때문에, 이러한 기회와 경험이 좀더 광범위하게 공유되었다는 사실이다.

부연하지만, 장리쥔 일기와 린셴탕 일기는 소수의 인원이 집중적으로 동원되어 단기간에 정리, 출판된 것이 아니었다. 대만사 연구자들은 그러한 지름길 대신에 일기해독반 운영이라고 하는 우회로를 선택하였다. 이것은 공동 작업이 아니면 일기의 독해와 주역 사업이 실질적으로 불가능하였기 때문이기도 하지만,[29] 좀 더 긴 안목

---

28) 그 성과의 일부분이 2012년 11월에 열린 "일기와 사회생활사(日記與社會生活史)" 심포지움에서 다음과 같이 발표되었다. 謝仕淵, 〈靑年的逸樂與焦慮: 陸季盈日記中日治時期休閒生活的考察〉; 高淑媛, 〈資本主義與臺灣農村: 日治時期臺灣肥料消費的事例〉; 陳怡宏, 〈臺灣地方社會教育團體成員的日常參與(1936~1941): 以臺史博館藏陸季盈日記為例〉. 이 심포지움에서 발표된 다른 논문에 대해서는 본고의 〈표4〉를 참조.

29) 이와 관련해서는 불특정 다수의 제삼자를 독자로 하지 않고 있는 일기의 사료적 특

에서 보자면 이러한 방식이야말로 연구자들에게 일기 자료에 직접 접할 수 있는 기회를 제공하여, 일기를 이용한 역사 연구를 활성화 시키는 가장 효율적인 방법이기도 했기 때문이다. 특히 기성 연구 자보다도 대학원 석·박사과정 학생들의 참가가 두드러졌다는 점은, 이 과정을 통해서 다음 세대의 대만사 연구자들이 일기 자료의 가능성을 인식하는 계기가 될 수 있었다고 평가할 수 있을 것이다. 가장 오래 진행된 린셴탕 일기의 일기해독반을 예로 들면, 책임 자인 쉬쉐지의 주도 하에 전임 연구 인력으로서 8년 동안 빠짐없이 모든 활동에 참가한 류스원(劉世溫) 외에, 적어도 일 년 이상 독해 반에 참가했던 인원은 필자를 포함해서 무려 30여 명에 이르렀다.[30] 그 중에는 중앙연구원의 각 연구소 연구원들이나 각 대학의 교원 외에도, 국내 대학원 석·박사과정 학생이나 박사후 연구원 그리고 대만사연구소에서 방문하고 있던 외국인 학생까지 포함되어 있었고, 현재 그들은 대부분 학계에서 대만사 연구를 주도하고 있는 중 견 연구자로 성장해 있다.

성상, 인명과 지명, 고유명사 등의 판독이 쉽지 않다는 점 외에도, 두 가지 이유를 더 들어야 할 것이다. 먼저, 일제시대 대만사회의 특징을 반영하여, 당시 대만인의 일기는 구한문이나 일본어가 혼용되었던 것은 물론, 심지어는 민난어의 발음을 한 자로 표기한 경우까지 있었기 때문에 주석 작업에 다양한 언어 능력이 요구되었다. 또 다른 한 가지 이유는, 특히 린셴탕 일기와 관련되는데, 그의 활동 범위가 대만 내 에 국한되어 있지 않고 전 세계에 걸쳐 있었기 때문에 일본사나 미국사 등의 지식이 요구되는 부분이 적지 않았다(許雪姬, 2013: 496, 498). 실제로 쉬쉐지는 일기 해 독을 위해서 일기에 등장하는 인물들을 세계 각지로 방문하였고, 그 경과와 성과는 다음 책으로 출판되었다(許雪姬 編, 1998).

30) 출판된 일기에서는 해당 부분의 일기해독반 활동에 참가한 연구자들을 공동주해자 로 기재하고 있는데, 그에 따르면 린셴탕 일기에 참가했던 연구자들은 다음과 같 다. 許雪姬, 鍾淑敏, 周婉窈, 劉素芬, 劉世溫, 何義麟, 呂紹理, 陳翠蓮, 張季琳, 林蘭 芳, 何鳳嬌, 陳世榮, 曾士榮, 林偉盛, 張隆志, 洪麗完, 楊麗祝, 范燕秋, 黃子寧, 吳奇 浩, 連憲升, 林丁國, 鄭麗榕, 李力庸, 高雅俐, 陳姃湲, 黃慈怡, 蘇瑤崇, 王昭文(許雪 姬, 2013: 500).

한편 좀 더 직접적으로 그들이 새로운 연구 성과를 발표할 수 있는 계기로 마련된 것이, 일기해독반과는 별도로 2000년 이후 중앙연구원 대만사연구소가 정기적으로 개최하고 있는 심포지움이다. 첫 심포지움이 열린 것은 일기해독반 활동이 시작된 지 일 년여 만인 2000년 12월이었다(許雪姬, 2013: 503).[31] 일기 주역이 충분히 진행되어 있다고는 할 수 없었던 당시에 열린 이 심포지움의 의의는, 일기해독반의 성과를 공개하는 것이라기보다 일기 자료의 가능성을 모색하는 데 있었다고 해야 할 것이다. 실제로 심포지움에서는 장리쥔이나 린셴탕의 일기를 직접 이용한 논문이 발표되는 대신에, 1919년부터 1923년까지 대만 총독을 지낸 동시에, 그 일기의 존재가 오래 전부터 알려져 있었던 덴 켄지로(田健治郎, 1855~1930)를 주제로 하여,[32] 일본 연구자와 함께 그 연구 가능성을 토론하는 데 그쳤다.[33]

본격적으로 일기해독반의 성과가 발표되기 시작한 것은 2004년 11월 장리쥔 일기의 주역 사업 완성을 기념하여 열린 심포지움부터

---

31) 심포지움 참가자와 발표 논문 제목은 다음과 같다. 廣瀨順皓, 〈田健治郎就任臺灣總督之內情〉; 周婉窈, 〈試論田健治郎日記之書寫方式〉; 吳文星, 〈田健治郎與一九二二年臺灣教育令〉; 許雪姬, 〈反抗與屈從: 林獻堂作評議員的任命與辭任〉; 黃紹恆, 〈試論臺銀的產業金融〉; 鍾淑敏, 〈從政商結合的側面看南洋協會〉.

32) 덴 켄지로에 대해서는 다음 전기에서 상세히 기술되어 있다(田健治郎傳記纂會 編, 1932). 일본 국립국회도서관 헌정자료실에 1906년부터 1930년까지 24년 분이 소장되어 있는 그의 일기는, 1998년 9월부터 중앙연구원 대만사연구소에서 그가 대만 총독을 지내고 있었던 4년 간의 일기에 대한 중국어 번역 및 출판 계획을 진행하여, 2001년부터 2009년까지 모두 다음 3권으로 출판되었다(吳文星 · 廣瀨順皓 · 黃紹恆 · 鍾淑敏 編, 2001~2009). 한편 일본에서도 2008년부터 그 외의 부분에 대해서도 출판이 시작되어, 현재 1917년까지 출판이 완성되어 있다(尚友倶楽部 · 広瀬順皓 編, 2008; 尚友倶楽部 · 広瀬順皓 編, 2009; 内藤一成 · 尚友倶楽部 編, 2012).

33) 심포지움 참가자와 발표논문 제목은 다음과 같다. 廣瀨順皓, 〈田健治郎就任臺灣總督之內情〉; 周婉窈, 〈試論田健治郎日記之書寫方式〉; 吳文星, 〈田健治郎與一九二二年臺灣教育令〉; 許雪姬, 〈反抗與屈從: 林獻堂作評議員的任命與辭任〉; 黃紹恆, 〈試論臺銀的產業金融〉; 鍾淑敏, 〈從政商結合的側面看南洋協會〉.

였다. 그 구체적인 성과는 5년 여에 걸쳐 직접 일기해독반에 참가해 온 연구자들을 중심으로 발표된 14편의 논문 주제를, 4년전 심포지움의 그것과 비교해 보기만 해도 금새 알 수 있을 것이다(〈표 1〉). 후자가 총독부나 일본 식민정권의 입장에서 일본의 식민지 정책사로서 대만사를 서술할 수 밖에 없었다면, 장리쥔 일기라고 하는 자료적 근거를 가지고 있는 전자에서는, 당시 대만인 사회의 내부를 들여다 보는 논문들이 발표될 수 있었다.[34]

〈표 1〉『수죽거주인일기』심포지움 발표 논문 일람(2004년 11월)

발표자	논문 제목
王見川	『수죽거주인일기』로 본 일제 시대 대만의 종교신앙과 희극
陳世榮	민간 신앙과 지방 엘리트: 장리쥔을 중심으로 한 사회 네트워크
許雪姫	장리쥔 생활 속의 여성들
洪秋芬	일제 시대 식민 정권과 지방 민간 조직의 관계: 후루둔(葫蘆墩) 흥산신용조합을 일례로
李力庸	『수죽거주인일기』로 본 일제 시대 미곡 생산과 유통
陳鴻圖	일제 시대 팔보천(八寶圳)의 수리 경영
何鳳嬌	장리쥔의 제당업 경영: 남창공사(南昌公司)를 일례로
廖振富	일제시대 대만 전통 문인들의 일상 생활과 한문 문학 활동: 장리쥔의 『수죽거주인일기』을 중심으로
李毓嵐	『수죽거주인일기』로 본 장리쥔의 시사(詩社) 활동
林蘭芳	전통 문인과 신문물과의 대화: 장리쥔의 근대화 체험(1906~1936)
呂紹理	노안으로 본 신세계: 『수죽거주인일기』로 본 장리쥔의 생활 리듬과 여가활동
范燕秋	『수죽거주인일기』로 본 식민지 공공 위생 제도의 실상
王志弘	실생활 속의 법률 감성: 『수죽거주인일기』를 일례로

---

34) 발표된 논문은 다음 해 모두 논문집에 수록되어 출판되었다(王見川等, 2005).

좀 더 주목해야 할 점은, 일기를 중심으로 대만사를 다시 서술한다는 취지의 심포지움이, 일과성 행사로 그치지 않고 그 후에도 지속적으로 이어졌다는 데 있을 것이다. 2004년 장리쥔 일기의 무대였던 펑위안으로 자리를 옮겨 열린 심포지움에서는 관련 문물의 전시도 함께 이루어져, 학계뿐 아니라 일반 민중로부터도 높은 호응을 얻을 수 있었다.[35] 그리고 이를 바탕으로 2년 뒤인 2006년에는 또 다른 일기 심포지움이 이어졌다. 즉 린셴탕 서거 50주년을 기념하여 2006년 9월 우펑 린씨가의 옛 화원 자리에 세워진 밍타이 고등학교(明台高中)에서 열린 "일기와 대만사 연구(日記與臺灣史研究)" 심포지움이 그것이다.

　　예비회의라고 할 수 있는 2000년 첫 심포지움과 일차적인 성과 공개의 의의를 가지고 있었던 두 번째 심포지움에 비하면, 세 번째 심포지움은 그 프로그램에서도 볼 수 있듯이(〈표 2〉),[36] 일기 자료를 근거로 새로운 대만사 연구가 본격적으로 시작되었음을 만천하에 알리고 있다고 할 수 있을 것이다. 먼저 장리쥔 일기만으로 자료의 범위를 제한하고 있었던 2004년의 심포지움과 달리, 이번에는 린셴탕 일기의 내용을 분석한 논문은 물론이고, 그의 친척과 가족, 그와 함께 대만 민족운동에 기여하였던 양지전(楊基振, 1911~1990), 장웨이수이(蔣渭水, 1891~1931), 젠지(簡吉, 1903~1951), 라이허(賴和, 1894~1943), 뤼샤뤄(呂赫若, 1914~1950) 등의 새로운 일기 자료들이 망라되었을 뿐 아니라, 한국이나 네덜란드 등 대만사와 관련이

---

35) "丘逢甲手跡, 豐原史料展出, 展品包括文人字畫, 古老碑碣, 還有賣子契, 道盡窮人辛酸", 『聯合報』, 2004년 11월 27일, C3p.
36) 발표된 논문은 다음 논문집으로 모두 정식 출판되었다(許雪姬 編, 2008).

있는 외국의 연구 현황까지 소개되었다.

<표 2> "일기와 대만사연구" 심포지움 발표 논문 일람(2006년 9월)

발표자	논문 제목
翁佳音	네덜란드 관방 자료 중 대만과 관련된 일기 자료의 운용과 그 문제점
李毓嵐	린지탕(林紀堂, 1874~1922) 일기와 린츠셴(林癡仙, 1875~1915) 일기의 사료적 가치
黃英哲	양지전 일기의 사료적 가치
張淑雅	일기로 본 왕수밍(王叔銘)의 인간관계
陳翠蓮	상상과 진실: "조국"에 대한 대만인의 인상
陳姃湲	민족주의 역사서술에서 생활사로: 『구례 유씨가 일기』로 본 한국 역사학계의 식민지 시대 연구
張季琳	시모무라 코진(下村湖人)과 그의 대만 단가(短歌)
楊麗祝	세 편의 옥중 일기: 장웨이수이, 젠지와 라이허
李力庸	일제 시대 대만의 미곡 시장과 무역
何鳳嬌	전후 초기 대만의 미곡 회수문제: 『관원선생일기』를 중심으로
林蘭芳	『관원선생일기』로 본 린셴탕의 불교 인식(1927~1955)
黃子寧	린셴탕과 기독교(1927~1945)
范燕秋	『관원선생일기』로 본 린셴탕의 위생 관념과 그 실천
林丁國	『관원선생일기』로 본 린셴탕의 체육 활동
高雅俐	음악, 권력, 그리고 계몽: 『관원선생일기』로 본 1920, 30년대 우펑 지역 상류인사들의 음악 생활
連憲升	『뤼샤뤄 일기』로 본 일제 말기 타이베이 문인들의 음악 생활

그후에도 일기 심포지움은 2010년 10월의 또 한 번의 "일기와 대만사연구" 심포지움(〈표 3〉)과 2012년 11월의 "일기와 사회생활사" 심포지움(〈표 4〉)으로 이어져, 명실공히 중앙연구원 대만사 연구소

를 대표하는 정기학술행사로 자리잡게 되었다.[37]

<표 3> "일기와 대만사연구" 심포지움 발표 논문 일람(2010년 8월)

발표자	논문 제목
吳奇浩	일제시대 대만 신사계급의 의복 문화: 일기 사료를 중심으로
李毓嵐	린셴탕 생활 속의 여성들
張淑雅	장제스(蔣介石)에 대해서: 그의 50년대 후반 일기를 통해서
許雪姬	일기 4종으로 본 「대만광복치경단(臺灣光復致敬團)」 사건의 시말
沈佳姍	일제시대 초중기 대만사회의 아동 질환과 간호: 『황왕청일기』를 일례로
賴玉玲	일제시대 대만 엘리트계층의 문명관과 아이덴티티: 황왕청의 의료 경험에 대한 관찰(1912~1921)
陳玉箴	일기로 본 신사계급의 서양요리 수용 과정
黃麗雲	다이쇼시기 대만의 민속신앙과 일본식 축제의 대만 시행: 일기 자료를 중심으로
石丸雅邦	리번(理蕃) 직원의 일기: 이노우에 이노스케(井上伊之助) 일기를 일례로
鄭安晞	일제시대 탐험 일지로 살펴 본 「번지(蕃地)」 인식(1895~1920)
林丁國	린셴탕, 대만을 여행하다: 『관원선생일기』로 본 일제 시대의 대만 여행
林偉盛	양지전 일기로 본 그의 정치 활동과 교우관계(1957~1960)
曾文亮	전쟁과 변호사: 황지투(黃繼圖, 1912~1974)일기로 본 대만인의 법조계 경험
李昭容	1910년대 공학교(公學校) 교원의 시대 경험: 『황왕청선생일기』(1912~1917)를 중심으로
鍾淑敏	식민지 관료 이케다 코진(池田幸甚, 1884~1924): 부속에서 칙임관까지
廖振富	푸시치(傅錫祺, 1872~1946) 일기가 반영하고 있는 그의 가정 생활

---

37) 오는 2014년 10월에는 가오슝의과대학(高雄醫學大學)에서 여섯번 째 심포지움의 개최가 예정되어 있다.

<표 4> "일기와 사회생활사" 심포지움 발표 논문 일람(2012년 11월)

발표자	논문 제목
許雪姬	일기 자료로 본 청대 말기 대만 북부 지역의 사회 생활
曾文亮	일제시대 대만인의 가정 생활과 가족법
劉維瑛	일기로 본 두판팡거(杜潘芳格, 1927~)의 사회적 역할과 자아 실현
何鳳嬌	고향가는 길: 귀향을 통해 본 대만인들의 생활
曾品滄	종교의례에서 문명생활로: 일기로 본 일제시대 대만인들의 연회와 사교 활동
李力庸	일기로 본 일제시대 대만인들의 음식관과 영양 관념의 변화
謝仕淵	청년기의 초조감과 일락: 루지잉 일기로 본 일제시대 대만인의 여가 활동
林丁國	스포츠와 지방 사회: 일제시대 대만인의 일기를 중심으로
王麗蕉	개인 자료의 데이터 베이스화에 대해서: 대만 일기 데이터 베이스(臺灣日記知識庫)와 대만 총독부 직원록 시스템(臺灣總督府職員錄系統)을 일례로
陳文松	일제시대 문화인의 일상 생활과 "도박": 『우신룽 일기』로 본 마작
楊麗祝	연예인 리샹란(李香蘭)을 쫓아서: 1941년 대만사회의 유명인 붐
林玉茹	새해를 맞다: 명절 습관으로 보는 전통에서 현대로의 변화(1890~1930)
李毓嵐	『황왕청선생일기』로 보는 차이렌팡(蔡蓮舫)의 사회 활동과 가정 생활
高淑媛	자본주의와 대만 농촌: 일제시대 대만에서의 비료 소비
陳怡宏	지방사회 교육단체 활동과 그 참가자의 일상(1936~1941): 루지잉일기를 일례로
許時嘉	모미야먀 이슈(籾山衣洲, 1899~1904)일기로 본 일제 초기 대만 주재 일본인들의 사회적 위치
鍾淑敏	일제 초기 대만 일본인 사회의 형성 과정

여기서 특히 주목할 만한 점은, 2010년과 2012년 심포지움에서는 당시 일기해독반 주역 작업의 대상인 『황왕청선생일기』를 이용한

논문뿐 아니라, 새로이 발굴되고 있는 일기들을 사용한 논문들이 빠르게 증가하고 있다는 사실이다. 그러한 새로운 일기 자료들의 면면을 살펴 보면, 이제까지 일제시대가 중심이었던 일기 자료의 시대 범위가 2000년대 후반부터는 위로는 네덜란드 지배 시기에서,[38] 아래로는 전후의 국민당 지배 시기로까지 확대된 점을 볼 수 있다.[39] 뿐만 아니라 일기를 기록한 사람들의 입장도 점점 다양해졌다. 1990년대에는 대만인에 의해서 기록된 일기의 가치가 특히 강조되었다면, 이제는 일제시대에 통치자로서 대만에 이주했었던 일본인이나,[40] 전후에 대만으로 이주한 중국 대륙 출신의 정치가,[41] 심지어는 서양인 선교사에 이르기까지,[42] 대만에 대한 서로 다른 시각과 입장을 보여주는 일기를 통해서, 여러 각도에서 대만사를 조망하고자 하는 논문들을 찾아 볼 수 있게 되었다. 또 대만사의 내용을 다양화 하고자 하는

---

38) 네덜란드 통치 시기에 항해일지나 총독 기록 등 관방기록이 아니라, 개인에 의해서 기록된 일기로는 1705년 6월 대만에 도착한 벨기에 출신의 동인도회사 병사인 Van der Haegh의 일기가 알려져 있다(翁佳音, 2008: 17~18).

39) 이미 설명한 린센탕과 황왕청, 루지잉, 우신룽 등과 함께 양지전의 일기에 일제시대부터 전후까지 기록되어 있고, 전후만을 담고 있는 대만인의 일기로는, 소설가 중리허(鍾理和, 1915~1960)가 1945년부터 1959년까지 기록한 일기 등을 들 수 있다(張良澤 編, 1977).

40) 앞에서도 설명한 덴 켄지로와 요시오카 키사부로 외에, 총독부 관료였던 이케다 코진과 우츠미 타다시(內海忠司, 1884~1968), 『대만일일신보(臺灣日日新報)』의 기자였던 모미야마 이슈, 탐험가 사사모리 기스케(笹森儀助, 1845~1915) 등의 일기가 알려져 있다. 이 중에서 부분적으로나마 출간된 것으로는 1928년에서 1939년까지 기록된 우츠미 타다시의 일기가 있다(近藤正己・北村嘉惠・駒込武 編, 2012).

41) 가장 유명한 것으로는 현재 미국 스탠포드대학 후버 연구소에 소장되어 있는 장제스(蔣介石, 1887~1975)와 그의 아들 장징궈(蔣經國, 1910~1988)의 일기를 들 수 있다. 이 외에도, 황제(黃杰, 1902~1995), 선창환(沈昌煥, 1913~1998), 천청(陳誠, 1898~1965), 왕스제(王世杰, 1891~1981), 레이전(雷震, 1897~1979) 등의 일기가 남겨져 있다.

42) 대만에서 활동한 서양 선교사로는 캐나다 출신의 맥케이(George Leslie Mackay, 1844~1901) 목사가 유명한데, 그가 1871년부터 1901년까지 남긴 일기가 2012년 대만에서 중국어로 번역 출판되었다(MacKay, 2012).

시도가 대만 밖으로만 향해진 것은 아니었다. 같은 대만인이라고 하더라도 대만 민족주의 운동의 중심이 되었던 지식인이나 세력가가 아니라, 여성이나 농부 등, 이제까지 역사 서술의 주체로서 중시되어 왔다고 만은 할 수 없는 사람들의 일기를 통해서,[43] 대만사를 써내려 간 논문이 적지 않게 발표될 수 있게 되었고, 또 그 때문에 주목을 받게 되었던 것이다.

1990년대 후반부터 대만사 학계가 일기 자료에 주목한 이유는, 대만인의 시점에서 대만사를 해석하기 위해서였다. 그러나 그로부터 20여 년이 지난 현재, 이제 일기 자료는 명실공히 대만사의 주인이 된 대만인의 시각뿐만 아니라, "타자"였던 일본인과 중국 대륙 출신의 이주자 또한 대만사 안으로 포섭하는 기초가 되었다. 또 나아가서는 같은 대만인 중에서도 소외되어 있었던 여성과 농민들로까지 역사 서술의 주체를 확대시킬 수 있는 근거로서 기능하고 있다고 해야 할 것이다.

4. 새로운 연구 방법의 모색: 데이터 베이스 개발과 일기 이용의 대중화

한편 일기를 둘러싼 대만사연구소의 시도와 노력은 단지 그 발굴과 정리 출판 그리고 연구에만 그치는 것이 아니었다. 앞에서도 언급하였듯이, 설립 초기부터 사료의 발굴과 정리를 가장 중요한 사명의 하

---

43) 농부의 일기로는 앞에서도 설명한 루지잉의 일기가 기증되었고, 여성 일기로는, 우펑 린씨가의 며느리였던 양수이신(楊水心, 1882~1957)과 천링(陳岑, 1875~1939) 그리고 음악가인 가오쯔메이(高慈美, 1914~2004)와 작가 두판팡거의 일기가 알려져 있다.

나로 하고 있었던 대만사연구소는, 2009년 종래의 고문서실을 당안관으로 독립 승격시키면서(林玉茹·張隆志·詹素娟 編, 2013: 102), 각종 데이터 베이스의 개발에도 박차를 가하게 되었는데,[44] 그 대상에는 일기 자료도 포함되어 있었던 것이다.

2007년 장리쥔 일기의 출판이 완성됨과 동시에 시작된 일기 자료의 데이터 베이스화 사업은(許雪姬, 2013: 503), 특히 대만사 연구의 흐름에 있어서는, 출판 방식으로 정리된 자료를 인터넷과 컴퓨터 시스템 상의 새로운 디바이스로 옮긴다는 것 이상의 의미와 목적을 가지고 있었다. 대만사 학계에서 일기 자료가 중시되는 배경에는 대만인에 의해서 쓰여진 일기를 통해서 "대만인"의 입장에서 대만사를 재서술할 수 있으리라는 기대가 있었기 때문이었다. 그러나 일기가 개인 기록이라는 점을 고려하면, 그것은 어디까지나 어느 한 대만인의 입장일뿐 대만인 전체를 대변한다고 할 수는 없다. 게다가 대부분의 일기는 하루의 기록 분량이 300자를 넘지 않았기 때문에, 한 사람의 일기 만으로는 다른 일반 자료에 대한 보충적인 역할 이상을 기대하기는 힘들다. 다시 말해서 일기를 역사 서술의 중심에 자리매김하기 위해서는 좀 더 다양한 종류의 일기를 발굴하

---

44) 대만사연구소가 개발한 주요한 데이터 베이스로는, 이 글이 소개하는 "대만일기 데이터 베이스" 외에도, 청대의 문헌을 정리한 "대만문헌총간(臺灣文獻叢刊)", 토지 문서나 계약 문서 등을 비롯하여 대만사연구소가 수집한 각종 문서를 검색할 수 있는 "대만사사료 시스템(臺灣史檔案資源系統)", 대만총독부도서관에 소장되어 있던 자료의 일부를 원문 공개하고 있는 "대만연구고서 데이터베이스(臺灣研究古籍資料庫)", 대만총독부 문서의 검색과 함께 원문을 열람할 수 있는 "대만총독부문서 검색 시스템(臺灣總督府公文類纂查詢系統)" 그리고 대만총독부 직원록을 데이터 베이스화한 "대만총독부직원록 시스템" 등이 있다. 이 중 "대만총독부직원록 시스템"은 해외에서도 무료로 접속하여 이용할 수 있다. 각종 데이터 베이스의 홈페이지 주소와 이용에 대해서는 중앙연구원 대만사연구소 홈페이지(http://archives.ith.sinica.edu.tw/services_con.php?no=1)를 참조(林玉茹·張隆志·詹素娟 編, 2013: 104).

고 정리하는 동시에, 그 일기들을 서로 연결할 수 있도록 크로스 서치가 가능한 새로운 디바이스를 개발하는 것이 필수적이었던 것이다(許雪姬, 2014: 6).

앞에서도 설명하였듯이 가장 먼저 정리가 시작된 장리쥔과 린셴탕의 일기는, 공간적으로나 시간적으로 서로 같은 배경에서 서술되는 경우가 많았다. 뿐만 아니라 일기 기증의 대부분이 기존 기증자의 인적 관계를 따라서 꼬리에 꼬리를 물고 이어지는 경우가 대부분이었던 만큼, 발굴된 일기 자료의 주인들은 서로 복잡한 인간 관계로 연결되어 있는 경우가 많았다. 예를 들어, 우펑 린씨가에서는 린셴탕의 일기에 이어, 린셴탕의 처였던 양수이신 그리고 각각 사촌동생과 육촌동생 뻘이었던 린지탕과 린츠셴 그리고 린지탕의 첩이었던 천링의 일기까지 발굴되어 모두 중앙연구원 대만사연구소로 기증되었다. 또 황왕청의 아들이자 변호사였던 황지투가, 아버지와 마찬가지로 17세이던 1929년부터 세상을 뜨기 직전이었던 1972년까지 무려 40여 년간에 걸쳐 남긴 일기도 기증되었다(曾士榮, 2013: 23~28).[45] 가족 관계가 아니라고 하더라도 1920년대에 대만문화협회에서 활동한 인물 중에서는 린셴탕 외에도, 장웨이수이, 라이허, 양지전 등의 일기가 수집되어 있다. 이들의 일기를 데이터 베이스화 할 수 있다면, 동시대의 같은 역사적 사건에 대한 여러 대만인의 시각과 반응을 응집하여, 그것을 기초로 한 새로운 역사 서술을 기대할 수 있게 되는 것이다. 때문에 대만사연구소는 처음부터 대만사연구소가 출판했거나 소장하고 있는 일기뿐 아니라,

---

45) 마찬 가지로 2대에 걸쳐 일기가 남겨진 경우로는, 푸시치와 푸춘쿠이(傅春魁, 1892~)를 들 수 있다.

국사관(國史館)이나 국립대만문학관(國立臺灣文學館)과 같은 타기관에 의해서 수집되어 출판된 일기도 함께 데이터 베이스에 포함시킬 계획이었다.[46]

이러한 구상을 바탕으로 한 사업은 2007년부터 일기 원고의 입력과 타기관과의 교섭 등 준비 작업에 들어가서,[47] 2008년 3월 인터넷 백과사전인 위키백과의 wiki 시스템을 응용한 데이터 베이스의 포맷이 완성되면서 구체화될 수 있었다.[48] 이듬해 9월에 앞에서 언급한 "하루 하루가 좋은 날, 대만 일기 특별전" 행사와 때를 맞추어, "대만 일기 데이터 베이스"라는 이름으로 이 데이터 베이스가 첫 선을 보이게 되었는데, 장리쥔 일기와 린셴탕 일기가 일기 원문은 물론 주석에 이르기까지 텍스트 원문으로 제공되어, 일기 내용에서부터 주석과 날짜와 같은 메타 자료에 이르기까지 검색이 가능해졌고, 일기 원본의 화상 파일까지 컴퓨터 상에서 직접 확인할 수 있게 되었다. 다만 당시는 아직 시범운영 단계였던 만큼, 사용자는 중앙연구원 소속 연구원으로 제한되어 있었을 뿐만 아니라, 수록 일기의 종류와 범위도 제한적이었다. 약 2년 간의 시범운영을 거친 후인 2011년 9월, 수록 일기 범위를 대폭 늘린 상태에서,[49] 사용자 범

---

46) 예를 들면, 뤼샤뤄, 우신룽과 양지전 일기가 그러한 경우이다(許雪姬, 2013: 499). 이 일기들은 중앙연구원 대만사연구소의 데이터 베이스화 계획 이전에, 이미 출판되어 있었다(張良澤 編, 2007~2008; 呂赫若, 2004; 黃英哲·許時嘉 編, 2007).

47) 데이터 베이스의 연혁에 대해서는, "대만일기데이터베이스" 홈페이지의 "대만일기데이터베이스 연혁(臺灣日記知識庫大事記)"에 의거한다. http://taco.ith.sinica.edu.tw/tdk (2014년 4월 30일 열람 확인)

48) 이 데이터 베이스의 시스템에 대한 상세한 설명은 다음을 참조(王麗蕉, 2009: 271~303).

49) 현재, 장리쥔 일기와 린셴탕 일기 외에, 젠지 일기, 황왕청 일기, 양지전 일기, 덴켄지로 일기, 뤼샤뤄 일기, 우신룽 일기 등 8종의 일기가 공개되어 있다. 이외에 입력과 정리가 이미 완성되어 근일 중 공개가 예정되어 있는 일기로는, 라대춘(羅大

위 또한 확대하여 재공개된 데이터 베이스는,[50] 2014년 3월 현재까지 이용횟수 누계가 무려 25만 회를 훌쩍 넘어설 정도로(許雪姬, 2014: 6), 대만사 연구에서 가장 중요한 데이터 베이스의 하나로 자리잡고 있다.

그러나 이러한 양적인 수치보다 더욱 중요한 것은, 이 데이터 베이스가 구체적으로 어떻게 사용되었으며, 또 그로 인하여 대만사의 서술이 얼마나 달라질 수 있었는가 하는 점에 있을 것이다. 다만 시범 운영 기간을 포함하더라도 데이터 베이스가 공개된 지 아직 5년을 넘지 않은 현 시점에서, 그 성과를 구체적으로 논의한다는 것은 아직 시기상조일 수도 있다. 그럼에도 불구하고 현 시점에서 지적할 수 있는 점은, 이 데이터 베이스의 도입과 함께 대만 각 대학의 학위논문에서 일기 자료를 이용하는 빈도가 급격하게 늘었다는 사실이다. 중앙연구원 대만사연구소의 조사에 따르면,[51] 데이터 베이스에 수록되어 있는 일기 자료를 이용하고 있는 학위논문 수는, 데이터 베이스가 공개되기 전이었던 2002년까지 매년 10편을 넘지 못하였던 데 비하여, 공개 후에는 2009년 46편, 2010년 52편, 2011년에는 40편으로

春) 일기, 장사철(蔣師轍) 일기, 예성지(葉盛吉) 일기, 천화이청(陳懷澄) 일기, 푸시치 일기, 푸춘쿠이 일기, 이케다 코진 일기, 요시오카 키사부로 일기가 있다. 또, 린지탕 일기, 린치셴 일기, 양수이신 일기, 양자오자(楊肇嘉) 일기, 천링 일기, 황지투 일기, 가오쯔메이 일기, 린위댜오(林玉雕) 일기, 우훙치(吳鴻麒) 일기 등도 데이터 베이스화 할 예정이다.

50) 그러나 대만일기 데이터 베이스는 지금도 전면 개방된 것은 아니며, 대만의 연구기관이나 정부기관에 소속된 경우에 한해서 사용자 계정을 신청할 수 있다. 다만 당안관 열람실을 직접 방문하는 경우에 한해서는, 계정의 유무에 상관없이 모든 데이터 베이스 기능을 자유롭게 이용할 수 있다.

51) 조사는 2014년 2월 대만사연구소의 연구 보조 직원 리카이양(李鎧揚)이 대만 국가도서관에서 운영하는 학위논문 데이터 베이스, "대만 학위 논문 데이터 베이스 시스템(臺灣博碩士論文知識加值系統, https://ndltd.ncl.edu.tw)"에 의거하여 진행하였다. 조사 결과가 모두 공개된 것은 아니지만, 그 일부가 다음에 인용되었다(許雪姬, 2014: 6).

급증하고 있다. 이들이 실제로 데이터 베이스를 사용해서 일기 자료에 접근했는지까지는 확인할 수 없지만, 적어도 그 개발과 공개를 계기로 일기 자료가 젊은 학생들이 자주 이용할 수 있을 정도로 보편적인 역사 자료로 자리매김하였다는 것은 분명하다.

같은 추세는 역사 교육의 제일선에서도 확인할 수 있다. 2012년 여름 국립정치대학에서, 중국 대륙과 대만의 역사학을 전공하는 대학원생을 대상으로 일주일 동안 "민국사와 역사 자료(民國史事與檔案)"라는 대규모의 워크숍이 개최되어, 모두 열 명의 중견 연구자가 초청되어 관련 주제로 강연을 가졌다(周惠民, 2013: 6). 그런데 이 워크숍에서 대만사와 관련하여 다룬 내용은, 종래 대만사 연구의 가장 기본적인 자료로 여겨져 왔던 총독부 관련 자료나 『대만일일신보』와 같은 신문 잡지 자료가 아니었다. 유일한 대만사 영역의 강연의 주제로 선택된 것은, 데이터 베이스의 등장과 함께 그 사용 가능성이 점점 다양해지고 있는 일기 자료였다.[52]

대만 일기 데이터 베이스가 과연 얼마나, 또 어떻게 대만사의 내용을 바꿀 수 있을지에 대해서는 앞으로의 경과를 좀 더 지켜봐야 할 것이다. 다만 미래의 대만사 연구를 짊어지고 나아가야 할 젊은 학생들에게, 일기연구의 가능성이 널리 받아들여지고 있다는 사실만은 분명하다고 할 수 있을 것이다.

---

52) 강연 내용은 다음과 같이 출판되었다(呂紹理, 2013: 147~167).

5. 나오면서

2006년 황왕청 일기를 기증한 천펑자는, 일가의 개인사를 포함하고 있는 일기의 전문 공개를 결정하기까지의 내적 갈등에 대해서 다음과 같이 토로하고 있다.

> 중국식 역사교육 방식이나 대만사범대학의 학풍에 많은 영향을 받았던 나는, 대학 시절 왕치쭝(王啟宗) 교수의 대만사도 이수하지 않았을 뿐 아니라, 석사논문이나 박사논문에서도 중국 현대사에서 가장 내우외환이 겹쳐 있었다고 할 수 있는 중일전쟁을 다루었다. 다만 역사 연구자의 길을 걷게 되고나서부터는, 스스로가 대만이라고 하는 이 땅에 대해서 연구하거나 탐색하는 데 열중하는 대신에, 의식적이든 무의식적이든 대만이라는 주제를 피해오기만 한 이유를 자문하지 않을 수 없었다. 그리고 그때마다 나는 스스로에게 마땅히 있어야 할 대만의식이 결여되어 있었다는 사실을 자인하지 않을 수 없었다. (중략) 하지만 (역사학과로—인용자주) 소속을 바꾸면서 나는 개인의 과거사가 대만의 그것과 결합되는 느낌을 갖게 되었고, 시간만 나면 타임머신이라도 탄 듯이 (황왕청의—인용자주) 일기를 읽어 내려가면서 마치 과거로 빨려 들어가는 듯한 착각 속에 빠지곤 했다. (중략) 이제 일기는 두 권이 먼저 출판될 예정이라고 하는데, 그렇게 되면 앞으로는 지금 일기해독반에 참가하고 있는 20명 남짓한 연구자뿐 아니라, 점점 많은 가족들과 친구들이 전부 밝히고 싶다고 만은 할 수 없는 일기 내용들을 들춰 보게 될 것이다. (중략) 때문에 일기를 공개하기까지 나는 가족들의 반대를 무릅쓰지 않으면 안되었다 (陳逢甲, 2008: v ~vii).

이민으로 이루어진 대만사회에서는 서로 다른 민족 간에 통일된 언어가 존재하지 않았을 뿐 아니라, 스스로의 언어로 쓰여진 기록을 후세에 남길 수 있는 문자 체계를 발전시킨 민족 또한 없었다. 때문에 대만인들이 남길 수 있었던 기록은 극히 제한적일 수 밖에 없었다. 결과적으로 1990년대 이후 대만인으로서의 역사적 아이덴티티를 모색하고 있었던 대만사회의 요구에 부응하기 위해서, 연구자들은 먼저 대만인의 입장을 일관성 있게 반영할 수 있는 사료를 발굴해야만 했다. 때문에 1990년대 후반 몇몇 대형 일기 자료들이 발굴되었을 때, 대만사 학계가 보인 반응과 기대에는 일반적으로 일기 자료가 갖는 의의를 뛰어넘는 부분이 적지 않았다.

중요한 점은 이러한 기대를 구체화시키기 위한 움직임들이 한 연구자의 판단과 의지로 즉각적으로 가시화되었으며, 또 중앙연구원이라는 강력하고 안정적인 지원을 바탕으로 장기적으로 지속될 수 있었다는 데에 있을 것이다. 쉬쉐지의 주도 하에 일기 자료의 정리와 출판 사업은 한 연구 기관의 차원을 넘어서서, 대만사 연구자 전반을 아우르면서 진행되었으며, 또 다른 일기 자료의 연이은 발굴과 그에 기초한 새로운 연구 성과로까지 이어질 수 있었다. 다만 일기 자료가 대만사 연구의 폭과 가능성을 급속히 넓힐 수 있기까지는, 연구자들과 관련 기관의 노력만 있었던 것은 아니었다.

정도의 차이는 있을 수 있다고 하더라도, 근현대사 연구에 있어서 일기 자료의 중요성은 대만사에만 국한되는 이야기는 아니다. 대만사와 마찬가지로 일제시대라고 하는 역사적 단절을 경험한 한국사의 경우에서도, 개인이 그러한 단절을 실제로 어떻게 경험하였는지를 보여줄 수 있기 때문에, 일기는 기존의 역사 해석을 뒤바꿀 수 있는 가능성을 가지고 있는 자료로서 중요하다. 다만 한국에서는 실제로 일제시대를 살아간 인물들의 일기 자료가 발굴된다고 하더라도, 그것이 그대로 전문 공개되는 경우는 매우 드물다. 일기 공개로 말미암아 후손들이 감당해야 할지도 모르는 직접적인 피해 때문만은 아닐 것이다. 예를 들어 윤치호의 일기가 그의 친일행적을 둘러싸고 일으킨 논쟁을 떠올려보더라도, 일기를 소장하고 있는 후손들은 물론, 연구자들도 무턱대고 일기 공개를 반길 수는 없었으리라는 점은 충분히 짐작이 가고도 남음이 있다.

다시 말해서 연구자들의 노력과 관련 기관의 지원이 대만 학계의 일기 붐으로 이어질 수 있었던 것은, 일기 공개를 둘러싼 주저와 우려를 무릅쓸 수 있을 정도의 사회적 요구가 대만사회 전반에 팽배해 있었기 때문이라고 해야 할 것이다. 천평자의 고백에서도 볼 수 있듯이, 오랫동안 역사적 아이덴티티를 구축하는 것이 실질적으로 불가능했던 대만사회의 분위기는 1990년대 이후의 본토화라는 전환점과 함께, "마땅히 있어야 할 대만의식"과 함께 대만사 또한 되찾아야 한다는 의식으로 급속히 전환되었다. 대만 근현대사의 흐름을 반영하는 이러한 사회적 분위기야말로, 일기 사료를 둘러싸고 대만사 학계와 대만사회로부터 결코 범상치 않았던 에너지를 이끌어낸 원동력이었다고 해야 할 것이다.

후기: 본고가 완성된 다음인 2014년 5월 30일 고려대학교 민족문화 연구소에서 "일기와 다양한 근대" 국제학술회의가 열렸다. 본고에서 소개한 쉬쉐지 교수도 참가하였는데, 발표논문 "대만의 일기연구: 회고와 전망"은, 다른 논문들과 함께 근일 출판될 예정이라고 한다. 이 글에서 다루지 못한 각 일기의 세부 내용 등은 본고와 아울러 참고하기를 바란다.

참고문헌

近藤正己, 北村嘉恵, 駒込武 編. 2012. 『内海忠司日記 1928~1939: 帝国日本の官僚と植民地台湾』. 京都: 京都大学学術出版会.

内藤一成, 尚友倶楽部 編. 2012. 『田健治郎日記〈3〉大正四年~大正六年』. 東京: 芙蓉書房.

呂芳上. 2000. "水竹居主人日記序." 張麗俊, 許雪姫, 洪秋芬 編. 『水竹居主人日記(一)』. 臺北, 臺中: 中央研究院近代史研究所, 臺中縣文化局.

呂紹理. 2013. "日記與臺灣史研究." 周惠民 編. 『民國史事與檔案』. 臺北: 政大出版社.

呂赫若. 鍾瑞芳 譯. 2004. 『呂赫若日記(一九四二――一九四四年)(中譯本)』. 臺南: 國家臺灣文學館.

廖振富. 2006. 『櫟社研究新論』. 臺北: 鼎文書局股份有限公司.

李遠哲. 2013. "序." 林獻堂. 許雪姫 主編. 『灌園先生日記(127)』. 臺北: 中央研究院臺灣史研究所.

李毓嵐. 2004. "跋." 張麗俊. 許雪姫, 洪秋芬 編. 『水竹居主人日記(10)』. 臺北: 中央研究院近代史研究所.

林博正. 2013. "『灌園先生日記』序." 林獻堂. 許雪姫 主編. 『灌園先生日記(127)』. 臺北: 中央研究院臺灣史研究所.

林玉茹, 張隆志, 詹素娟 編. 2013. 『局開新境: 臺灣史研究所二十年』. 臺北: 中央研究院臺灣史研究所.

司馬嘯青. 1987. 『臺灣五大家族(上, 下)』. 臺北: 自立報系.

尚友倶楽部, 広瀬順晧 編. 2008. 『田健治郎日記〈1〉明治三十九年~四十三年』. 東京: 芙蓉書房.

尚友倶楽部, 広瀬順晧 編. 2009. 『田健治郎日記〈2〉明治四十四年~大正三年』. 東京: 芙蓉書房.

西川祐子. 2009. "日記帳出版の前史." 『日記をつづるということ: 国民教育装置とその

逸脱』. 東京: 吉川弘文館.

손준식. 2010. "일제 식민지 하 대만 경찰제도의 변천과 그 역할."『中國近現代史研究』47.

吳文星, 廣瀬順皓, 黃紹恆, 鍾淑敏 編. 2001~2009.『臺灣總督田健治郎日記(1~3)』.
　　臺北: 中央研究院臺灣史研究所.

吳新榮. 張良澤 編. 2007~2008.『吳新榮日記全集(1~11)』. 臺南: 國立臺灣文學館.

翁佳音. 2008. "荷蘭檔案有關臺灣「日誌」的運用與問題." 許雪姬 編.『日記與臺灣史
　　研究: 林獻堂先生逝世50週年紀念論文集』. 臺北: 中研院臺灣史研究所.

王見川等. 2005.『水竹居主人日記學術研討會論文集』. 臺中: 臺中縣文化局.

王麗蕉. 2009. "臺灣文史資源數位加值與開放應用模式: 以日記知識庫建置為探討重
　　點." 國史館臺灣文獻館, 逢甲大學歷史與文物管理研究所, 臺灣古文書學會 編.
　　『第三屆臺灣古文書與歷史研究學術研討會論文集』. 臺中: 逢甲大學出版社.

王世慶. 1991.『霧峰林家之調查與研究』. 臺北: 林本源中華文化教育基金會.

張德南. 1999.『堅勁耿介的社會運動家—黃旺成』. 新竹: 新竹市立文化中心.

張德懋. 2000. "序." 張麗俊. 許雪姬, 洪秋芬 編.『水竹居主人日記(一)』. 臺北, 臺中:
　　中央研究院近代史研究所, 臺中縣文化局.

張良澤 編. 1977.『鍾理和日記』. 臺北: 遠行出版社.

張良澤 編. 2007~2008.『吳新榮日記全集(1-11)』. 臺南: 國立臺灣文學館.

田健治郎傳記編纂會 編. 1932.『田健治郎傳』. 東京: 田健治郎傳記編纂會.

周惠民 編. 2013.『民國史事與檔案』. 臺北: 政大出版社.

曾士榮. 2013.『近代心智與日常臺灣: 法律人黃繼圖日記中的私與公(1912~1955)』.
　　新北: 稻鄉.

陳逢甲. 2008. "『黃旺成先生日記』序." 許雪姬 編.『黃旺成先生日記(1)』. 臺北: 中央研
　　究院臺灣史研究所.

陳怡宏. 2011. "臺史博陸東原家族文物簡介: 以陸季盈先生日記(1933-2004)為主",
　　『臺灣教育史研究會通訊』70.

青木正美. 2008. "本邦日記帳事始め."『自己中心の文学: 日記が語る明治・大正・昭
　　和』. 東京: 博文館新社.

許雪姬 編. 1998.『霧峰林家相關人物訪談紀錄』. 豐原: 臺中縣立文化中心.

許雪姬 編. 2008.『日記與臺灣史研究: 林獻堂先生逝世50週年紀念論文集(上, 下)』. 臺北: 中央研究院臺灣史研究所.

許雪姬 編. 2008~2013.『黃旺成先生日記(1~12)』. 臺北: 中央研究院臺灣史研究所.

許雪姬. 1998. "張麗俊先生「水竹居主人日記」的史料價值."『中縣文獻』6.

許雪姬. 2007. "만주경험과 백색테러-'만주 건대사건'의 허와 실."『한국문학연구』32.

許雪姬. 2008. "臺灣史上一九四五年八月十五日前後 : 日記如是說「終戰」,"『臺灣文學學報』13.

許雪姬. 2013. "跋:『灌園先生日記』全套廿七冊出版完成記." 林獻堂. 許雪姬 主編.『灌園先生日記(127)』. 臺北: 中央研究院臺灣史研究所.

許雪姬. 2014. "日記與臺灣史研究,"『中央研究院週報』1460.

洪秋芬. 2000. "日治初期葫蘆墩區保甲實施的情形及保正角色的探討(1895~1909)."『近代史研究所集刊』34.

黃富三. 1987.『霧峰林家的興起─從渡海拓荒到封疆大吏(一七二九～一八六四)』. 臺北: 自立晚報.

黃富三. 1992.『霧峰林家的中挫(一八六一～一八八五)』. 臺北: 自立晚報社文化出版部.

黃英哲, 許時嘉 編. 2007.『楊基振日記: 附書簡·詩文(上, 下)』. 新店: 國史館.

MacKay, George Leslie, 王榮昌, 王鏡玲, 何畫瑰, 林昌華, 陳志榮, 劉亞蘭 譯. 2012.『馬偕日記 1871~1901(1~3)(完整版)』. 臺北: 玉山社.

Meskill, Johanna., Margarete Menzel. 1979. *A Chinese Pioneer Family: The Lins of Wu-feng. Taiwan, 1729~1895*. Princeton, N. J.: Princeton University Press.

Tzeng, Shih-jung. 2009. *From Honto Jin to Bensheng Ren: The Origin and Development of Taiwanese National Consciousness*. Lanham Maryland: University Press of America.

부록: 대만사와 관련된 일기 자료
(청대 이후 대만에 거주하고 있었던 개인에 의해서 작성된 일기를 범위로 진정원이 조사하여, 현존하는 일기의 연대 순으로 정리, 자료 내용은 2014년 4월 기준)

시대	명칭	기록자(생몰년)	기록자 출신/기타(인적사항)	현존하는 일기의시대(범위)(출판범위)	기록언어	출판성과(자료소개)	소장상황/데이터베이스 수록 여부/정리상황
청대, 일제시대	馬偕博士日記	George Leslie Mackay (1844-1901)	캐나다인	1871-1901 (1871-1901)	영어	·George Leslie Mackay著, 王榮昌、王鏡玲、何畫瑰、林昌華, 陳志榮, 劉亞蘭譯『馬偕日記1871~1901(完整版)全三冊』(臺北:玉山社, 2012년)	·臺灣日記知識庫(근일 공개)
일제시대	樺山資紀日記	樺山資紀 (1837-1922)	일본인	1872-1895	일본어	·미간행, 수고본 ·(林呈蓉)「樺山資紀『日記』與水野遵『臺灣征蕃記』的史料價値與意義」,『臺灣史料研究』20, 2003년 5월, 156~177쪽)	일본국립국회도서관 헌정자료실 소장
청대	臺灣海防並開山日記	羅大春 (?-?)	한족	1874-1875 (1874-1875)	구한문	·羅大春著, 臺灣銀行經濟研究室編,「臺灣海防並開山日記」(臺北:臺灣銀行經濟研究室, 1972년)	·臺灣日記知識庫(근일 공개)
일제시대	田健治郎日記	田健治郎 (1885-1930)	일본인	1890-1930 (1919-1923) (1906-1917)	일본어	·吳文星編,『臺灣總督府田健治郎日記(1-3)』(臺北:中央研究院臺灣史研究所, 2001~2009년) ·尚友俱楽部, 広瀬順晧編『田健治郎日記(1)明治三十九年~四十三年』(東京:芙蓉書房, 2008년) ·尚友俱楽部, 広瀬順晧編『田健治郎日記(2)明治四十四年~大正三年』(東京:芙蓉書房, 2009년) ·内藤一成, 尚友俱楽部編『田健治郎日記(3) 大正4年~大正6年』(東京:芙蓉書房, 2012년)	일본국립국회도서관 헌정자료실 소장 · 臺灣日記知識庫 · 1998년 9월부터 2009년까지 중앙연구원 대만사연구소에서 주역사업

시대	명칭	기록자 (생몰년)	기록자 출신/기타인적사항	현존하는 일기시대범위 (출판범위)	기록 언어	출판 성과 (자료 소개)	소장상황/데이터베이스 수록 여부/정리상황
청대	臺游日記	蔣師轍 (1847~1904)	한족	1892 (1892)	구한문	· 蔣師轍著, 臺灣銀行經濟研究室編, 『臺游日記四卷』(臺北: 臺灣銀行經濟研究室, 1957년)	· 臺灣日記知識庫 (근일 공개)
일제 시대	臺灣觀察日記	笹森儀助 (1845~1915)	일본인	1896 (1896)	일본어	· 笹森儀助 『臺灣觀察日記』(臺北: 成文出版社, 1985년)	
일제 시대	豹山衣洲日記	豹山衣洲 (1858~1919)	일본인	1888-1907	일본어	· 미간행, 수고본	· 臺灣日記知識庫 (근일 공개)
일제 시대, 전후	傅錫祺日記	傅錫祺 (1872~1946)	대만인	1902-1946	구한문	· 미간행, 수고본 (廖振富, 「《傅錫祺日記》的發現及其研究價値」, 『臺灣史研究』18-4, 2011년 12월, 201~239쪽)	· 臺灣日記知識庫 (근일 공개)
일제 시대	水竹居主人日記	張麗俊 (1868~1941)	대만인	1906-1921; 1923-1937 (1906-1921; 1923-1937)	구한문	· 張麗俊著, 許雪姬, 洪秋芬編, 『水竹居主人日記(1~10)』(臺北: 中央研究院近代史研究所, 2000-2004년)	· 중앙연구원대만사연구소 소장 · 臺灣日記知識庫 · 1998년부터 중앙연구원대만사연구소에서 주역사업, 2004년 8월 출판완성
일제 시대	吉岡喜三郎日記	吉岡喜三郎 (1882~1969)	일본인	1909-1957	일본어	· 미간행, 수고본	· 臺灣日記知識庫 (근일 공개) · 중앙연구원대만사연구소 주역 사업 중
일제 시대	內海忠司日記	內海忠司 (1884~1968)	일본인	1910-1968 (1928-1939)	일본어	· 近藤正己, 北村嘉恵, 駒込武編, 『內海忠司日記 1928-1939: 帝国日本の官僚と植民地台湾』(京都: 京都大学学術出版会, 2012년)	

시대	명칭	기록자 (생몰년)	기록자 출신/ 기타인적사항	현존하는 일기인시대범위 (출판범위)	기록 언어	출판 성과 (자료 소개)	소장상황/데이터베이스 수록 여부/정리상황
일제 시대, 전후	黃旺成 先生 日記	黃旺成 (1888~1979)	대만인	1912~1917; 1919; 1921~1931; 1933~1937; 1939; 1941~1943; 1945~1946; 1949~1951; 1953; 1955~1964; 1966~1968; 1970~1973 (1912~1917; 1919; 1921~1924)	구한문, 일본어, 중국어, 로마자, 민난어	·許雪姬編, 『黃旺成先生日記(1~12)』(臺北: 中央研究院臺灣史研究所, 2008~2013년)	·중앙연구원대만사연구소소장 ·臺灣日記知識庫 (1912~1919) ·2007년 1월부터 중앙연구원 대만사 연구소에 서 주역 사업 중
일제 시대	池田 幸甚 日記	池田幸甚 (1884~1924)	일본인	1914~1923	일본어	·미간행, 수고본	·臺灣日記知識庫 (근일 공개)
전후	蔣中正 日記	蔣介石 (1887~1975)	외성인	1915~1972	중국어	·미간행, 수고본. ·(呂芳上編, 『蔣中正日記與民國史研究(上, 下)』(臺北: 世界大同, 2011년))	·스탠포드대학 소장
일제 시대	陳懷澄 日記	陳懷澄 (1877~1940)	대만인	1916~1932	구한문	·미간행, 수고본	·臺灣日記知識庫 (근일 공개)
일제 시대	林玉雕 日記	林玉雕 (1902~1997)	대만인	1923~1943; 1949~1990	중국어	·미간행, 수고본	·중앙연구원대만사연구소소장

시대	명칭	기록자 (생몰년)	기록자 출신/ 기타인적사항	현존하는 일기의 시대범위 (출판범위)	기록 언어	출판 성과 (자료 소개)	소장상황/데이터베이스 수록 여부정리상황
일제 시대	蔣渭水 獄中 日記	蔣渭水 (1891~1931)	대만인	1924 (1924)	중국어	· 蔣渭水, 王曉波 編, 『蔣渭水全集(下)』(臺北: 海峽學術出版社, 1998년)	· 투옥 기간 동안, 1924년 4월 21일부터 1924년 7월 21일까지 『臺灣民報』에 〈入獄日記〉로 투고된 것.
일제 시대	灌園 先生 日記	林獻堂 (1881~1956)	대만인	1927; 1929~1935; 1936~1955 (1927; 1929~1935; 1936~1955)	구한문	· 林獻堂 著, 許雪姬 編, 『灌園先生日記(1-27)』(臺北: 中央研究院臺灣史研究所, 2000~2013년)	· 중앙연구원대만사연구소 소장 · 臺灣日記知識庫(1946년분까지 공개 중) · 1999년 4월부터 2007년 8월까지 중앙연구원대만사연구소에서 주역 사업, 2013년 11월 중역 완성
일제 시대	楊水心 日記	楊水心 (1882~1957)	대만인 (林獻堂의 처)	1928; 1930; 1934; 1942	구한문	· 미간행, 수고본	· 중앙연구원대만사연구소 소장
일제 시대	簡吉 獄中 日記	簡吉 (1903~1951)	대만인	1929~1930 (1929~1930)	일본어	· 簡吉作, 簡敬 等譯, 『簡吉獄中日記』(臺北: 中央研究院臺灣史研究所, 2005년)	· 중앙연구원대만사연구소 소장 · 臺灣日記知識庫 · 2004년 기증
일제 시대	高慈美 日記	高慈美 (1914~2004)	대만인	1929~1932	일본어	· 미간행, 수고본 (張隆志 編, 『恩典之美: 高慈美女士圖像史料選輯』(臺北: 中央研究院臺灣史研究所, 2008년))	· 중앙연구원대만사연구소 소장
일제 시대	蔡培火 日記	蔡培火 (1889~1983)	대만인	1929~1936 (1929~1936)	일본어, 로마자, 민난어, 중국어	· 蔡培火 著; 張漢裕 主編, 『蔡培火全集(1) 家世生平與交友』(臺北: 吳三連臺灣史料基金會出版, 2000년)	
일제 시대, 전후	黃繼圖 日記	黃繼圖 (1912~1974)	대만인 (黃旺成의 아들)	1929~1972	일본어, 중국어	· 미간행, 수고본 (曾士榮, 『近代心智與日常臺灣: 法律人黃繼圖日記中的私與公(1912~1955)』(臺北: 稻鄉出版社, 2013년))	· 중앙연구원대만사연구소 소장

시대	명칭	기록자 (생몰년)	기록자 출신/ 기타인적사항	참조하는 일기시대범위 (출판범위)	기록 언어	출판 성과 (저록 소개)	소장상황/데이터베이스 수록 여부/정리상황
일제 시대, 전후	吳新榮 日記	吳新榮 (1907~1967)	대만인	1933; 1935~1953; 1955~1967 (1933; 1935~1953; 1955~1967)	일본어, 구한문	· 吳新榮著, 張良澤 編, 『吳新榮日記全集(1-11)』(臺南: 國立臺灣文學館, 2007~2008년)	· 臺灣文學館 소장 · 臺灣日記知識庫
전후	王世杰 日記	王世杰 (1891~1981)	외성인	1933-1979 (1933~1979)	일본어, 중국어	· 王世杰, 『王世杰日記(上,下)』(臺北: 中央研究院近代史研究所, 1990년)	· 중앙연구원대만사연구소장·데이터베이스화 중
일제 시대, 전후	陸季盈 日記	陸季盈 (1916~2004)	대만인	1933-2004	중국어	· 미간행, 수고본 · (陳怡宏, 「臺史博館藏陸東原家族文物簡介~以陸季盈先生日記(1933~2004)為主」, 『臺灣教育史研究會通訊』 70, 2011년 3월, 19~22쪽)	· 國立臺灣歷史博物館 소장 · 國立臺灣歷史博物館 주역 사업 중
일제 시대	楊守愚 日記	楊守愚 (1905~1959)	대만인	1936-1937 (1936~1937)	일본어	· 許俊雅, 楊洽人 編, 『楊守愚日記』(彰化: 彰化縣立文化中心, 1998년)	
전후	蔣經國 日記	蔣經國 (1910~1988)	외성인 (蔣介石의아들)	1937-1980 (1941~1949; 1975)	중국어	· 蔣經國, 『難忘的一年』(臺北: 正中書局, 1988년) · 蔣經國, 『五百零四小時』(臺北: 正中書局, 1988년) · 蔣經國, 『風雨中的寧靜』(臺北: 正中書局, 1988년)	· 스탠포드대학 소장
일제 시대, 전후	葉盛吉 日記	葉盛吉 (1923~1950)	대만인	1938-1950	구한문, 일본어	· 미간행, 수고본	· 臺灣日記知識庫 (근일 공개)
일제 시대	傅春魁 日記	傅春魁 (1892~)	대만인 (傅錫祺의이름)	1938	중국어	· 미간행, 수고본	· 臺灣日記知識庫 (근일 공개)

시대	명칭	기록자 (생몰년)	기록자 출신/ 기타인적사항	현존하는 일기사대범위 (출판범위)	기록 언어	출판 성과 (자료 소개)	소장상황/데이터베이스 수록 여부/정리상황
일제 시대	賴和 (獄中 日記)	賴和 (1894~1943)	대만인	1941-1942 (1941-1942)	일본어	· 賴和著 林瑞和編, 『賴和全集 3 雜卷』(臺北: 前衛, 2000년) · (林瑞明, 「賴和〈獄中日記〉及其晩年情景」, 『臺灣風 物』 41-1, 1991년 3월)	· 賴和基金會 소장
일제 시대	呂赫若 日記	呂赫若 (1914~1950)	대만인	1942-1944 (1942-1944)	일본어	· 呂赫若著, 鍾瑞芳譯, 『呂赫若日記(一九四二—一九四四 年)中譯本』(臺南市: 國家臺灣文學館, 2004년) · 呂赫若著 鍾瑞芳譯, 『呂赫若日記(一九四二—一九四四 年) 手稿本』(臺南市: 國家臺灣文學館, 2004년)	· 臺灣文學館 소장 · 臺灣日記知識庫
일제 시대, 전후	楊基振 日記	楊基振 (1911~1990)	대만인	1944-1990 (1944-1950)	일본어	· 黃英哲 許時嘉編譯, 『楊基振日記:附書簡 · 詩文(上, 下)』(新店: 國史館, 2007년) · (黃英哲, 「楊基振日記的史料價值」, 許雪姬編, 『日記 與臺灣史研究: 林獻堂先生逝世50週年紀念論文集』 (臺北: 中研院臺灣史研究所, 2008년))	· 國史館 소장 · 臺灣日記知識庫
일제 시대, 전후	杜潘 芳格 日記	杜潘芳格 (1927~)	대만인	1944- (1944-1946)	중국어	· 杜潘芳格著, 下村作次郎編, 『フォルモサ少女の日記』 (東京: 總和社, 2000년)	· 國立臺灣文學館 소장 · 國立臺灣文學館 주역 시엄 중
전후	鍾理和 日記	鍾理和 (1915~1960)	대만인	1945-1959 (1945-1959)	중국어	· 鍾理和著, 張良澤編, 『鍾理和日記』(臺北: 遠行出版社, 1976년)	
전후	沈昌煥 日記	沈昌煥 (1913~1998)	외성인	1946 (1946)	중국어	· 閏琇環 蔡盛琦, 陳世局編, 『沈昌煥日記: 戰後第一年 1946』(臺北: 國史館, 2013년)	· 國史館 소장

시대	명칭	기록자 (생몰년)	기록자 출신/ 기타인적사항	현존하는 일기(시대)범위 (출판범위)	기록 언어	출판 성과 (자료 소개)	소장상황/데이터베이스 수록 여부/정리상황
전후	雷震 日記	雷震 (1897~1979)	외성인	1948-1977 (1948~1977)	중국어	· 雷震 著, 傅正編, 『雷震日記:雷震全集(31-47)』(臺北:桂冠圖書公司, 1989년)	
전후	陳誠 日記	陳誠 (1898~1965)	외성인	?~? (1949~1956)	중국어	· 陳誠, 『陳誠回憶录:建設台灣』(北京:東方出版社, 2011년)	· 중앙연구원근대사연구소 소장 · 데이터베이스화 중
전후	黃貴潮 日記	黃貴潮 (1932~)	원주민	1951~ (1951~1972)	일본어, 원주민어	· 黃貴潮著, 馬淵譯譯, 『リポタ日記』(臺北:南天書局, 1995년) · 黃貴潮(Lifok Oteng), 『遲我十年: Lifok生活日記(1951~1972 第一集』(臺北:山海文化雜誌社, 2000년)	
전후	黃杰 警總 日記 選輯	黃杰 (1902~1955)	외성인	1958-1962 (1958~1962)	중국어	· 陳世宏等編, 『雷震案史料彙編:黃杰警總日記選輯』(新店:國史館, 2003년)	· 國史館 소장
일제 시대	林紀堂 日記	林紀堂 (1874~1922)	대만인	정리중	구한문	· 미간행, 수고본	· 중앙연구원대만사연구소 소장
일제 시대	林癡仙 日記	林癡仙 (1875~1915)	대만인	정리중	구한문	· 미간행, 수고본	· 중앙연구원대만사연구소 소장
일제 시대	陳岺 日記	陳岺 (1875~1939)	대만인 (林紀堂의 첩)	정리중	구한문	· 미간행, 수고본	· 중앙연구원대만사연구소 소장
일제 시대	楊肇嘉 日記	楊肇嘉 (1892~1976)	대만인	정리중	구한문	· 미간행, 수고본	· 중앙연구원대만사연구소 소장
일제 시대	吳鴻麒 日記	吳鴻麒 (1902~1947)	대만인	정리중	구한문	· 미간행, 수고본	· 중앙연구원대만사연구소 소장

3장
한국에서의 일기연구와 근대성

이정덕

1. 근대와 근대성

한국에서 근대, 근대성, 근대화라는 개념을 자주 사용하고 있지만 명확하게 규정하여 논의하는 경우는 드물다. 하지만 상식적인 공감대가 널리 퍼져 있다.[1] 개항기 이후 서구에서 들어온 가치, 관계, 제도, 기술을 근대로 간주하는 경향이 있으며 서구화 이전의 가치, 관계, 제도, 기술은 전근대 또는 전통으로 간주하는 경향을 보여주고 있다. 즉, 근대는 시기의 개념임에도 불구하고 실제적으로는 지역과 결합되어 서구라는 함의를 강하게 지니고 있다. 따라서 어떤 것이든 개항 이전에 조선 반도에 존재하던 것들은 전근대로 간주되고 개항 이후에 나타나는 서구적인 경향은 근대적인 것으로 간주하는 태도가 널리 나타나고 있다. 즉, 근대성의 속성에 의해 근대를 규정하는 것

---

[1] 사회현상을 근대, 근대화, 근대성이라는 표현하며 연구하는 경우는 많아도 근대, 근대화, 근대성이라는 개념 자체와 그 속성을 다루는 경우는 많지 않다. 드물지만 김상준(2011)처럼 개념 자체를 고찰하여 근대성과 근대사회를 재구축하는 경우도 있다. 근대라는 개념을 명확하게 규정하지 않더라도 근대라는 단어를 읽을 때 서로 이해하고 넘어간다. 근대라는 단어가 그만큼 익숙하게 사용되고 있기 때문에 별도로 개념과 속성을 설명할 필요를 느끼지 못하기 때문이다.

이라기보다는 서구에서 나타나서 한반도로 이양된 것인가 아닌가에 따라 근대를 규정하는 것이다. 이러한 관점이 상식으로 받아들여져, 개항 이전의 조선에 근대적인 것이 있었는지, 한반도에 도입된 서구적인 것이 왜 근대로 규정되어야만 하는지에 대한 검토가 이루어지지 못하고 있다.

서구에서도 근대가 언제부터 나타난 것인지, 근대의 특성이 나타난 근대성은 무엇인지에 대한 다양한 논의가 지속되고 있다. 한국에서 근대라고 하면서 드는 근대성이나 근대의 요소들은 "국민국가[2]의 발달, 자본주의의 발달과 산업화, 개인주의, 시민사회, 합리주의적 정신 및 과학기술의 발달, 그로부터 야기된 세속화, 도시화 등"이다(박지향, 2004: 27). 이들은 서구에서 들어온 것으로 평가된다. 그렇다면 조선에서는 국민국가, 개인주의, 시민사회, 합리주의, 과학기술, 세속화의 경향이 존재하지 않는 것일까? 조선을 세운 유학자 정도전은 스스로 실용적인 학문(實學)을 한다고 생각하였고, 신이 인간에게 무엇을 해준다는 생각을 배척하였고(미신 배척), 국가나 왕은 민을 위해 존재한다고 생각하였고(민본주의), 국가가 왕의 소유물이 아니라고 생각했고, 능력 있는 재상들이 나라를 관리하는 것이 왕이 관리하는 것보다 낫다고 생각했다. 이러한 사고는 합리적이고 세속적인 사고방식이 아닌가?

박지향(2004: 9)은 근대성의 본향은 영국이고, 영국이 자본주의,

---

2) nation-state는 국민국가로 많이 번역되지만 민족국가에 더 가깝다. 조선인이라는 의식이 있었고 여진족 등이 흡수되어 조선인이 되었기 때문에 조선도 민족국가라고 볼 수 있다. 근대에 민족국가가 나타난 유럽과 달리 한국은 고려시대에도 이미 민족국가가 형성되어 있었다. 국가 내의 사람들이 스스로 고려인 또는 조선인이라고 생각했고 고려인 또는 조선인은 민족명칭으로 보는 것이 타당하기 때문에 고려나 조선은 하나의 민족으로 구성된 민족국가로 보는 것이 타당하다.

의회민주주의, 자유주의, 시민사회, 과학적이고 합리적인 사고, 산업화, 교통통신의 발달 등에서 근대화의 전범을 보여준다고 생각하고 있다. 그렇다면 자본주의가 아닌 사회주의 국가는 근대성을 구현하지 않는 것인가? 의회민주주의가 아닌 국가들은? 자유주의가 아닌 국가들은? 미국이나 일본처럼 신이나 영혼이나 천사에 대한 믿음이 높은 나라를 신이나 영혼이나 천사를 덜 믿는 한국보다 과학적이고 합리적인 사고방식을 지닌 국가라고 할 수 있는가?

영국이나 서구를 전범으로 하는 근대성론의 가장 커다란 맹점은 근대성을 특정 지역이나 국가로부터 분리된 보편적 개념으로 추상화시키지 않고 특정 지역(서구)이나 국가(영국)가 근대성을 보여준 것이라고 생각하고 그들의 나라에서 근대에 나타나는 현상들을 근대성의 발현이라고 간주하는 것이다. 그들 나라가 지니는 특수한 현상일 수 있는 것도 근대성이라는 이름으로 보편적인 것으로 간주하고 다른 나라들이 그러한 특수한 현상을 모방하고 따르는 것이 근대를 이루는 것이라고 생각한다는 것이다. 그렇기 때문에 조선말 윤치호는 기독교를 믿는 일을 근대적인 것으로 간주하였고, 많은 사람들이 머리를 서양식으로 자르거나 서양 스타일의 옷을 입는 것을 근대적인 것으로 간주하였다.

인본주의, 합리성, 이성, 국민국가, 과학기술, 세속화, 시민사회, 개인주의가 비서구 사회에서는 존재하지 않았고 서구에서 도입된 것으로 보는 시각은, 서구 중심주의에 눈이 가려 비서구의 인본주의, 합리성, 이성, 국민국가, 과학기술, 세속화, 시민사회, 개인주의를 제대로 파악하지 않고 비서구 사회들은 원래 전근대적이기 때문에 이러한 속성이 없어야 한다는 관점으로 재단하기 때문에 나타나는 현상이다.

근대라는 개념이 서구중심주의를 탈피하기 위해서는 서구적 속성이 아니라 보편적인 속성을 찾아내야 한다. 구디(Goody, 1996; 2012)는 유럽보다 먼저 다른 곳에서 민주주의, 자본주의, 개인주의, 연애가 나타났음에도 불구하고 서양이 이들을 마치 서양의 전유물로 왜곡하였다고 설명하고 있다. 비유럽사회에 대한 몰이해에 따른 결과로 보고 있다. 18세기 중반까지 프랑스 계몽주의자들은 당시 청나라를 이성적인 통치체계로, 유교를 가장 이성적인 철학체계로 보았다(Hobson, 2004). 하지만 19세기부터는 유교나 이슬람교를 포함한 비유럽문명을 "죽은 문명(dead civilization)"(Abdo, 1996: 4)으로 간주하면서 과학과 이성이 불가능한 문명으로 보았다. 마르크스(자본주의)나 베버(이성과 합리성)와 같은 경우 서구 근대가 가진 것을 비서구는 가지지 못한 것으로 간주하였다(이정덕, 2008). 근대라는 개념에서 서구의 것은 근대적이고 비서구의 것은 전근대적이라는 편견은 지금까지 계속되고 있다. 이에 따라 서구사회에서 근대에 나타나는 현상들을 표준으로 간주하고 나머지 사회에서 서구근대와 다른 것들은 전근대이기 때문에 버려야 하며 서구의 근대를 이식시켜야 근대화가 이루어진다고 주장한다.

2. 조선시대 일기와 그 연구

한국에서 조선시대 이전의 일기는 거의 남아 있는 것이 없다. 『삼국사기』에 신라 태종무열왕과 문무왕, 신문왕 대에는 날짜까지 기록된 서술이 있는 것으로 보아 그 당시 날마다 일지와 같은 것이 기록되었을 것으로 추정된다. 고려시대에는 이규보(1168~1241)가 『남행일월록(南行日月錄)』을 남겼는데 30세에 전주에 사록겸장서기(司錄兼掌書記)로 부임하여 1년 4개월간 근무할 때 쓴 일기를 1201년 3월에 정리한 것이어서 한반도에 지금까지 현존하는 일기 중 최초의 것으로 보인다(정구복, 2012).

조선시대의 초기의 일기도 거의 전하지 않는다. 조선 중기부터 일기가 크게 늘어나고 있다. 16세기에는 이문건(1494~1567)의 『묵재일기(默齋日記)』와 『양아록(養兒錄)』(가장 오래된 육아일기. 김찬웅, 2008; 이상주, 2013), 유희춘(1513~1577)의 『미암일기(眉巖日記)』, 이이(1536~1577)의 『석담일기(石潭日記)』, 오희문(1539~1613)의 『쇄미록(鎖尾錄)』, 이순신(1545~1598)의 『난중일기(亂中日記)』 등 일기가 크게 늘어났다(정구복, 2012). 주로 문인들이 쓴 16세기 이후의 일기들이 많이 남아 있다(정병욱, 2013: 4). 특히 18세기에 인쇄물인 책력이 널리 보급되자 책력에 직접 기록하는 경향이 나타났고 점차 별도의 일기장을 기록하는 습관이 확산되기 시작했다(김하라, 2013: 74~75). 이 당시에 사림이 전 인구의 10% 정도를 차지하여 한문을 사용할 수 있는 인구가 수십만 명에 이른 것으로 보여 조선 초기 수천 명에 비해 일기를 쓸 수 있는 사람이 크게 늘어났다(정구복, 2012: 14~15).

『조선왕조실록(朝鮮王朝實錄)』이나 『승정원일기(承政院日記)』 등도 날마다 썼지만 그날그날 벌어진 공적인 사건들을 기록한 것이라 일기보다는 일지에 가깝다. 『승정원일기』도 일기라는 용어가 붙어 있지만 조선시대에 왕명(王命)의 출납(出納)을 관장하던 승정원에서 매일매일 취급한 문서와 사건을 기록한 행정일기로서 현재의 용어로 쓰면 일기(日記)라기보다는 일지(日誌)다. 『혜빈궁일기(惠嬪宮日記)』도 1764년 1월 1일부터 1765년 12월 13일까지 전 세자빈 혜빈 홍씨가 거처하던 궁의 업무일지이다. 문안관계, 물품내력, 상품내력, 인사, 징계 등을 기록한 것으로 공적 기록에 해당하지만 당시 궁중생활의 풍속과 언어 그리고 혜경궁 홍씨의 사적 생활도 이해할 수 있다.

궁중에서도 여러 글들이 사적으로 기록되어 남아 있다. 일기나 서간류 그리고 명상록 등이다. 왕이 스스로 성찰하기 위해 쓴 영조의 『어제자성록(御製自省錄)』이나 『속자성록(續自省錄)』이 남아 있고, 권력투쟁에서 희생된 쪽의 왕비나 빈 등의 편에서 기록된 수기들이 『한중록(恨中錄)』, 『계축일기(癸丑日記)』, 『인현황후전(仁顯王后傳)』, 『계해반정록(癸亥反正錄)』 등으로 남아 있다. 당시의 정치적 과정이나 한글 사용 그리고 문체에 대한 측면에서 주목을 받고 있다. 궁중의 사적인 기록들도 대체로 17세기 이후의 것들이 남아 있다.

조선시대의 개인일기 950여 편을 검토한 최은주(2009)는 ① 종합생활일기(綜合生活日記), ② 사환일기(仕宦日記), ③ 유배일기(流配日記), ④ 기행일기(紀行日記), ⑤ 사행일기(使行日記), ⑥ 전쟁일기(戰爭日記), ⑦ 사건견문일기(事件見聞日記), ⑧ 독서강학일기(讀書講學日記), ⑨ 고종 상장례 일기(考終 喪葬禮 日記) 등으로 분류하였다. 일기는 개인적으로 기록한 것이기 때문에 내용에서도 커다란 차이가 나타나고 있고 또한 연구자들마다 이를 어떻게 활용하여 어떤 주제를 연구할 것인지 그리고 다른 자료들과 어떻게 연계하여 연구할 것인지가 다르기 때문에 일기의 가치와 의미를 유동적으로 보고 있다. 특히 2000년대 이후 미시적 일상생활사 연구가 늘어나면서 조선시대 일기를 사료로서 연구하는 경우가 크게 증가하고 있다.

조선시대에는 문자를 배우는 것도 많은 시간과 노력이 들며, 종이와 글과 먹과 붓 모두 비싼 물품에 속하였기 때문에 대체로 양반이나 궁중에서처럼 대체로 부유한 식자들이 개인적인 기록을 남길 수 있었다. 당시 대부분의 백성은 문맹이었기 때문에 글로 기록을 남길 수 없었다. 노예나 천민이 남긴 일기는 아직까지는 나타나지 않고 있다. 규장각 한국학 연구원(2013)이 펴낸 『일기로 본 조선』에서는 일기에 묘사된 다양한 생활이 분석되고 있는데 공인에 의한 일기를 포함하고 있다. 그릇의 납품과 매매, 사옹원 분원 운영의 변화, 금융 거래 등이 포함되어 있다.

궁중일기

궁중에서 개인적인 일과 생각을 중심으로 쓴 일기는 주로 왕비들이 쓴 일기들이 남아 있다. 인목대비(1584~1632)가 1613년 광해군으로부터 폐비 되어 서궁(西宮)으로 유폐되어 지낸 10여 년 동안의 어려운 삶을 인목대비나 그녀의 나인이 쓴 것으로 추정되는 『계축일기(癸丑日記)』는 인목대비의 아버지인 김제남이 영창대군을 왕으로 옹립하려 한다고 김제남 부자와 영창대군이 광해군에게 죽임을 당하고 난 뒤부터 쓴 것으로 궁중의 생활상과 정쟁을 보여주고 있다.

정조의 어머니인 혜경궁 홍씨(1735~1815)는 자신의 60년 인생을 되돌아보는 회고록을 1795년에 썼다. 자신의 출생에서부터 세자빈으로 간택된 이후의 50년간의 궁중생활을 회고하고 있다. 그 이후에 자신의 남편인 사도세자가 어떻게 죽었으며, 자신의 가족들이 어떻게 사사(賜死)를 당하였는지를 설명하고 있다. 당시의 궁중풍속이나 말들 그리고 정치적인 암투를 잘 보여주고 있다. 이러한 일기나 회고록은 궁중의 풍속이나 말이나 생활, 궁중에서의 여성의 역할 그리고 정치적인 상황을 이해하는 자료로 주로 사용되고 있다.

양반들의 일기

조선시대의 개인기록 연구는 조선 중기 이후 일기와 서간을 통하여 언어의 변화, 생활상의 내용, 사회관계, 부부의 사랑, 경제상황, 사상, 정국상황 등을 분석하고 있다. 역사학자들은 당시의 생활사의 내용을 연구하는 경우가 많고, 언어학자들은 특히 한글의 변화에 대한 내용을 많이 분석하고 있으며, 문학자들은 문학사적 의의를 분석하는 경우가 많다.

이순신(1545~1598)이 1592년 임진왜란부터 전사한 1598년까지 10월까지 쓴 『난중일기』는 한국에서 가장 많이 연구되고 읽힌 일기이다. 진중의 생활, 개인적인 감회, 일상생활, 가족사 등의 개인적인 일뿐만 아니라 전투, 전황, 사람들의 내왕, 상벌, 장계 등의 공적인 기록으로서의 내용도 포함하고 있어 이순신 개인에 대한 연구뿐만 아니라 임진왜란 연구에 아주 중요한 자료로서 기여하고 있다.

이문건(1494~1567)은 1535년부터 시작하여 73세로 죽기 직전까지 일기를 썼다. 그는 1545년 을사사화로 동부승지에서 파직되어 경상북도 성주에서 유배생활을 하였다. 『묵재일기(默齋日記)』는 유배생활에서 일어났던 일도 매우 꼼꼼하게 기록하고 있다. 이 문건은 일기에 자신이 만난 사람을 자세하게 기록하였다. 주로 가족, 양반, 관리, 노비들이 많이 언급되어 있다. 특히 100명이 넘는 노비에 대한 자세한 기록들이 포함되어 있다. 체벌기록이 많다. 여비들이 아픈 것이나 치료한 것까지 세심하게 기록하고 있다. 노비가 없으면 생활 자체가 불가능한 정도다. 이 일기는 『미암일기(眉巖日記)』와 함께 조선 관리의 녹봉체제도 잘 보여준다(이성임, 2012).

유희춘(1513~1577)의 『미암일기』는 1567년에서 돌아간 1577년까지 쓴 일기이다. 유배에서 돌아와 다시 관직을 하기 시작하면서 일기를 쓰기 시작했다. 자신의 생활뿐만 아니라 관리로서의 공적인 일까지 세세히 담고 있어 당시 관리들의 생활, 생각, 풍속 그리고 관서의 기능들도 잘 나타나고 있다. 특히 그는 3,500권 정도의 책을 가지고 있었는데 서책을 구하는 방법이 다양하게 나오고 있다. 『선조실록』을 만들 때 승정원일기가 임진왜란으로 불타 없어 『미암일기』를 이이의 『경연일기(經筵日記)』와 함께 참고하였다.

이귀(1686~1740)가 쓴 『도재일기(導哉日記)』는 1717~1731년 쓴 부분이 남아 있다. 이 일기를 통해 이영미(2007)는 급제하지 못한 성리학적 세계관을 가진 양반의 생활을 검토하고 있다. 조세제도의 변화, 노비의 도망, 천연두에 의한 형과 어머니의 죽음, 이를 극복하기 위해 점을 치거나 신에게 비는 종교생활을 분석하고 있다. 상례(喪禮)와 제례(祭禮)에 승려들이 참여하고 있고 무당은 사람들을 미혹시키는 사람으로 말하면서도, 장례의 택일을 무당에게 가서 하고, 지관을 데리고 가 산소를 고르는 등, 유교가 불교나 무교와 공존하는 모습을 보여주고 있다.

18세기 책력의 확산은 일기의 확산에도 기여한 것으로 보인다. 책력의 공란에 몇 자씩 적어넣던 것이 점차 별도의 일기를 쓰는 것으로 발전하였다. 1700년대 유만주(1755~1788)의 가족들도 책력의 공란에 일기를 적어 넣고 있다. 유만주(『흠영(欽英)』, 1775년에서 1788

년까지의 일기)나 노상추(1746~1829, 무관으로 1762~1829까지 일기를 씀)나 정원용(1783~1873, 72년간 공직과 재상을 거쳤으며 일기에 어린 시절의 회고를 포함하여 전 생애에 대해 기록)은 별도의 일기장을 마련하여 쓰고 있다. 대부분의 일기들이 자아관찰이나 내면적 성찰은 별로 나타나지 않고 대개 일지로서의 성격을 띠는 경우가 대부분이다.

『이재난고(頤齋亂薰)』는 황윤석(1729~1791)이 10살 때부터 63살 때까지 쓴 일기이다. 일기는 자신이 공부하거나 읽은 내용들뿐만 아니라 자신의 일상생활을 세세히 기록하고 있어, 문학, 천문, 지리, 종교, 예술, 의학, 풍수, 물산, 생활 등 다양한 방면에 걸쳐 광대한 기록을 포함하고 있다. 황윤석은 고유지명을 열심히 기록하였으며 스스로 어원을 고찰하였고 다양한 시를 썼다. 본인이 성균관에서 공부하면서 성균관의 일상생활도 자세히 기록하였다. 『이재난고로 보는 조선 지식인의 생활사』(강신항 외, 2007)는 언어인식, 문학적 가치, 생활, 사상, 성균관의 일상, 정국동향, 경제생활 등을 황윤석의 일기를 통하여 종합적으로 정리하고 있다. 『이재난고』라는 일기가 있었기 때문에 조선 후기 양반의 생활, 사고, 인간관계를 생생하게 이해할 수 있다.

관인으로서 특정 업무를 수행하는 가운데 보고 듣고 체험한 사실을 기록한 사환일기(仕宦日記)의 대표적인 사례가 박래겸(1780~1842)의 『서수일기(西繡日記)』이다. 1822년 3월부터 7월까지 126일간의 평안남도 암행어사로 활동했던 기록이다. 암행어사가 어떤 사람들과 어떻게 이동하는지 그리고 해당 지역의 민심과 상황을 자세히 조사해서 기록한 일기이다(박래겸, 2013). 박래겸은 또한 함경도 병마절

도사의 보좌관인 북평사(北評事)로서 『북막일기(北幕日記)』라는 일기를 남겼다. 박래겸이 함경도로 갈 때 지나간 지역들과 공무로 순회했던 함경도 내의 여러 군현들에서 파악한 사실들을 기록한 것이다.

사행일기(使行日記)

사행일기는 주로 연행록으로 불린다. 명나라나 청나라에 사신으로 간 사람이 보고서인 등록(謄錄)을 제출하며 개인적으로도 일기 등을 남기는데 이러한 개인기록을 통칭하여 연행록(燕行錄)이라고 부른다. 민족문화추진회는 이들을 번역하여 12권의 책자로 발간하였다. 여기에 포함되어 있는 연행록들은 다음과 같다. 『표해록(漂海錄)』(최부), 『조천기(朝天記)』(허봉), 『동환봉사(東還封事)』(조헌), 『연행록(燕行錄)』(권협), 『조천항해록(朝天航海錄)』(홍익한), 『조경일록(朝京日錄)』(김육), 『연도기행(燕途紀行)』(인평대군), 『연행록(燕行錄)』(최덕중), 『연행일기(燕行日記)』(김창업), 『경자연행록잡지(庚子燕行錄雜識)』(이의현), 『연행기(燕行紀)』(서호수), 『연행기사(燕行記事)』(이곤), 『연행록(燕行錄)』(김정중), 『무오연행록(戊午燕行錄)』(서유문), 『연대재유록(燕臺再游錄)』(유득공), 『심전고(心田稿)』(박사호), 『부연일기(赴燕日記)』(저자 미상), 『연원직지(燕轅直指)』(김경선), 『몽경당일사(夢經堂日史)』(서경순) 등이다.

이중 가장 유명한 일기는 박지원(1737~1805)의 『열하일기(熱河日記)』(『열하일기해제(熱河日記解題)』, 민족문화추진회, 1983)이다. 박지원은 1780년 청나라 건륭제의 70세 생일을 축하하는 사신의 일원으로 북경(北京)과 열하(熱河)를 방문하면서 보고 들은 것들을 조선과 비교하여 기록한 『열하일기』를 남겼다. 각종 여행담, 소설, 놀이, 풍속뿐만 아니라 정책, 천문, 음악, 의학, 문학, 교통, 방어체계, 문물, 인물 등 다양한 내용을 담고 있다. 이『열하일기』에 대해서는 여러 편의 연구논문이 작성되었다. 다양한 장르에서 보고 관찰한 내용뿐만 아니라 들은 이야기들까지 모두 기록한 백과전서식 이야기 수집물로 당대의 상황과 생각을 이해하는 데 커다란 도움을 주고 있다.

김창업(1658~1721)은 형 김창집이 1712년 동지사겸사은사(冬至使兼謝恩使)로 북경에 갈 때 그 수행원으로 따라가서 146일간의 기행의 과정에서 보고 들은 것을 날짜순으로 적어『가재연행록(稼齋燕行錄)』으로 펴냈다. 중국에 대한 산천, 풍속, 문물, 종교 등을 기록하였다. 같이 간 최덕중은『연행록(燕行錄)』을 남겼다.『담헌일기(湛軒日記)』를 쓴 홍대용(1731~1783)은 작은아버지 홍억이 1765년 사신단의 실무를 담당하는 서장관으로 북경으로 갈 때 홍억의 수행원으로 따라갔다. 북경에서 60일간 머물면서 청나라 학자들이나 서양 선교사 등을 만나 교류하였다. 이들과 나눈 편지와 필담을 엮어『회우록(會友錄)』을 펴냈다. 선진문물과 이국적인 풍습을 보고 적은 내용과 이에 대한 감상을 담은 것이 주를 이루고 있다.

박래겸(1780~1842)은 청나라 심양에 서장관으로 갔을 때 98일 동안 견문한 내용을 기록한『심차일기(瀋槎日記)』를 남겼다. 여정이 날짜별로 정리되어 있어서 이동 경로, 소요 시간, 일정 등을 매우 상세히 파악할 수 있다. 심양의 이국적인 풍속도 상세히 기록하고 있다. 심양 체류기간 동안 많은 사람들과 필담으로 소통하고 시와 선물을 주고받았다. 황제의 동정이나 황제와의 접견과 연회도 자세히 기술하고 있다.

통신사들은 국내로 돌아와 일본에서 겪은 견문을 일기 형식으로 남기기도 하였다. 대표적인 것들로 임수간의 『동소일기(東笑日記)』 (1711), 신유한의 『해유록(海遊錄)』(1719)을 들 수 있다. 『동소일기』 는 1711년 5월부터 이듬해 2월까지 10개월간을 기록했다. 일정, 만난 사람, 견문, 각종 교부한 문서들을 포함하고 있다. 일기에 소제목을 붙여 일목요연하게 적었고 일기와 주요 기록을 분리하였다. 『해유록』은 신유한이 직접 그들의 나라와 사람들을 만나면서 본 문화와 지리, 풍속, 제도도 자세히 기록하고 있다(임장혁, 2000).

농촌 일기

『승총명록(勝聰明錄)』은 구상덕(1706~1761)이 쓴 일기로서, 1725년부터 56세로 별세한 1761년까지 37년간 하루도 빠짐없이 기록하였다. 자신이 살던 경상남도 고성지역을 중심으로 벼농사와 보리농사의 파종과 이앙시기, 춘궁기의 생활문제, 물가의 등귀, 도둑, 전염병, 기근, 자녀교육, 마을의 관혼상제, 관가(官家)와의 관계, 여러 가지 전설과 괴담 등 일상생활에서 부딪히는 사건과 생활을 자세히 기록하고 있다. 또한 그가 여러 번 과거에 응시하기 위해 시험장소가 있는 성주, 의령, 진주 등 여러 곳으로 갔다가 돌아오면서 남긴 기행일기 속에서 당시 지방 사족들의 생활행태를 담고 있으며 1728년 무신난(戊申亂)이 일어났을 때 양반들이 어떤 움직임을 보이는가도 기록하고 있다. 조선시대 지역사회의 일상적인 삶의 구체적인 모습을 보여주는 드문 일기이다.

근대논의

조선시대의 일기는 당시 사용했던 가족이나 친족 그리고 친지의 호
칭문제, 당시의 어투뿐만 아니라 독서, 생활, 인간관계, 사고를 이해
하는 데 중요한 자료이다. 조선시대 일기를 남긴 사람은 주로 사림
(士林)들이다. 작자의 정치적, 사회적 위치, 개인적 성격, 학문적 수
준에 따라 일기의 내용에 다양한 차이를 보이고 있다. 예컨대 율곡
이이는 중앙정계에서 주로 활동했기 때문에 당시 관료들의 평을『석
담일기(石潭日記)』에 상세히 남기고 자신의 개인적인 일은 거의 기록
하지 않았으며, 언관으로 주로 활동한 미암 유희춘은 은진에서의 유
배생활과 서울에서의 관리생활을 일기에 자세히 기록했고, 묵재 이
문건은 성주에서의 유배생활 동안에 주변에서 일어나는 잡다한 기록
을 소상히 남겼다. 정약용(1762~1836)의『산행일기(汕行日記)』는
개인의 정서와 성찰을 잘 드러내고 있다. 특히 시를 통해 많이 표현
하였다.

조선시대의 일기에 대한 연구에서는 근대성에 대한 논의를 하지 않
고 있다. 조선시대는 근대 이전의 사회이고 따라서 근대성을 지니지
않았다는 것이 일반적인 상식이 되어 있기 때문에 학자들이 조선에
근대라는 개념을 적용할 생각을 하지 않고 있다. 예외적으로 실학을
근대성과 관련하여 고찰한 연구들이 있다. 이들은 임진왜란과 병자
호란을 겪으면서 사회적 동요와 해체가 있었는데 당시의 주류 사상
인 주자학도 동요와 해체가 나타나고 실학이 이에 대한 대안을 제시
하면서 근대적 사고를 보여주는 것으로 간주된다. 정약용은 인간을
욕망과 의지를 지닌 개별적 주체로 생각한 것으로 평가된다. 서양의
인간관에 접근하는 근대적 지향을 보여주는 것이라고 생각된다(금장

태, 2001; 홍원식, 1998). 팔레(2008)는 실학의 합리성과 경험주의가 서구의 엄격한 인식론에 근거한 합리성과 경험주의와 달라 근대성으로 보기에는 한계가 있다고 지적하였다.

3. 개항기와 일제시대의 일기와 그 연구

농촌 일기와 연구

조선말 관리인 이만도(1842~1910)가 1866년부터 1903년까지 38년을 기록하였다. 그는 경술국치를 당해 단식하다가 죽었다.『향산일기(響山日記)』는 개항 이전부터 과거 및 인사의 문란, 탐관오리, 경제상황, 유림, 가뭄 등에 대한 내용을 기록했으며, 임오군란, 갑신정변, 을미사변 등 각종 정치적 사건, 민란, 의병활동도 기록하고 있다. 전기홍(1879~1910)이 의병장으로 활동하면서 1908년 8월부터 1909년 2월까지 종군활동을『전해산진중일기(全海山陣中日記)』에 기록하였다.

이 시기의 농촌에 관한 연구로 구례 문화 유씨 종손댁인 운조루의 생활일기가 여러 학자에 의해 연구되었다(이해준, 1992). 대체로 생활내용을 정리하는 데 집중하고 있다. 이송순(2007)의 논문은 이 당시의 지방유림들의 일기류를 통하여 근대적인 제도를 어떻게 생각하고 수용하는가를 다루고 있다. 즉 개항 이후 새로이 유입된 기차, 사진, 서양의료체계, 상품경제, 근대적 토지소유권을 지방의 유림들이 어떻게 수용하는가를 설명하고 있다.『정강일기(定岡日記)』는 농촌의 유생이 쓴 일기로 이에 대한 일기연구는 당시의 생활과 시대인식을 다루고 있다(김영희, 2000).

기본적으로 이 시기에도 농촌에서 일기를 쓰는 사람은 유림 등으로 한정되어 있다. 조선시대와 마찬가지로 이 시기에도 문자를 배우고 매일 글을 써서 남기는 것은 어느 정도 경제적 여유가 있는 사람이나 가능한 활동이었다. 이 시기 일기에 대한 연구의 근대 담론은 농촌을 전근대적으로 간주하여 전통생활로 이해하고 새로이 들어온 제도나 문물이나 기술을 근대로 간주하면서 새롭게 들어온 것들에 농촌 거주민들이 어떻게 대응하는가를 다루고 있다. 이들이 근대가 무엇인지에 대해 직접 논의하지 않고 있다. 따라서 연구의 기본 프레임이 전통과 농촌은 전근대이고 서양이나 일본에서 들어와 새로이 나타나는 현상은 근대로 보는 시각을 전제로 하고 있다.

도시인 일기와 연구

윤치호(1865~1945)가 쓴 『윤치호일기(尹致昊日記)』는 1883년부터 1943년까지 날짜별로 일기가 수록되어 60년간의 각종 사건과 행적을 담았다. 1883년 1월 1일부터 1887년 11월 24일까지는 한문으로만 썼고, 1887년 11월 25일부터 1889년 12월 6일까지는 한글로만, 1889년 12월 8일부터 1943년 12월 7일까지는 영문으로만 썼다. 1880년대 초기 일기는 일본 유학 시절과 귀국 직후의 일기로 일본 사회의 발전상, 김옥균 등의 도쿄 체류 동향, 그밖에 일본 체류 중인 한국인의 동향이 기록되어 있다. 1883~1884년의 국내 체류 시기의 일기에는 미국공사관과 개화당 및 갑신정변에 관한 기록이 상세하다. 1895년 1월 귀국 이후 1907년까지 국내 활동 시기의 일기에는 국내 정치 사회 분위기와 갑오경장, 을미개혁, 을미사변, 아관파천의 전후 사정과 당시 부패하고 경직된 관리들의 태도, 명성황후 암살 사건 전후의 정치상황, 러시아 황제 니콜라이 2세 대관식 수행원 참석 관계의 여행과정 및 독립신문 편집 참여와 독립협회, 만민공동회 등의 인권운동, 국권·민권운동의 전말이 상세히 기록되어 있다.

1900년대의 일기에는 지방관리의 부패상과 개신교, 천주교 선교사들의 월권행위와 권력남용, 철도부설권의 해외 매각 문제, 민중의 동태와 무기력, 위생관념 결여 그리고 러일전쟁의 경과와 을사조약 체결의 전말과 당시 고위층의 움직임 등이 구체적으로 기록되어 있다. 1916년에서 1943년까지 일제 강점기 당시의 일기에는 초기에는 조선총독부의 차별 정책과 세금 인상, 구한국 화폐 이용 금지, 3·1 만세 운동과 일부 민족 지도자들의 무책임한 태도, 1920년대 총독 교체 이후 무단통치에서 문화통치로 바뀌는 과정, 만주사변, 중일전쟁, 태평양전쟁, 진주만 공습 당시 자신의 입장과 국내외 지식인의 동향, 독립운동가 및 반체제인사들의 활동사항, 조선총독부의 대응, 조선총독부의 역차별, 그가 1920년대부터 맡던 각종 기독교 단체 및 단체 사람들의 관계와 활동사항, 특히 YMCA 청년회 서울지부 및 YMCA중앙기독교청년회 본부 일 등을 기록하고 있다(윤치호, 2001a; 2001b; 2003).

김구(2002)의 『백범일지(白凡逸志)』는 일기가 아니라 자서전이다. 사적 기록이지만 임시정부의 주석을 맡았던 인물의 자서전이기 때문에 주로 독립운동에 대한 내용들이 많다. 『제시(濟始)의 일기』는 임시정부에서 활동했던 양우조, 최선화가 1938년부터 1946년 사이에 썼던 일기이다. 양우조(1897~??)는 미국에서 방직공학을 공부했으나 귀국하여 1929년 상해로 왔고 이화여전을 졸업한 최선화도 상해로 건너와 그곳에서 결혼하고 상해임시정부에 종사하였다. 1938년 맏딸 제시(濟始)를 낳고 일기를 쓰기 시작하였다. 제시가 성장하는 모습을 주로 쓴 육아일기이다. 자신들이 이동하면서 살았던 전시생활의 모습이나 정치적인 상황들도 담고 있다.

정병욱(2013b)은 일제시대에 한 청년이 쓴 1933년의 일기를 분석하고 있다. 경남 함안군 주씨가 일본을 갔다가 돌아온 과정에서 7달 동안 일기를 썼다. 실업과 답답한 현실을 벗어나기 위해 일본으로 탈출하고자 했지만 3달 동안 구직에 실패하여 귀국했다. 활동, 생활, 생각들의 내용들을 정리하고 있다. 아타가키(2013)는 조선인 유학생(K 씨)의 일기를 통해 식민지의 경험을 다루고 있다. 1931~1938년 S 씨의 농촌일기와 1941년 A 씨의 서울의 직공의 일기도 같이 논의하고 있다. S 씨는 어떻게든 농촌을 떠나 도시로 가고 싶어 했지만 금전문제로 농촌에 머물다가 1936년 잠업지도원이 되었다. 그는 과잉농촌에서 이농하고자 하며, 도시로 이농해도 도시의 과잉인구로 일자리 구하기가 힘들어 외국으로 나가는 현상의 일환으로 보고 있다. 일기의 흐름에 따라 K 씨의 구체적인 상황을 분석하고 있다. 교토에서 학업과 일을 병행하려니 많은 어려움을 겪었다. 대동아공영권이나 식민관계에 대한 여러 의식들도 검토하고 있다.

전통을 전근대, 서양서 도입된 것을 근대라고 보는 근대인식

이 시기에서부터 일기로부터 근대성을 탐구하는 논문들이 나타나고 있다. 서구에서 새로 들어온 제도와 문물은 근대 그리고 조선시대로부터 이어져 온 전통적인 것은 전근대로 다루는 경향이 나타난다. 근대라는 말을 사용하지 않더라도 대체로 그러한 관점을 전제로 하고 있다. 윤치호는 미국에 최초로 유학을 다녀온 지식인으로, 미국의 근대라는 상황을 체화하여 돌아온 것으로 간주되고 있기 때문에 그는 조선 최초의 근대인으로 간주된다. 전통사회가 해체되어 새로운 문명기로 진입하고 있는 상황에서 윤치호는 미국에서 그 문명을 체득한 인물로 간주된다. 윤치호는 기독교를 서구문명의 정수로 생각하였다. 국가들끼리 서로 경쟁하며 우월한 국가가 약한 국가를 식민지로 삼는 것을 자연스러운 사회진화의 법칙으로 받아들이면서, 조선은 아직 미개하고 동양에서 선진 문명을 따라잡은 일본을 따라야 생존할 수 있다고 생각했다(박정심, 2007; 우남숙, 2012). 그래서 그는 문명개화를 주장하면서 기독교를 믿게 되었고 결국 문명국인 일본의 지배를 불가피한 것으로 받아들였다(정용화, 2001). 하지만 왜 기독교 중심주의나 사회진화론이 근대적 정신으로 간주되어야 하는가에 대한 논증은 없다. 기본적으로 이미 문명화된 근대 서구에서 퍼진 사고방식이고 윤치호가 이를 습득하여 왔기 때문에 근대적인 지식인으로 간주하고 있다. 따라서 여기에서도 근대성이 무엇인지 정확하게 규정하여 그 기준으로 설명하기보다는 발달된 서구의 사상과 가치를 가지고 있기 때문에 근대인이라고 규정하는 셈이다.

정병욱(2013b)은 이 시기에 나타난 시판일기장의 등장은 근대로의 이행을 상징한다고 말하고 있다. 개인이 독립적으로 사유하고 개인적인 생각과 감정을 자유롭게 표현하는 행위가 쉬워졌기 때문으로 보인다. 즉, 개인주의적 정체성과 사유를 확산시키기 때문에 근대로의 이행으로 간주하는 것으로 받아들이고 있지만, 왜 개인주의적 정체성과 사유가 근대로의 이행을 상징하는 것인지에 대한 논

의는 하지 않고 있다. 즉, 개인주의적 정체성과 사유를 근대적인 것
이라고 전제하고 있다. 그렇다면 근대 이전에는 개인주의적 정체성
과 사유가 없었던 것일까? 앞의 조선일기에서 설명하였듯이 조선
시대에도 개별적 주체로서의 자아를 생각하고 이를 반영하여 자아
의 감성과 성찰을 풍부히 담은 일기들이 있다(예, 정약용의 산행일
기 등).

4. 해방 후 일기와 연구

농촌일기와 연구

평택『대곡일기 1~3』은 신권식이 1954년부터 2005년까지 51년
간 써 온 일기를 해제하여 3권으로 출판한 것이다. 해제를 통해 개
관, 경제생활, 의식주생활, 사회생활, 민속을 분석하고 있다. 김영미
(2013)는『대곡일기 1~3』을 활용하여 새마을운동 이전의 동회와 사
랑방으로부터 공론장이 어떻게 작동되는가를 분석하고 있다. 원래
장노년층이 장악했던 동회는 5 · 16 쿠데타 후 정부가 통제를 하게
되고, 사랑방(마실방)은 자율적인 공론장을 만들어나가게 되었다. 공
식권력에서 소외된 젊은 층이 마실방에 모여서 같이 라디오 뉴스도
듣고 신문도 보고 같이 일하고 놀고 소통하게 된다. 쿠데타 후 젊은
층을 내세워 동회를 장악하게 된다.

박진환(2001)은 2000년 하사용의 농가를 방문하여 3,000여 회에
걸쳐 새마을강사로 출강한 내용을 기록한 3권의 기록일지를 확보하
여 새마을운동이 어떻게 전개되었는지, 새마을정신이 어떻게 내면화

되었는지를 분석하였다. 하사용은 1970년 11월 11일 대통령이 참석하는 대회에서 농어민소득증대 성공사례를 발표하였다. 원예, 비닐하우스, 농업기술의 개선으로 4계절 내내 돈을 벌게 되었고 소득이 년 100만 원에 이르게 되었다고 발표했다. 이 대회에 참석한 박정희 대통령은 "하사용 씨 같은 분은 우리 농촌의 등불이요 국민 모두의 스승이다. 우리나라 농촌의 빈곤도 하사용 씨와 같은 정신만 있다면 승리할 수 있다" 등의 찬사를 하였고 하사용 부부는 청와대에 초청되었다. 정부는 이미 33,000개의 농촌마을에 각각 시멘트 300포대를 지원하는 등의 국가가 주도하는 농촌개조운동을 실시하고 있었다. 이를 효과적으로 진행하기 위해 전국적으로 새마을지도자 교육을 시켰고 성공사례를 전국적으로 퍼트리고 있었다. 대통령과 장관들에게도 매달 성공사례를 듣도록 하였다. 장차관도 새마을지도자연수원에 새마을지도자와 같이 합숙훈련을 받도록 하는 등의 범정부적인 추진 정책을 실행하였다. 끊임없는 정신교육이 실시되었는데 핵심은 박정희 대통령이 "농민들의 근면과 자조와 협동하는 정신자세는 정부의 모든 시책들의 선행조건으로 되어야 한다"고 말한 것에서 볼 수 있듯이 농민들이 먼저 스스로 부지런해지고 스스로 길을 찾아야 한다는 것이었다. 이 논문은 하사용 씨의 일대기를 통하여 스스로 노력하고 개선하고 절약하여야 성공할 수 있으며 이러한 성공사례를 국가는 전국적으로 유포시켜 농촌개조운동(새마을운동)으로 활용하는 것을 보여주고 있다.

임실 『창평일기 1~4』는 최내우(1923~1994)의 일기(회고록 포함하여 1927년부터 1994년까지를 다루고 있다)를 정리하고 분석하고 있다. 압축적 근대화(특히 60~80년대)를 배경으로 농촌이 어떻게 변하고 있는가를 분석하고 있다. 연초에 계획을 세우고 열심히 노력하여 목표를 달성하려고 하는 태도는 국가가 근대화를 위해 국민들에게 권장하는 태도였다.[3] 국가는 '조국근대화'를 위해 어떻게 농촌을 동원하면서 한편으로 해체하고 또 한편으로는 재구축하는지를 해제들은 보여주고 있다. 국가는 적극적인 동원체제로 농촌을 재편성하며 이에 따라 국가가 직접적으로 마을을 통제하는 수직적 통합이 이루어진다. 이러한 과정에서 국가는 다양한 공적인 조직들을 만들고 동원하여 국가가 원하는 교육과 심성을 길러내고 자원과 인력을 동원하도록 만들어나간다. 마을 내의 사회적 조직과 관계들이 변하며 주민들은 더욱더 외부로 나가고 젊은 층은 일자리를 찾아 도시로 이농을 하고 친족과 전통의례가 약화되고 소비물품이 바뀌며 생활도 바뀐다. 국가가 적극적으로 동원하고 변화를 추동하는 것을 압축적 근대화로 이해하고 이러한 과정이 마을의 압축적 변화를 일으키는 것으로 보고 있다(이정덕 외, 2012; 2013).

도시일기와 연구

오타(2013)는 해방 직후 인천의 전기공의 일기를 분석하였다. I씨는 식민지 시기에 교육을 받고 인천에서 전기공으로 일했는데 1945~1947년 사이에 일기를 썼다. 인천에서 1941년부터 경성전기 지점의 전기공으로 일했다. 신문 라디오, 구전 등을 통해 알게 된 해방 직후 미군의 진입과 선전활동을 적고 있다. 시민들의 환영행렬 등을 적으며 해방의 기쁜 마음을 드러내고 있다. 미군정이 경성전기도

---

3) 물론 이런 태도는 조선시대의 일기에도 나타나는 경우가 있다.

접수하여 미군이 지휘하고 한국인 간부가 운영하는 회사가 되었다. 일본인 대신 조선인이 왔지만 직업불안정성과 인플레에 대한 걱정을 표하고 있다. 종업원조합이 조직되었고 중급관리층이 협동조합을 만들어 대립하게 되었다. 노조갈등과 파업이 일어났는데 I 씨도 파업에 참여하여 승급도 했지만 파업이 정치투쟁화된다며 탈퇴하였다. 업무와 식량배급에 대한 기술이 많은데 배급물자가 부족하여 인플레가 심했다. 휴일에는 야유회, 관악산 등반을 하고 서울에 가서 쇼핑, 창경원구경, 영화관람을 했다. 미국풍이 유행하여 영어공부에 동참했다. 해방정국에서 해방을 즐기면서 일상생활을 헤쳐나가고 미국풍이 유행하는 모습을 보여주고 있다.

『이오덕 일기』는 학교 교사이던 이오덕(2013)이 1962년부터 2003년 죽을 때까지 쓴 일기이다. 5권으로 되어 있는데 당시 국가에서 벌어졌던 사건들(예를 들어 박정희 시해사건, 12·12 사태, 5·18 광주 민주화운동, 폭압적 5공화국 등)이 일기에도 잘 기록되어 있다. 또한 학교의 비정상적인 상황(예를 들어 장학사나 교육장이 오면 돈봉투를 주어야 하고 학생들은 청소에 집중하고, 각종 이유로 학생들로부터 얼마씩 걷는 일이 수없이 반복되고 등)에 대한 기록이 빈번하게 나타나고 있다. 3권부터는 1986년 퇴직 후 아동문학가와 글쓰기 운동을 하면서 지속적으로 사회와 교감하는 내용을 담고 있다.

한맹순(1917~)의 『맹순할매 기도일기』(2013)는 어린 시절, 결혼 초기, 어린 자식들을 키우며 궂은 일을 하던 시기를 회고문으로 실었고, 1970~80년대 권위주의 정권 시절 직접 보고 겪은 시국 사건 당시를 적은 일기도 고스란히 담겼다. 정치적 자의식이 강한 할머니가 정치적인 사건들이 일어날 때마다 자신의 진솔한 감성을 드러내고 있다. 아들이 빈민운동을 하느라 정치적인 억압을 많이 받아 평생을 가슴 졸이며 살아야 했던 국가폭력의 공포가 드러난다. 고은(2012)이 쓴『바람의 사상』도 유신 시절의 일기장이다. 1973년부터 1977년까지의 일기로서 유신체제가 폭력화되어가는 과정이 드러나고 있다. 문인들의 술 마시고 글을 쓰는 모습들이 나타난다. 이러한 문인적인 감성이 독재체제의 국가폭력과 긴장할 수밖에 없는 상황에서 곳곳에 나타나고 있다.

박정희 대통령은 1972년부터 일기를 쓰기 시작해 1979년 죽을 때까지 썼다. 박정희(2006)의 연설문, 저서, 일기 등이 포함된『한국 국민에게 고함』에 일기가 게재되어 있다. 압축성장을 주도한 대통령으로서 반공과 근대화에 대한 집념을 드러내고 있고 10월 유신을 "능률극대화와 국력조직화를 가장 효율적으로 발휘할 수 있는 제도"로 표현하고 있다. 박정희의 재무부장관, 경제기획원장관, 경제담당 특별보좌관으로서 70년대 경제성장정책을 주도한 남덕우(2009)는『경제개발의 길목에서』라는 회고록을 발간하였다. 그는 외국을 나갈 때는 순방일지를 썼다고 한다. 주로 성공적으로 고도성장을 이룩한 경제정책을 어떻게 펼쳤는지에 대해 긍정적 관점에서 적고 있다. 압축성장 시기에 어떻게 자신이 관료로서 또는 사업가로서 무엇을 했는지에 대한 자서전이나 회고록은 여럿 출판되어 있다.

홍순범(2008)은 인턴생활을 하면서 기록했던 수첩들을 정리하여『인턴일기』라는 책으로 출간하였다. 전문직의 직업훈련과정을 생생하게 묘사한 드문 일기이다. 의과대학생이 새내기 의사로 만들어지는 전 과정을 경험한 그대로 기록하여 전문가가 어떻게 만들어지는

가를 생생하게 보여준다. 동시에 병원의 여러 행태나 의사들끼리의 책임회피 등의 일상사들도 나타나고 있다. 현대 한국에서 나타나는 전문직 훈련뿐만 아니라, 병원이 어떠한 관계를 매개로 작동하고 있는지를 보여준다.

압축근대와 일기

이곳에서의 압축근대(Compressed Modern)는 빠른 산업화로 농업사회의 전통이 산업사회의 다양한 속성과 혼합되어 있는 상태를 지칭하고자 한다. 물론 선진국들도 전통이 현대와 혼합되어 있다. 압축근대에서는 압축적인 성장으로 전통이 충분히 변화할 시간이 없어서 그러한 혼합의 정도가 훨씬 심하다는 의미이다. 근대의 압축을 위해서는 철저한 계획과 저돌적인 추진력이 작동하게 되고 이를 추동하는 것은 국가와 그 조직이고 이를 지휘하는 사람은 대통령이다.

압축성장, 조국근대화, 반공, 국가폭력이 국력조직화에 도움이 되었고 일사불란하게 경제성장을 추구할 수 있어서 선진국으로 진입할 수 있는 기틀을 만들 수 있었다고 유신의 측에 있었던 사람들이나 이를 지지하던 사람들은 주장한다. 경제성장이 이루어져야 다른 것도 개선될 수 있기 때문에 민주주의에 대한 탄압이나 인권유린과 같은 부작용들은 참을 수 있는 것이라고 생각한다. 경제가 발전하면 그러한 문제들도 점차 해결될 것으로 주장한다. 후발자본주의가 빠르게 성장하려면 어쩔 수 없다는 것이다. 이러한 과정을 거쳐야 근대화를 통해 선진국에 접근하였다고 주장한다(조이제 · 에커트, 2005). 위에서 언급하였듯이 그러한 관점에서 기록된 일기와 회고록들이 있다(예, 남덕우, 2009; 박정희, 2006).

이와 반대의 시각에서는 한국에서 냉전적 지배논리와 약육강식으로 국가도덕의 부재상황이 초래되어 지도층의 비리, 공무원 범죄, 부정부패, 편법, 무질서가 만연되었고, 이에 따른 저항과 불만을 막기 위해 국가숭배주의와 반공을 바탕으로 국가폭력을 행사하는 방식으로 한국의 근대화 과정이 이루어졌다고 본다(김동춘, 2000). 지배엘리트들이 상상하는 근대성이란 "강력한 군사력과 첨단 기술에 기초한 높은 생산성"이다. 이런 군사화된 근대성은 "반공국가인 근대국가를 건설하는 것, 국가 구성원들을 충성스러운 국민으로 만드는 것, 징집제를 산업화하는 경제조직으로 통합하는 것"을 기초로 한다(문승숙, 2005: 15). 이를 통해 강압적이고 군사주의적인 동원체제에 기반한 근대국가로 작동한다. 이러한 군사주의적 근대체제에서 나타나는 국가폭력과 그 공포가 일부 일기들에서 잘 나타나고 있다.

5. 한국에서 일기를 통한 근대논의

일기는 사람들의 삶과 경험을 가공하지 않은 채로 접근할 수 있도록 해준다. 당대의 사회를 생생하게 그날그날 체험하고 생각한 내용을 드러내준다. 따라서 당대 사회의 다양한 맥락들이 반영되어 있고, 장기간에 걸쳐 수많은 내용을 쓰기 때문에 당시의 사회생활이나 생각에 대한 다양한 정보를 제공해준다. 그러나 일기를 아무나 쓰는 것은 아니다. 보통 사회의 상층 사람들이 일기를 쓰는 경향을 보여준다. 조선시대의 일기도 대부분 왕족이나 사림들이 썼다. 노예나 천민이 쓴 일기는 없다. 개항기 이후에도 지금까지 출간된 일기들은 대체로 상층이나 지식인층에 속하는 사람들이 썼다. 하지만 농민이나 노동자층의 일기도 수는 적지만 나타나고 있다.

일기연구는 그 시대의 문제의식과 맞물려 이루어지고 있다. 조선시대는 전근대로 가정되고 있기 때문에 조선의 일기에 대한 연구에서 근대나 근대성에 대한 고민이 나타나지 않는다. 일부 실학 등에서 근대성을 찾으려 하지만 의견이 분분한 상태이다. 근대성을 찾더라도 생활의 내용에서가 아니라 사상의 내용에서 찾으려고 한다. 개항기 이후의 일기에 대한 연구에서는 일기를 쓴 개인이 근대를 살아가고 근대에 반응함으로써 근대성을 경험하며 점차 근대성을 띄어가는 것으로 묘사된다. 대부분의 일기연구들은 시대의 성격규정과 상관없이 사례를 통해 그 시대의 구체적인 일상생활이나 경험을 보여주기 위해 이루어지고 있다.

개항기 이후부터 시대적 배경이 근대라는 시기로 인식되고 있어 일기의 내용을 근대와 관련된 시선에서 분석하려는 시도들이 이루어지고 있다. 서구의 영향이 나타나는 것이 근대로 인식되기 때문에 일기에서 이러한 서구와 관련된 것들을 찾아내 근대라는 용어를 사용하여 해석하는 경우도 있다. 윤치호처럼 일본과 서구에서 공부를 하고 서구식 가치관을 가졌기 때문에 그러한 근대적 가치관을 지닌 개인으로서의 활동과 생각을 연구하는 글들도 있다. 일제시대의 생활에서는 일본 제국주의체제에 편입되어 작동되는 삶이 일기에서도 반영되어 나타나고 있다. 제국 내에서 국경을 더 쉽게 넘나든다든지 또는 그러한 이동을 보여준다든지, 일제의 폭압적 통치체제가 일상생활에 나타난다든지의 영향을 보여주고 있다. 그러나 일제 강점기에 나타나는 이러한 점들을 근대성과 연결시켜 논의하는 경우는 드물다.

가장 압축적으로 근대화가 이루어진 시기인 박정희, 전두환 통치기에는 일기들에서 경제개발계획, 국가동원, 강압행정, 국가폭력 등에 대한 묘사들이 나타나고 있다. 한편에서는 이러한 측면들을 빠른 근대화를 위한 성공적인 노력들로 기술하고 부정적인 측면에 대해서는 어쩔 수 없는 상황으로 인식한다. 다른 편에서는 국가폭력과 공포의 암울한 분위기가 일기에 잘 표현되고 있다. 근대화를 위한 어쩔 수 없는 현상이라기보다는 독재자의 잘못된 정권유지 욕심 때문에 나타나는 것으로 묘사된다. 농촌에서의 일기들은 농촌개발에 참여하는 유지들이 주로 쓴다. 이들 일기는 국가의 개입이 늘어나며 농촌의 일상생활에서 급속한 변화들이 나타나고 있는 과정을 증언하고 있다.

하지만 근대의 성격 자체를 일기를 통해 분석하고자 하는 본격적인 연구들은 아직 없다. 대부분이 당대의 생활상과 맥락을 연구하고 있다. 이들 일기를 근대라는 용어를 사용하여 연구하더라도 외래문물로서의 근대 또는 시기개념으로서의 근대라는 용어를 사용하는 것이지 근대 자체를 분석하기 위해 사용하는 것은 아니다. 일기에 기록된 경험 자체의 근대성 여부를 분석하는 경우는 없다. 일기가 일상생활의 내용을 생생하게 적고 있기 때문에 근대나 압축근대의 성격이 일상경험에서 어떻게 드러나는지 그리고 기록된 일상경험의 비교를 통해 근대나 압축근대의 성격을 규명해내는 데 커다란 도움을 줄 수 있다. 또한 다른 나라들의 일기와 비교하면 각각의 국가들이 근대나 압축근대의 성격이 어떻게 다르게 또는 유사하게 진행되는지를 이해하는 데도 기여할 수 있을 것이다.

참고문헌

강신항, 이종묵, 권오영 외. 2007. 『이재난고로 보는 조선 지식인의 생활사』. 한국학중앙연구원.

고은. 2012. 『바람의 사상』. 한길사.

규장각한국학연구원 편. 2013. 『일기로 본 조선』. 글항아리.

금장태. 2001. 『다산실학연구』. 소학사.

김구. 도진순 역. 2002. 『백범일지』. 돌배게.

김동춘. 2000. 『근대의 그늘』. 당대.

김상준. 2011. 『맹자의 땀, 성왕의 피-중층근대와 동아시아 유교문명』. 아카넷.

김영미. 2007. "18세기전반 향촌양반의 삶과 신앙- 이준의 『導哉日記』를 중심으로." 성기옥 외. 『조선후기 지식인의 일상과 문화』. 이화여대 출판부, pp. 19~55.

_____. 2013. "『평택 대곡일기』를 통해서 본 1960~70년대 초 농촌마을의 공론장, 동회와 마실방." 『한국사연구』 161: 383~416.

김영희. 2000. "일제 말기 향촌 儒生의 '日記'에 반영된 현실인식과 사회상." 『한국근현대사연구』 14: 91~130.

김찬웅. 2008. 『선비의 육아일기를 읽다』. 글항아리.

김하라. 2013. "『欽英』, 분열된 자아의 기록." 정병욱, 이타가키 류타 편. 『일기를 통해본 전통과 근대, 식민지와 국가』. 소명출판사, pp.73~108.

남덕우. 2009. 『경제개발의 길목에서』. 삼성경제연구원.

노혜경. 2006. 『朝鮮後期 守令 行政의 實際 −黃胤錫의 '頤齋亂藁'를 중심으로』. 혜안.

문승숙. 이현정 역. 2005. 『군사주의에 갇힌 근대』. 또 하나의 문화.

박래겸. 조남권, 박동욱 역. 2013. 『서수일기 126일간의 평안도 암행어사 기록』. 푸른역사.

박정심. 2007. "한국 근대지식인의 '근대성' 인식 1−문명, 인종, 민족담론을 중심으로." 『동양철학연구』 52: 111~139.

박정희. 2006. 『한국 국민에게 고함』. 동서문화사.

박진환. 2001. "독농가 河四容씨의 성공사례와 1970년대의 새마을운동." 농협대학 농촌개
발연구소 보고서.

성기옥 외. 2007. 『조선후기 지식인의 일상과 문화』. 이화여대 출판부.

신권식. 2009. 『평택 일기로 본 농촌생활사 1, 2, 3』. 경기문화재단.

오타 오사무. 2013. "해방 직후 어느 노동자의 일상생활." 정병욱, 이타가키 류타 편. 『일기
를 통해본 전통과 근대, 식민지와 국가』. 소명출판사, pp.363~406.

우남숙. 2012. "미국 사회진화론과 한국 근대 : 윤치호의 영향을 중심으로." 『동양정치사상
사』 11(1): 149~178.

윤치호. 김상태 편역. 2001b. 『윤치호 일기(1916~1943)』. 역사비평사.

윤치호. 박정신 역. 2003. 『윤치호 일기 2』. 연세대학교출판부.

윤치호. 송병기 역. 2001a. 『윤치호 일기 1』. 연세대학교출판부.

이상주. 2013. 『묵재 이문건의 문학과 예술세계』. 다운샘.

이성임. 2013. "16세기 양반의 경제생활: 유희춘의 『미암일기』." 한중연 장서각 아카데미
자료집.

이송순. 2007. "한말·일제 초 '지방지식인'의 근대적 제도 및 문물에 대한 경험과 인식 —生
活日記類의 분석을 중심으로." 『역사문제연구』 18: 39~79.

이오덕. 2013. 『이오덕 일기 1~5』. 양철북.

이정덕, 김규남, 문만용, 안승택, 양선아, 이성호, 김희숙. 2012. 『창평일기 1, 2』. 지식과
교양.

이정덕, 소순열, 이성호, 문만용, 안승택, 김규남, 김희숙, 김민영. 2012. 『창평일기 3, 4』.
지식과 교양.

이정덕. 2008. "서구의 근대자의식과 쌀문명." 『쌀 · 삶 · 문명연구』 1(1): 250~268.

이타가키 류타. 2013. "꿈속의 고향: 조선인 유학생 일기(1940~1943)을 통해 본 식민지 경
험." 정병욱, 이타가키 류타 편. 『일기를 통해본 전통과 근대, 식민지와 국가』. 소명출
판사, pp.313~359.

이해준. 1992. "구례 운조루 류씨가의 生活日記考 —한말일제시기의 촌락과 농민생활상."
『전남문화재』 4: 199~216.

임장혁. 2000. 『조형의 부상일기 연구: 1655년 일본 통신사의 기행 일지』. 집문당.

정구복. 2013. "조선시대 일기의 사료적 가치." 한중연 장서각 아카데미 자료집.

정병욱. 2013. "책머리에." 정병욱, 이타가키 류타 편. 『일기를 통해본 전통과 근대, 식민지와 국가』. 소명출판사, pp.3~8.

_____.2013b. "식민지 농촌청년과 재일조선인 사회." 정병욱, 이타가키 류타 편. 『일기를 통해본 전통과 근대, 식민지와 국가』. 소명출판사, pp.263~312.

정용화. 2001. "문명개화론의 덫 ―『윤치호일기』를 중심으로." 『국제정치논집』 41(4): 297~314.

조이제, 카터 에커트 편저. 2005. 『한국근대화 기적의 과정』. 조선일보사.

최은주. 2009. "조선시대 일기 자료의 실상과 가치." 『대동한문학회지』 30: 5~40.

팔레, 제임스. 김범 역. 2008. 『유교적 경세론과 조선의 제도들 1』. 산처럼.

한맹순. 2013. 『맹순할매 기도일기』. 굿플러스북.

홍순범. 2008. 『인턴일기― 초보의사의 서울대병원 생존기』. 글항아리.

홍원식. 1998. "실학사상을 어떻게 자리매김할 것인가?" 홍원식 외. 『실학사상의 근대성』. 예문서원, pp.9~22.

Abdo, Nahla ed. 1996. *Sociological Thought: Beyond Eurocentric Theory*. Toronto: Canadian Scholar's Press.

Goody, Jack. 1996. *The East in the West*. Cambridge Univ. Press.

_____. 2012. *The Theft of History*. Cambridge Univ. Press.

Hobson, John M. 2004. *The Eastern Origins of Western Civilization*. Cambridge Univ. Press.

2부
일기를 통해서 본 동아시아의 근대

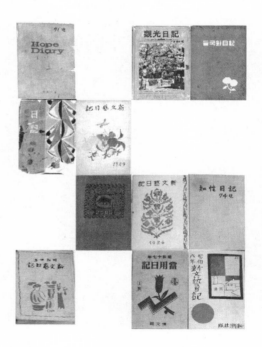

4장
신생활운동으로 살피는 아시아의 전후[*]

마츠다 시노부

1. 들어가며

필자는 '생활'이라는 척도를 통해 일본과 아시아의 근대를 널리 살펴보겠다는 목표 아래, 일본의 신생활운동을 연구의 주제로 삼고 있다. 근대라는 키워드는 워낙 다양한 정의가 가능하다. 대개 ① 국민국가의 성립, ② 산업화의 실현, ③ 합리적 정신의 침투와 같은 지표로 측정되는 것이라는 선에서라면 대략의 합의가 이루어질 수 있을 것이다. 신생활운동은 이 중 특히 ① 그리고 ③과 깊은 관계가 있으며, 개인생활의 수준에서 근대성을 실현하는 운동이었다고 파악되고 있다.

신생활운동은 제2차 세계대전 직후로부터 1950년대에 걸쳐 일본에서 붐을 이루었지만, 이에 대한 연구는 근년 들어서야 활발히 진행되고 있다. 다나카 센이치(田中宣一) 편저의 『살림의 혁명: 전후 농촌의 생활개선사업과 신생활운동』(田中宣一, 2011) 그리고 오카도

---

[*] 이 글은 2014년 3월 6일 전북대학교에서 개최된 국제학술회의 〈Modernization and Diary in East Asia〉에서의 발표내용을 토대로, 『아즈미도쿠야(安積得也)일기』의 내용에 관한 서술을 더하고, 회의 당일의 질의응답 내용을 반영하여 가필, 수정한 것이다.

마사카츠(大門正克) 편저의『신생활운동과 일본의 전후: 패전에서 1970년대까지』(大門正克, 2012)가 그 대표적인 연구성과로 꼽힌다. 필자 역시 오카도의 책에서 1장 및 종장 일부를 분담하여 집필한 바 있다.

이 글에서는 '생활'이라는 척도로 일본을 연구하는 일이 지니는 함의를 먼저 서술하고, 다음 '근대화와 일기 서술'이라는 주제에 맞춰『아즈미도쿠야(安積得也)일기』를 소개하면서 신생활운동이 어떤 에너지를 품고 진행된 운동이었는지 검토할 것이다. 그리고 마지막으로, 역사학에 있어서 신생활운동 연구의 가능성과 아시아적 차원에서의 공동연구의 필요성에 대해 적기로 한다.

2. '생활' 연구의 함의

현대 중국에 있어서의 '생활'

신생활운동을 다루기에 앞서, 우선 '생활'이라는 말에 대해서부터 살펴보자.

현대 중국어에는 '민주생활', '조직생활'과 같은 말이 지금도 사용되는 것으로 보인다. 사전에서 찾아보면 '민주생활'이란 '민주생활회를 열어서 사상의 교류나 비판, 자아비판을 행하여 민주적으로 문제를 해결하기 위해 활동하는 일'이라고 되어 있다. 근년의 중국에서도 시진핑(習近平) 정권이 '민주생활회'를 활용하여 '자아비판'의 계기로 삼고 있다는 보도가 일본에도 전해진 바 있다.

중국어에서의 '생활'이라는 말에는 단순히 물질생활만이 아니라, 사상의 문제를 포함하여 우리가 무엇을 생각하고 무엇을 목표로 살아가는가 하는 '혼'의 문제가 포함되어 있다고 할 수 있을 것이다. 그리고 '민주생활회'라는 조직에서 보이는 것처럼, 중국어의 '생활'에는 현재에도 여전히 '생활(사상)을 다시 보는 일은 현상을 타개하는 기반이자, "혁신" 또는 (그렇게 부를 수 있다면) "혁명"의 토대가 된다'는 의미 내력이 담겨있는 것으로 이해된다.

현대 일본에 있어서의 '생활'

한편, 현대 일본어에서 '생활'이라는 말에는 그런 일종의 '전투성(=현상을 타개하는 에너지)'이 상실되어 있는 것처럼 여겨진다. 현대 일본어에서 '생활'이라는 말은 대개 물질생활 —먹거나, 입거나, 거주하거나— 로 포괄되는 물질적 행동을 가리키는 말이 되어 있으며, 사상이나 도덕과 같은 의미 내력은 거의 희미해져 있다.

일례를 들자. 2007년 7월 29일 제1차 아베(安部)내각(자민당) 당시의 일본에서 참의원선거가 치러졌고, 이는 민주당이 대승을 거두는 역사적 선거가 되었다. 이때 민주당의 캐치프레이즈로 내세워진 것이 '국민의 생활이 첫째'였다. 이 캐치프레이즈의 뉘앙스는 '연금의 확실한 지급 등을 포함하여, 국민의 물질생활상 안정을 지키는 일(생활보장)이야말로 국가의 역할이며, 민주당의 당시(黨是)이다'라는 것이었다. 여기에서 '생활'이란 각자가 자기의 '생활'을 다시 보는(자아비판 하는) 일을 통해 국가를 다시 세워야 한다는 식의 혁신과 관련된 의미는 포함되어 있지 않다.

중국 시진핑의 '민주생활회'와 일본 민주당의 '생활이 첫째', 같은 낱말이 정치의 국면에서 등장하는 경우에도 그 뉘앙스가 전혀 다르다는 점은 흥미로운 사실이 아닐 수 없다.

과거 일본에 있어서의 '생활'

그러나 필자의 것을 포함하여 최근의 연구를 통해서는, 과거의 일본 —1900년대부터 1950년대 정도까지라고 생각된다— 에 있어서는 현대 중국에서의 '생활'(혁신과 관련된 의미내력)과 같은 '현상을 타파하는 전투성'이라는 의미 내력이 포함되어 있었다는 점이 지적되고 있다.

예를 들어 민속학자인 이와모토 미치야(巖本通彌)는 일본에서 '생활'이라는 말이 어떻게 탄생해서 변화해갔는지를 분석하였다(巖本通彌, 2009). 본디 '나리와이(生業. occupation)'라는 일본어로 표현되던 것에 life나 leben이라는 구미적인 관념이 담기면서, '사람들의 살림살이(暮らし向き)를 질(質)이나 면(面)으로서 인식하는 시선이나 기법'이 더해져 '생활'이라는 말이 생겨났다고 이와모토는 적고 있다. 이 글의 문제의식과 이 논의를 이어본다면, '생활'이라는 말은 '물질생활(material life)'만 아니라 '정신생활(ideological life)'까지도 가리키는 말로서 사용되고 있었다고 할 수 있지 않을까 한다. '생활'이라는 것은 인간의 내면을 포착하는 키워드이며, 또 어떤 시기부터 국가는 사람들을 '생활'이라는 심도(深度)에서 '파악포착'함으로써 국가의 안정을 기하게 되었다.

일례를 든다. 도쿄제국대학에서 정치사를 가르치던 요시노 사쿠조(吉野作造, 1878~1933)라는 학자가 있었다. 1921년 6월, 요시노는 모리모토 고키치(森本厚吉), 아리시마 다케오(有島武郎)와 함께『문화생활』이라는 잡지를 만들고(高原二郎, 1995),『문화생활』창간호로부터 3호 연속으로 "일본과 조선의 교섭에 관한 연구"라는 제목의 논고를 집필하였다. 이 논고에서 요시노는 조선의 독립운동이 1919년 분출하기에 이르렀던 사상적 배경을 분석하고 있다. 원래 '국세(國勢) 부진'으로 고심하던 조선의 상황에서, 더욱이 〈정감록〉[1]의 예언이 적중하는 상황이 되자, 조선 민중의 '민심'은 불안에 휩싸이게 되었다. 이 불안감을 '국민적 영웅'인 천도교 제3대 교주 손병희가 모아냄으로써 독립운동으로 이끌었다고 요시노는 적고 있다. 이 분석의 정확성 여부를 여기에서 따질 필요는 없을 것이다. 중요한 것은 요시노가 이와 같은 사실을 지적한 것이『문화생활』이라는 잡지였다는 점이다. 게다가 그 창간호에서부터 이 기사가 연재되었다는 것은, 요시노가『문화생활』에서 가장 쓰고 싶었던 것이 조선의 독립운동과 '국민적 영웅'의 관념이었다는 사실을 나타낸다고 할 수 있다.

지금의 일본인 학생들을 상대로 이런 점을 이야기하면 모두가 놀란다. 왜냐하면 현재의 일본어에서 '문화생활'이라고 하면, 한때 촛불을 켜고 살던 마을에 전등이 들어왔다든지, 지금까지 손으로 바느질을 하던 의복 짓기에 재봉틀을 사용하게끔 되었다든지 하는 물질생활의 개선을 의미하기 때문이다. 그런 까닭에 학생들은 '왜『문화생활』이라는 제목의 잡지 창간호에 조선인의 불안감이라든지 국민적 영웅의 이야기가 실리는가, 제목과 내용이 안 맞지 않는가'라는 감각을 갖게 되는 것이다.

그렇지만 지금까지의 논의를 전제로 한다면,『문화생활』에 요시노의 논고가 게재되는 이유도 이해할 수 있다. 즉, 1920년대의 일본에

---

1) 조선왕조가 500년으로 멸망하리라고 예언한 내용의 미신으로, 조선인 사이에 널리 유포되어 있었다.

있어서 '생활'이라는 것은 물질생활만이 아니었으며, '혼의 불안'을 포함하여 사람들의 내면까지도 가리키는 용어로서 사용되고 있었다고 할 수 있지 않을까.

이렇게 아시아에서 공유되어 있었던 '생활'을 둘러싼 정치감각을 분석하고자, 필자는 현재 신생활운동의 연구에 착수하여 있다. 다음 장에서는 신생활운동 연구의 현황에 대해 적도록 한다.

3. 『아즈미도쿠야일기』와 신생활운동

신생활운동이란 어떤 특징을 지닌 운동인가

우선 앞서 거론한 오카도(大門)의 책에서 이루어진 공동연구를 통해 밝혀진 사실을 토대로 신생활운동의 개략을 설명하겠다. 1940년대 후반부터 1950년대에 걸쳐 일본에 살았던 사람들에게 신생활운동이라 인식되었던 운동에는 크게 세 가지의 운동내용이 들어있었다. 첫째는 생활 그 자체의 개선을 목표로 하는 운동으로, '파리, 모기를 마을에서 추방하는 운동', '의복의 개선', '부뚜막의 개선'과 같은 것들이 포함된다. 두 번째는 경제의 독립을 목표로 하는 운동으로, '수태조절(birth control)', '가계부 기재', '저축 장려'와 같은 내용의 경제생활 개선이 도모되었다. 그리고 세 번째로는 민족의 독립을 목표로 하는 운동이 있으며, '도의(道義)의 앙양', '민주주의정신의 체득', '상호대화를 중시하는 운동' 등이 이 범주에 들어간다.

아울러 이렇게 다기한 방면에 걸친 운동내용에 공통되는 요소가 있었음도 분명해지게 되었다.

우선 신생활운동에는 '낡은 관습을 타파하고, 일신 주변의 생활에서 나타나는 다양한 문제들에 대해 합리적 정신으로 대처하라'는 메시지가 담겨있었다는 점을 들 수 있다. 합리적인 의복양식의 고안이나 계획적인 성생활의 영위를 요구하는 것은 물론이고, 합리성의 요구는 인간관계의 개선에까지 이르고 있었다. 예를 들어 고부관계의 개선, 농촌에서의 가격(家格)을 초월한 상호대화, 일본국헌법을 비롯하여 패전 후 제정된 민주적 법제도를 국민 사이에 뿌리내리게끔 하는 일, 교육 현장이나 노사관계에서 인간관계의 민주화를 도모할 것 등이 중시되었음을 알 수 있다.

또한 이들 운동이 패전 이후 일본에서 나타난 위기의식을 배경으로 추진되었음도 중요한 공통점일 것이다. 신생활운동의 확산에는 세 가지의 계기가 있었다. 패전 이후의 도덕적 혼란에 대한 위기의식에 대처하기 위하여 가타야마 테츠(片山 哲)가 제창한 '신생활국민운동'(1947)이 있었다. 이에 이어서 샌프란시스코 강화회의에 의해 독립을 달성할 전망이 굳어지고 있었음에도 불구하고 미국으로부터의 군사적, 경제적 독립을 달성하지 못하고 있었던 현상을 타파하고자 재계단체가 발의한 '신생활운동에 관한 공동성명'(1952)이 있었다. 그리고 세 번째 계기로서, 1955년 소련과의 국교회복이나 UN 가입을 목표로 한 하토야마 이치로(鳩山一郎) 내각의 제창을 토대로 신생활운동협회가 발족한 일이 있었다.

운동을 제창한 사람들이 공통적으로 지녔던 것은, '미국 아래의 평화(Pax Americana)' 또는 '소련과 미국 아래의 평화(Pax Russo-Americana)' 안에서 일본의 정치적 독립, 경제적 독립, 민족의 독립이 위협받고 있다는 위기의식이었다. 여기에 더해 이러한 정치가들의 위기의식을 자신의 것으로 받아들인 국민적 토양도 존재했었다. 예를 들어 (독립 이후인) 1955년의 총리부 여론조사에서도 '현재의 일본은 미국의 식민지와 같은 처지이다'라고 응답한 일본인이 42.9%나 존재하였다.[2] 이는 샌프란시스코 강화회의에 의해 독립이 실현된 후로도 '진정한 독립'을 바라는 국민들로부터의 일정한 지지기반이 그곳에 존재했다는 점을 말해주는 것으로 생각된다. 신생활운동 추진자들의 목적은 일본 국민의 생활에 합리성을 뿌리내리게 하고, 합리적으로 영위되는 국민생활을 기반으로 하는 강한 국민통합을 실현하여, '진정한 독립'을 달성하자는 점에 있었다고 할 수 있을 것이다.

『아즈미도쿠야일기』에 대하여

신생활운동의 중심이 되어 이끌어나간 인물 중에 아즈미도쿠야(1900~1994)가 있다. 도쿄제국대학 법학부를 졸업하고 내무성에 들어가 각 지방에서 근무한 후, 노동행정을 배우기 위해 영국에 유학하였고, 그 후 제2차 세계대전 중에는 도치기현(栃木縣) 지사와 오카야마현(岡山縣) 지사를 역임한 인물이다. 그러나 전쟁기간 지사로 근무하였다는 경력으로 인해 전후에는 공직추방(purge of public officials)의 대상이 되어 실직하였다. 이에 따라 전후에는 사회교육가로 활동하였으며, 특히 신생활운동의 중심인물로 활동하면서 신생활협회 사무국장 등을 지내게 된다.

---

2) 그런 한편에서 '전후 미국이 일본을 위해 해온 일은 전체적으로 일본에게 바람직했다'고 하는 응답이 48.9%에 달했던 점이야말로, 일본인이 지닌 대미의식의 뒤틀림을 여실히 드러내고 있다고도 생각된다.

아즈미도쿠야가 남긴 역사사료는 아즈미의 사후 〈아즈미도쿠야 관계문서(安積得也關係文書)〉로 국제기독교대학에 기증되었다. 약 13,000점으로 이루어진 이 문서 중에는 1915년부터 1991년까지 작성된 일기도 들어있다. 그 사료로서의 특징을 보자면, 나날의 잡감(雜感)이나 독서의 감상 등을 기록한 '내적 생활'의 기록과 날마다의 행적을 사무적으로 적어둔 '외적 생활'의 기록을 구분하여, 장기간에 걸쳐 동시에 두 종류의 일기를 쓰고 있었다는 점이다. 두 종류의 일기를 나누어 쓴 의도에 대하여, 아즈미는 1919년 다음과 같이 적어두었다.

본년 초두 새로운 시도로서 두 권의 일기장을 사용하는 것으로 하고, 한 쪽의 수양일기(加藤咄堂氏 考案 東亞堂 發行)에는 외적 생활을 기록하고, 한 쪽의 공책[양진(養眞)이라 명명]에는 내적 생활을 적는 것으로 하여 지금까지 계속하여 왔는데, 이렇게 구별해버리면 아무래도 쓰는 입장에서도 도무지 신이 나지 않고, 특히 뒤에서부터 읽어보면 수양일기 쪽은 '모월 모일 어디에 갔다, 석식 후 도서관에서 공부'라는 식이어서 마치 법률 문장이라도 읽고 있는 듯하다. 조금도 여정(餘情)이라 할 만한 것이 없고, 하물며 그 당시의 자기생활의 상황을 목전에 방불케 하듯 하는 일은 아예 불가능하다. 다른 한편 〈양진〉 쪽의 경우에도, 완전히 외적 생활과 분리하여 적어두는 것으로 하자니 그 감상이라는 것이 과연 어떠한 유래 기인을 지닌 것인지를 알 수가 없다. 어느 쪽이든 이렇게 두 권으로 분리해서 하는 일은 재미가 좋지 않다. 그러므로 오늘부터는 하루 몇 장을 쓰든 괘념치 말고 안팎 뒤섞어서 이 한 권의 공책에 적는 것으로 하였다.[3] [강조는 인용자]

---

3) 〈安積得也關係文書〉 501~13.

'내적 생활'을 따로 의식화하여 중시하는 일 자체는 '생활'의 대상화라고 하는 측면에서 검토해볼 만한 사례라고 할 수 있다. 그러나 여기에서는 『아즈미도쿠야일기』 중에서 '내면생활'을 기록한 내용으로부터 신생활운동 관련 서술을 뽑아내서 소개해나가려고 한다.

『아즈미도쿠야일기』에 있어서의 신생활운동

『아즈미도쿠야일기』 중 신생활운동에 대한 서술은 1950년대 이후 자주 나타난다. 1954년에 문부성 성인교육분과회 회장에 취임한 아즈미는, 신생활운동에 관한 문부대신 자문에 대한 답신을 묶어, 전국 각지에서 신생활운동에 관한 강연을 하게 되었다. 이에 더해 1955년 하토야마 내각의 시정방침 연설에서 신생활운동의 수행이 내세워지자, 중앙단체 설치를 향해 움직여가는 과정에서 적힌 일기가 아래의 서술이다.

1955년 7월 1일[4]

신생활운동
신생활운동은 서민이 서로 힘을 합쳐서 하는 사회적 악습에의 레지스탕스이다. 그것이 과연 가능할 것인가. 가능하다는 희망을 가질 수 있을 것인가. 이래서는 안 된다고 생각하는 사람이 정계나 관계나 실업계에도 많이 있겠지만, 누구도 어떻게도 하지를 못한다. 섣부른 짓을 했다가는 등용의 문이 막히고, 의식(衣食)의 길도 끊어진다.
칼의 악순환은 미국이 끊어준 것처럼 보이지만, 다시 미국이 시작할

4) 〈安積得也關係文書〉 501~125.

지도 모른다.

돈의 악순환은 중공 정도가 끊어주는 외에는 달리 방도가 없다고 해야 할 것인가.

아니, 일본 민족은 일본 민족의 자주적인 손으로 이 악순환을 끊고 싶은 것이다.

정치를 좋게 하는 일이다.

사회를 좋게 하는 일이다.

그 종합적인 제 수단 중 하나는 신생활운동인 것이다.

마음이 맞는 동지로서 자신의 장에서 자신이 개죽음을 당하는 일 없이 효과적으로 악순환을 끊자는 것이다.

거기에는, 일본인으로서, 자기의 내면과 생활 사이의 모순으로 위태로워지면서도 그것을 극복하며 나아가는 내발적(內發的) 인간상이 희구(希求)되는 것이다.

글 중에는 다소 그 뜻이 명확하지 않은 부분도 있지만, '칼의 악순환'은 전쟁의 위기, '돈의 악순환'은 자본주의의 모순을 가리키는 것이 아닐까. '악순환'을 끊기 위해, '일본민족' 스스로 협력하여, 사회적 악습을 향한 레지스탕스를 모색해가는 것이 신생활운동이라고 하는 명확한 주장이 제시되어 있다. 미소 냉전이라는 국제정세를 배경으로 삼아 신생활운동을 포착해나간다고 하는 아즈미의 발상이 지닌 특징이 여실히 나타나는 부분이기도 하다. 그로부터 5년을 경과한 1960년 안보투쟁의 와중에서도 이와 같은 구도가 일기 중에 되풀이되고 있다.

1960년 6월 2일[5]

○ 사회화되는 전제주의(專制主義)
특정 지도자의 매너리즘은 사회화된 전제주의를 낳을 위험이 있다.
나는 그 위험을 일부의 신생활운동에서 본다.
◎ 일본국민의 내부분열의 주원인
일본의 슬픔은 ―이토록 위대한 성격을 지닌 민족의 슬픔은― 국민
이 이토록 깊고도 날카롭게 내부 분열을 당하고 있다는 점이다.
이 내부 분열은 어디에서 오는가.
이는 각각이 탐욕스러운 국가이익 추구성(집단적 에고이즘)의 포로
가 되어 있는 두 개의 세계적 대립진영이, 일본 국민에게 다가드는
물심양면의 해일에 대하여, 일본 국민이 지니는 자주성 함양의 강도
와 고도가 아직도 심히 약하고 또 낮다는 점으로부터 오는 것이다.
신생활운동의 사명은 무겁다.

　이는 '세계적 대립진영'의 사이를 줄타기하며 살아내기에는 '일본국
민이 지닌 자주성'이 너무 약하며, 따라서 일본 국민이 내부 분열 당
하고 있다는 이해이며, 여기에는 약하기 짝이 없는 자주성을 함양하
기 위한 운동이 신생활운동이라는 논리가 나타나 있다. 1959년 10월
7일에는 "신생활운동은 대중이 스스로의 궁리로 공중(公衆)으로 상승
하는 상호활동이다"[6]라고 하였고, 1960년 10월 20일에는 "신생활이
반대하는 것은 무엇인가. 무기력감, 생활을 컨트롤할 수 없다고 하는
자기미신"[7]이라고 아즈미는 적고 있다. 국민에 대하여 자주성, 즉 '궁

5) 〈安積得也關係文書〉 501~122.

6) 〈安積得也關係文書〉 501~132.

7) 〈安積得也關係文書〉 501~133.

리'나 '컨트롤된 생활'을 요구해나가는 것이 아즈미에게 있어서는 신생활운동이었다고 할 수 있을 것이다.

1950년대 후반의 일본은 보수와 혁신이 대립하는 시대였다. 그러한 정치대립, 국민적 기반의 분열에 대해서도 아즈미는 민감하게 반응하고 있었다.

1955년 2월 5일[8]

신생활은 생활을 새롭게 하는 일이다. 생활을 새롭게 한다는 것은 해야 함이라는 면과 하지 말아야 함이라는 면을 가진다. 해야 함이란 그저 좋은 것을 보지(保持)하는 일만이 아니다. 이를 육성하는 일이다. 거기에 부단한 생장(生長)과 노력이 요구된다.

하지 말아야 함이란 그저 좋지 않은 것을 단절하는 일만이 아니다. 단절에 발을 디디고, 좋은 것의 창조라는 건설작업을 영위하는 일이다.

이렇게 생각하게 되면, 신생활이란 올바른 의미의 보수와 혁신 양자를 포섭하여, 양자를 종합조화의 기반 위에서 발전시키는 일이다.

신생활이란 결코 편면적으로 된 소위 혁신 일변도는 아니다.

1959년 1월 18일[9]

보수와 혁신, 너무나 뚜렷하게 인공적인 선을 긋지는 말아다오. 나의 안에는 (한 사람의 인간의 안에는) 양쪽이 다 살아가고 있는 것이므로.

---

8) 〈安積得也關係文書〉 501~125.
9) 〈安積得也關係文書〉 501~131.

정치와 신생활운동의 관계에 대한 아즈미의 이러한 주장은 1960년대 안보투쟁을 거치며 보다 분명한 것이 된다.

1960년 8월 14일[10]

○ 신생활운동의 정치적 태만
신생활운동의 상호대화에서는 정치를 논해서는 안 된다고 한다면, 그것은 이 운동의 정치적 태만이다.

○ 신생활운동
신생활운동이란, 민주주의를 (민주적 의회주의를) 민주주의의 명분으로부터 민주주의의 실감(實感)을 향해 밀고 나아가는 운동이다. 신생활운동은 진정한 민주주의를 지키는 운동이다. 또한 그것을 기르는 운동이다.

○ 신생활운동
신생활운동은, 국민이라는 주요한 '피치자(被治者)' 의식으로 하여금 '주권자는 국민이다'라고 하는 치자의식(治者意識)으로 뚜렷하게 상승 승격시켜내는 운동이다.

○ 분노의 폭발
5·18 사건 이후 일본 민중의 움직임은, 일본 민중이 얼마나 마음 깊은 곳으로부터 민주주의를 향한 욕구를 지니고 있는지를 보여준다. 분노의 폭발이다.

---

10) 〈安積得也關係文書〉 501~122.

경찰부대와 충돌한 시위 참가자 가운데 6명이 기소되고, 나아가 국회에서 강제표결이 이루어지던 사태를 맞아 끓어올랐던 60년 안보투쟁으로부터, 아즈미는 '진정한 민주주의'를 구하는 소리를 들었다. 1960년 6월 2일 시점에 운동의 역군을 '일본 국민'이라고 적었던 아즈미였지만, 여기에서는 '일본 민중'이라고 적고 있는 점도 유의할 만하다. '신생활운동은 진정한 민주주의를 지키는 운동이다. 또한 그것을 기르는 운동이다'라고 아즈미가 적었을 때, 아즈미는 명확히 투쟁하는 측에 서 있고, '진정한 민주주의' 역군의 육성이라는 역할을 신생활운동에 부여하고 있음을 알 수 있다.

그러기에 더욱더 아즈미는 신생활운동에 대한 정치의 개입을 경계하며, 다음과 같은 기록을 남기고 있다.

1960년 7월 29일[11]

○ 정치와 교육
교육 속에 정치가 개입해서는 안 된다.
단적으로 말하자면, 교육 속에 정당색이 들어와서는 안 된다. 내가 신생활운동의 답신에 대해 마음속으로 가장 경계하며 마음을 쓴 것은, 신생활운동 추진의 이름을 빌려 정치가 (정치정책이) 국민 상호의 손에 의한 자율적 교육운동 속으로 흘러들어오는 일이었다.
이 점은 과거 5년, 다행히 그런 일 없이 지날 수 있었던 것 같다.

이상, 『아즈미도쿠야일기』 중 신생활운동에 관한 부분으로부터 일부를 발췌하여 소개하였다.

---

11) 〈安積得也關係文書〉 501~122.

이러한 일기를 이용할 때 유의해야만 할 일은, 이는 어디까지나 아즈미의 시점에서 본 신생활운동이며, 거기에는 '운동의 논리'가 짙게 배어있다는 점이다. 여기에서는 어디까지나 소개에 머물렀지만, 일기 서술을 사료로써 사용하고 역사 서술로 연결시킬 때에는 보다 엄밀한 사료비판이 필요해질 것이다.

4. 신생활운동 연구의 의의에 대하여

마지막으로, 신생활운동 연구의 의의에 대해서 세 가지를 지적해두겠다.

첫째는 일본근현대사 연구로서의 의의이다.

페리 함대의 군사적 위압의 결과 미일화친조약이 체결된 후, 국제관계의 변화에 대응하여 막정(幕政改革, 안정개혁[安政改革])이 추진되었지만, 그 가운데에서도 '국사(國事)'에 관해 전체 다이묘(大名)의 의견을 징(徵)'한 일, '전체 다이묘의 역량을 집약하여 그 결절점으로 막부가 되기' 위해 '공의(公儀)'로서의 자기 권위를 높일 목적으로 조정과의 관계를 깊이 해나간 일이 일본통사 중에서도 주목을 받고 있다(宮地正人, 2008). 이러한 국제관계의 변용과 국가권력의 지지기반 확대지향이 어떻게 관련되어 있었는가 하는 측면으로부터 일본근현대사를 포착하게 되면, 전쟁이라는 계기가 떠오르게 된다. 일본에 있어서는 4번의 대외전쟁, 4번의 전후(戰後)가 되풀이될 때마다, 전후의 국제환경을 타개하기 위한 위기의식이 공유되고, 국민통합이 진척되었다고 할 수 있는 것이 아닐까.

초기 의회기에는 예산배분을 둘러싸고 반발해왔던 번벌정부(藩閥政府)와 민당(民黨)이 청일전쟁을 계기로 손을 잡기에 이른다(坂野潤治, 1971). 그리고 노일전쟁 후에는 제국국방 방침이 책정되고, 군 내부에서 안전보장에 관한 기본방침의 통일을 목표로 삼게 되는 한편, 국가재정을 지탱하는 강력한 정촌조직(町村組織)의 육성을 기도하여, 내무성 관료에 의한 지방개량운동이 추진되었다(宮地正人, 1973). 나아가 제1차 세계대전 후에는 새로운 사상적 상황에 대응하여 '사회의 개조'가 목표로 대두되기에 이른다(有馬學, 1999; 季武嘉也, 2004). 그리고 민당, 정촌, 사회로 하강해온 국민통합의 기반은, 제2차 세계대전 후의 위기의식을 배경으로 하면서, 신생활운동으로서, 드디어 '부부의 침실' 즉 '생활'의 차원으로까지 미치게 되었다고 할 수 있을 것이다. 국민통합의 기반이 '생활'에까지 도달했을 때, 비로소 ('생활'이라는 수준에서의 심도 있는 국민통합, '생활'의 차원에 있어서의 합리적 정신이나 합리적 인간관계를 국가가 요구하게 되는) '근대성'이 지역적인 현상으로서 일어서 올라오게 되는 것이 아닐까.

두 번째는 일본전후사 연구로서의 의의이다. 본 연구를 통해 일본의 보수세력에도 신생활운동에 적극적인 세력과 그렇지 않은 세력이 있다는 점 그리고 마찬가지로 혁신세력 가운데에도 적극적인 세력과 그렇지 않은 세력이 있음이 분명해지게 되었다.

이는 보수세력 가운데에 '미국에 의한 평화'를 수용하는 세력과 대미종속 일변도를 혐오하는 세력이 있던 사실에 상응하고 있으며, 또한 마찬가지로 혁신세력 안에서도 '소련에 의한 평화'를 수용하는가, 아닌가에 따라 양분되어 있었다고 할 것이다.

현실의 일본정치사에 있어서는 재군비를 갖출 것인가, 아닌가라고 하는 대립축에 따라 1955년 보수세력합동(자유민주당)과 혁신세력합동(일본사회당)이 실현되었으므로, 신생활운동을 적극적으로 추진하는가, 아닌가를 둘러싼 대립축은 현재화하지 않았다. 그러나 신생활운동 연구는 '소련과 미국에 의한 평화'인가, '독립노선'인가라고 하는, 일본전후사에 숨어 있는 중요한 대립축을 석출해내는 일에 연결되는 것으로 판단된다.

세 번째 의의, 그것은 신생활운동 연구를 진행하는 일이 20세기 중엽의 아시아가 지닌 공시성(共時性)과 각 지역들의 독자성을 석출할 가능성을 간직하고 있다는 점이다. '생활의 운동'의 융성은 일본에서만 보인 현상이 아니었다. 중국국민당의 신생활운동은 1930년대부터 시작되고 있었으며, 한국에서도 제2차 세계대전 이전에 생활개선운동이 실행되었다. 또 인도나 인도네시아를 포함하는 아시아의 광범위한 세계에 걸쳐서, 동시다발적으로 '생활의 운동'이 일어서 오르고 있음을 신생활협회는 1950년대에 지적하고 있었다. 왜 20세기 중엽 아시아 여러 지역에서 동시적으로 '생활의 운동'이 일어나게 되었던 것인가, 이 물음을 공유하면서 각 지역의 운동에 대한 연구를 진행하고, 이를 비교, 검토하는 일이 지금 필요한 것이 아닐까.

물론 이 점에 의해서 아시아 각지가 '동일한 근대'를 걸었다고 주장하려는 것은 아니다. '생활의 운동'으로서 전개된 운동들에는 저마다의 지역들이 각자 희구하던 '저마다의 근대'의 존재방식이 각인되어 있을 것으로 생각된다. '생활의 운동'을 국제 비교하는 일은 '저마다의 근대'를 보다 명확히 드러내는 일에 연결된다고 할 수 있는 것이 아닐

까. 그리고 이때『아즈미도쿠야일기』와 같은 개인기록의 내용 비교
라고 하는 방식이 유용한 수단이 되지 않을까 생각된다. 공동연구의
금후의 진전을 크게 기대하고 싶다.

참고문헌

季武嘉也 編. 2004.『大正社會と改造の潮流』. 吉川弘文館.

高原二郎. 1995. "森本, 有島, 吉野と『文化生活』." 『『文化生活』解說, 總目次, 索引』. 不二出版.

宮地正人 編. 2008.『新版世界各國史1: 日本史』. 山川出版社.

宮地正人. 1973.『日露戰後政治史の研究: 帝國主義形成期の都市と農村』. 東京大學 出版會.

大門正克 編. 2012.『新生活運動と日本の戰後: 敗戰から1970年代』. 日本經濟評論社.

巖本通彌. 2009. "'生活'から'民俗'へ: 日本における民主運動と民俗學." 『일본학』 29, 동 국대학교 일본학연구소.

有馬學. 1999.『「國際化」の中の帝國日本: 1905~1924』. 中央公論新社.

田中宣一 編. 2011.『暮しの革命: 戰後農村の生活改善事業と新生活運動』. 農山漁村 文化協會.

坂野潤治. 1971.『明治憲法體制の確立』. 東京大學出版會.

『관원선생일기』로 본 전후 초기 대만 대호여량 수매 문제

허펑차오

1. 서론

전후 초기 대만은 심각한 식량부족 현상에 직면하였다. 대만에 건너와 정권을 인수한 대만성 행정장관공서(行政長官公署)와 개편 후의 대만성 정부는 여러 가지 방법을 통해 식량 공급원을 장악하였는데(魏正岳, 2001: 180), 그 중 대호여량(大戶餘糧)도 식량 공급원을 장악하는 수단 중의 하나였다. 그러나 이 방법은 1947년부터 1953년까지의 짧은 기간 시행되었으며, 또 징수한 물량 역시 다른 방식으로 징수한 벼의 양과 비교할 수 없이 적었다(劉進慶, 1995: 59). 그러나 정부는 오히려 줄곧 이것이 식량을 장악하기 위한 것이라고 선전했다. 과연 정말로 그랬을까? 아니면 다른 의도가 있었던 것일까? 정부와 여량대호(餘糧大戶) 쌍방 당사자 간의 의견 차이는 어떠하였을까? 그 결과는 또 어떠하였을까? 이러한 점들은 전후 초기 식량정

* 이 글은 『日記與臺灣史硏究 : 林獻堂先生逝世50週年紀念論文集』(許雪姬編, 2008, 臺北: 中央硏究院臺灣史硏究所)에 수록된 논문을 수정하여, 2014년 3월 6일 전북대학교에서 개최된 국제학술회의 〈Modernization and Diary in East Asia〉에서 발표하고, 회의에서 토의된 내용을 반영하여 다시 수정, 보완한 것이다.

책 문제를 다룰 때 정치적으로 기피되었기 때문에, 다수의 연구에서 다소 언급되기는 해도 깊이 있는 논의가 이뤄지지 않아 상당히 유감스러웠다.

전후 대호여량 수매에 대한 연구는 전후 대만의 식량결핍, 식량정책과 관련하여 겨우 향후의 과제를 언급하는 정도에 그쳐 있다. 또 1947년 2·28사건 연구에서도 식량결핍이 사회적 불안을 초래하였다는 내용을 약간 언급하여 사건 발생 이전의 배경을 소개하는 정도에 머물러 있다. 대만성 의회운동사를 연구한 논문들에서도 대만성 참의원들이 정부의 식량정책에 대해 토론한 의견을 다소 언급하였을 뿐이다. 설사 전후 초기 대만 식량 문제를 전문적으로 연구한 논문, 예컨대 옌칭메이(顏淸梅)의 「대만광복초기 식량문제 연구(臺灣光復初期米糧問題之硏究)(1945~1948)」에서도 대호여량 문제에 대해서는 별로 언급하지 않았다(顏淸梅, 1993). 웨이정웨(魏正岳)의 「전후 초기 대만 식량정책 연구(戰後初期臺灣糧政之硏究)」에서는 대호여량을 수매하는 내용과 농민들의 이 정책에 대한 반발을 소개하고 또 양식국장(糧食局長) 리리엔춘(李連春)[1]과 여량대호 린셴탕(林獻堂)의 여량 수매에 대한 논쟁을 언급하였다. 이 논문에서는 양식국의 식량수매가격이 너무 낮아 농민들이 곡식을 생산할 뜻이 없었다고 언급하였고, 또한 지주와 농민이 양분되어 참의원들이 새롭게 수매가격 검토를 요구함으로써 직접 농민의 부담을 증가시켰으며, 지주계층이 소작

---

1) 리리엔춘(李連春, 1904~2001), 타이난현(臺南縣) 사람으로 일본 고베상업학교(神戶商業學校)를 졸업하였다. 1946년에 대만성 양곡식 부국장을 지냈고 후에 국장으로 승진하여 1970년 7월 23일에 사직하였다. 같은 해에 행정원 정무위원을 맡고 1976년에 퇴직하여 총통부 국책고문에 초빙되었다. 그는 24년 동안 대만 양식정책을 주관하였으며 대만 양식정책의 조기의 중요한 창시자이다(許雪姬, 2004: 388).

료를 올려 대호여량 정책의 손실이 농민들에게 전가됨으로써 지주층은 심한 영향을 받지 않았다고 하였다(魏正岳, 2001: 179~180).

류진칭(劉進慶)은 대호여량을 수매하는 것은 국민정부가 농민을 수탈하는 나쁜 제도라 하고 1945년 대만양식국을 설치하여 대만에서 강력한 양식관리정책을 실행한 것은 대체로 충칭(重慶) 시대 국민정부의 양식정책을 일제 통치 시기 대만 총독부의 통치기구에 그대로 가져온 것이라고 여겼다. 토지세를 현물로 징수하는 것(田賦徵實)으로부터 대호여량 수매를 거쳐 비료환곡(肥料換穀)에 이르기까지 물납제(物納制)와 물물교환제의 실물경제를 구성하여 한 걸음 한 걸음 정부가 식량에 대한 통제를 실천하였다는 것이다. 그러므로 통화팽창의 상황에서 비로소 낮은 농산품가격과 낮은 미곡가격을 유지할 수 있었다. 따라서 국민정부는 최대의 식량 통제자가 되었고 그 영향을 가장 크게 받은 것은 지주와 농민이었다(劉進慶, 1995: 61). 정쯔(鄭梓)는 성 참의회 참의원은 대지주를 대표하여 정부의 양곡 징수를 반대했다고 하였다. 참의원의 양식정책에 대한 발언은 한편으로는 사회의 압력에 대한 대응이면서 다른 한편 지주의 이익을 옹호하는 것이었으므로, 일견 일반 대중을 위하여 발언하는 것 같지만 주로 지주 계급의 이익을 대변하는 성격이었고, 성 정부는 참의회의 압력 하에 소폭의 양보를 하였지만 대체적으로는 과도기와 동란시대 양식정책의 기본 방침은 바뀌지 않았다는 것이다(鄭梓, 1985: 147).

이상의 연구는 대호여량 수매에서 각기마다의 역할을 규정하거나, 혹은 시대적 배경을 거론하며 지주가 어떻게 할 수 없었음을 설명하고 있다. 그러나 정책실행 당시 정부와 여량대호 간의 대립에 대해서는 깊이 있는 연구가 부족하다. 그러므로 이 글은 대호여량 수매에 관한 내용을 제외하고, 여량에 대한 쌍방의 서로 다른 관점과 실행 과정 중 쌍방의 상호관계에 중점을 두고 연구를 진행할 것이다. 아울러 중부지역의 지주를 집중적으로 살펴볼 것이다. 왜냐하면 타이중(臺中)지역은 일본 통치 이래로 줄곧 대만에서 미곡생산량이 가장 많은 지역으로, 전체의 4분의 1에 지나지 않는 논밭에서 대만 전체 쌀 생산량의 4분의 3을 양산하여, 일본 통치 시기 '대만의 곡창(臺灣米倉)'이라는 칭호가 있었기 때문이다(李力庸, 2004: 91).

전후 타이중의 농작물은 생산량이나 품질 할 것 없이 여전히 대만에서 앞자리를 차지하였다. 농작물 중에서 가장 중요한 벼의 경우는 재배면적이 16만 4,800여ha로 대만성에서 1위를 차지하고, 수확량은 3억 7,000여 만kg으로 대만성 벼 생산량의 27%를 차지하였다.[2] 대호여량 수매를 보면, 1947년 대만성 전체에서 전부징실(田賦徵實)을 완납하고도 쌀 1500kg 이상을 보유하고 있는 대호여량 가구는 2,244호로 156,316톤의 쌀을 장악하고 있었다. 그 중에서 타이중현(臺中縣)에만 595호가 38,933톤을 소유하여 가장 많이 소유하고 있었는데, 제2위인 신주현(新竹縣)을 훨씬 능가하였다.[3]

그러므로 타이중 지역 지주인 린셴탕(林獻堂)과 기타 중부 지주들의 대호여량 수매정책에 대한 반응을 탐구하여 중부의 지주가 소유한 곡식이 중요한 지위를 차지하고 있었음을 확인한다. 또한 린셴탕이 남긴 풍부한 일기 자료를 통해 린셴탕 개인의 대호여량 수매에 대

---

2) "반란을 평정한 근거지인 곡창 타이중의 농업생산량이 전 성에서 으뜸이다. 본 성은 농업에 의해 세워졌는데 전 성 농업경제의 중심은 오히려 타이중에 있다", 『臺灣新生報』, 1949년 12월 1일, 4p.

3) "신주현(新竹縣)의 양곡생산농가는 504호로 양곡 28,564톤을 보유하고 있다"(華松年, 1984: 630~631).

한 견해 외에도 수매 정책에 대한 중부의 일부 지주들의 관점을 고찰할 것이다. 이를 통해 대호여량 수매에 대한 당시 일반 대호(大戶)들의 견해를 파악할 수 있을 것이다.

자료의 이용에 있어『관원선생일기』외에도 다음의 자료를 참고하였다. ① 통계연보와 공보(公報)를 포함한 정부의 간행물, ② 공문서(檔案)로는 〈대만성 자의회 당안(臺灣省諮議會檔案)〉을 주로 참고하였다. ③ 전문서적으로는 양식국에서 40여 년을 근무한 황덩중(黃登忠)이 대만성 정부 양식처의 위탁을 받고 휘편하여 정리한『대만백년 양식정책 자료휘편(臺灣百年糧政資料彙編)』을 참고하였다. 이 책은 근 백년의 식량정책에 관해서는 상대적으로 완전한 자료라 할 수 있다. 화쑹녠(華松年)의『대만양정사(臺灣糧政史)』는 대만 식량정책의 연혁에 대하여 명확하게 서술하고 있다.

이밖에 당시의 신문, 예를 들면『민보(民報)』,『대만신생보(臺灣新生報)』,『공론보(公論報)』등 전후초기 대만 식량결핍과 사회민정에 관련한 보도를 참고하였다. 또 근년에 새로 발굴된 일기자료가 적지 않은데, 이 글에서는 타이중 지역의 대지주였던 린셴탕의『관원선생일기』를 주로 참고하고, 또 신주(新竹)의『황왕청(黃旺成) 일기』도 참고하였다. 두 사람 중 전자는 지주이고 후자는 신문기자로 신분이 서로 달랐지만, 둘 다 모두 전후 대만성 참의회의 참의원을 지냈다는 점에서 공통적이다. 그러나 입장이 서로 달라 정부의 식량정책에 대한 주장도 다르다. 이들 자료에 대한 정리를 통하여 대호여량 수매의 실상을 드러내고자 한다.

2. 전후초기의 양식 결핍과 대호여량 수매의 실시

대만은 원래 양곡생산지로 1938년 벼 최고생산량이 140만 2,414톤에 달하여 본 섬의 식량수요를 훨씬 초과하였다. 그러나 일제통치 말년에 대만 총독부가 식량통제정책을 엄하게 실시하여 수매가격이 지나치게 저렴하다보니 보편적으로 경작을 게을리 하는 현상이 나타나게 되었다. 게다가 비료가 부족하고 전쟁 징용자의 증가로 경작인력의 부족현상이 생긴 위에, 또 농지가 미군의 폭격을 받아 손해를 입는 등등의 원인으로 인하여 양식생산량이 해마다 감소하기에 이르렀다. 1945년에는 연간 식량생산량이 마침내 63만 8,828톤까지 떨어짐으로써, 당시 전 대만 인구수요의 최저소비액인 88만 5,714톤에 21만 8,171톤이 모자라게 되어 대만에는 심각한 식량부족이 초래되었다(臺灣省行政長官公署糧食局, 1946: 7~10).

이에 더해 자연재해가 그 심각함을 더욱 가중시켰다. 1946년 1모작 벼농사가 심한 한재를 입었는데, 남부 지역을 예로 들면 그해 1~4월의 강우량은 겨우 8.4mm로 연간 강우량의 8%를 차지함으로써 90년 이래 대만 강우량의 최저기록을 나타냈다(黃崇期, 2000: 16). 그로 인해 실제 재배면적은 경작가능면적의 70%에 불과하게 되었다. 예컨대 중요 쌀 생산지인 타이중현(臺中縣)의 경우에는 관할구역 내에 파종하지 못한 논이 수천 갑(甲)에 달하였다(林獻堂 · 許雪姬, 2010: (18)108). 린셴탕의 기록을 예를 들면 가뭄으로 인해 파종하지 못한 곳은 우펑(霧峰), 다리(大里), 우르(烏日), 탄쯔(潭子), 베이둔(北屯), 시신쥐(溪心埧), 처룽푸(車籠埔) 등지에서 29갑 남짓이었다(林獻堂 · 許雪姬, 2010: (18)232). 그리하여 흉작이 될 것이라는 예상심리로 인하여 쌀값이 급등하게 되었다. 벼농사의 2모작 역시 예년에 보기 드문 태풍을 만나 쌀값은 다시 폭등하였다. 이 밖에도 전후 초기의 철도와 도로 등 교통사정이 좋지 못해 운송능력이 저하된 점도 쌀 가격 인상을 자극하였다(彭明敏, 1992: 61~62). 게다가 인위적인 미가조작, 양곡상인과 양호(糧戶)의 매점매석으로 인하여 양식부족 현상이 더욱 심해지게 되었다. 또 미곡을 중국, 일본으로 밀수출한 것도 쌀 가격 인상을 초래하였다.[4] 그리하여 식량 부족으로 굶어죽었다는 보도와 식량가격 폭등으로 생계가 어려워 막다른 길을 걷는 사람들에 대한 보도가 잇따랐고,[5] 대만 각지에서 정부가 쌀 수매를 그만두어야 한다는 요구가 분분이 일어났다(鍾逸人, 1993: 441).[6]

이 밖에 군인, 공무원, 교원에 대한 지급물량과 특별안건으로 지급하는 공적식량 문제도 식량부족 현상을 심화시켰다. 1946년 1월부터는 군량조달을 양식국에 맡겨 처리하도록 하였는데, 양식국은 변방 주둔부대에서 매월 소비하는 군량 1500톤을 모두 섬 내에서 조달하여 공급하였다(黃鎭中, 1946: 7). 또 일부 양식을 덜어 다시 중국 대륙의 군량을 지원하였다. 그리하여 1947~1949년의 3년간 대만에서 생산한 쌀은 본 섬에서 소비하기에도 이미 부족했음에도, 여전히 각각 4만 2,979톤, 3만 2,143톤, 3만 8,020톤을 중국 대륙 각지에 반출하여 군대에서 소비하도록 공급하였다(李連春, 1956: 2; 吳聰

---

4) "특약대만통신― 수시로 폭동이 일어날 수도 있는 대만국면(特約臺灣通訊隨時可能發生暴動的臺灣局面)", 『觀察周刊』(鄧孔昭, 1991: 53).

5) 『和平日報』, 1947년 2월 18일, 3p, 『人民導報』, 1947년 2월 22일, 3p.

6) 〈대만성 당부 부동산 이전 분쟁(臺灣省黨部房屋轉賬糾紛)〉, 「타이베이시 참의회 제34차 임시회의 기록(臺北市參議會第34次臨時會議紀錄)」, 『재정부 국유재산국 당안(財政部國有財産局檔案)』, 소장번호: 045000016429A, 국사관(國史館) 소장.

敏, 1994: 166).

이와 같은 양식 부족에 직면하여 민간에서도 크게 논의가 일어나게 되었다. 각 현, 시의 참의원, 민간 사회단체가 모두 큰 관심을 가지고 쌀 가격 안정을 위한 좌담회를 열거나 양곡조정법규를 제정하여 양곡이 몰래 국경을 넘어 빠져나가는 것을 방지하였다. 각 향진에서도 분분히 양식구제위원회를 조직하여 양식국과의 협조 아래 양곡 투매를 포기하도록 함으로써 민간의 식량을 조절하는 등의 일을 하였다(林獻堂 · 許雪姬, 2010: (18)87).[7] 그러나 정부는 각 향진에서 민간 구제를 목적으로 농업회의 비축미를 무한정 방출하여 정상가격으로 판매하는 것을 금지하고, 만약 이를 어기면 즉시 주동자를 재판에 회부하도록 하였다(林獻堂 · 許雪姬, 2010: (18)94).

정부는 양식을 징수할 목적으로 심지어 군대를 파견해서 총을 들고 강제로 징수하기까지 하였다. 예를 들면 우펑(霧峰) 농민창고에는 당지 농민들이 임시 보관한 쌀 1,800가마가 있었는데, 향장(鄕長) 린수이라이(林水來) 등이 난국에 대한 공감 아래 600가마를 국군에게, 나머지는 민간에 나누어주려 하였다. 그러자 식량보급을 책임진 육군 소장 차이지쿤(蔡繼琨)은 당국의 명령을 받았다며 모두 가져가야 한다면서, 타이중현(中縣) 산하에서는 4000톤을 가져다 국군에 공급하고 또 지룽(基隆), 타이베이(臺北), 가오슝(高雄) 등지에도 공급해야 한다고 공언하였다. 린셴탕 등은 아침 9시부터 11시 20분까지 그와 상의하였으나 끝내 해결책을 찾을 수 없었다. 그리하여 인격이 온화한 린셴탕마저도 크게 노하여 불합리하다고 욕설을 퍼부으며 소

---

7) 1947년 2월분 『民報』, 『臺灣新生報』의 양식문제와 관련한 보도 참조.

매를 뿌리치고 자리를 뜨는 일이 벌어졌다(林獻堂·許雪姫, 2010: (18)96). 다음 날, 차이지쿤은 즉시 군대 20명에게 명하여 각기 소총을 들고 농민창고를 포위하여 곡식을 가져가도록 명하였다. 이런 행위에 대하여 린셴탕은 향공소 인원에게 저항해서는 안 된다고 부탁하고 자유롭게 약탈해가도록 내버려 두었다. 다른 우펑(霧峰)의 유지들도 해당 마을의 주민들이 그들과 다투어서는 안 된다는 의견에 동조하였다. 후에 어떤 사람이 린셴탕에게 직접 대표로 나서서 타이베이에 가서 당국을 고소할 것을 제의하였다. 린셴탕은 이에 대하여 매우 두려워하며 이와 같이 도리가 지켜지지 않는 때에는 고소한다 하더라도 쓸모없다고 하였다(林獻堂·許雪姫, 2010: (18)98). 린셴탕으로 하여금 더욱 불만을 자아내게 한 것은 차이지쿤이 성 정부에 1,217가마니의 쌀을 빌려갔다는 사실을 인정하지 않은 것인데 그는 이 소문을 듣고 몹시 불쾌해하였다(林獻堂·許雪姫, 2010: (18)101). 이뿐만 아니라 차이지쿤은 또 참모장 커위안펀(柯遠芬)에게 린셴탕 등 유지들이 양곡 운반을 방해하였다고 보고하였다. 그리하여 경비총부에서 슝커시(熊克禧), 왕광타오(王光濤) 두 명의 소장과 후핀싼(胡品三) 중령을 향에 파견하여 조사하도록 하였다. 린셴탕은 이와 같이 시비가 전도된 상황에 대하여, 며칠 전에 양곡을 가져갈 때에 협조한 경과를 일일이 설명하고 절대로 저지한 일이 없다고 말하였지만 관원들은 결코 그의 설명을 들으려하지 않았다. 좌담회에서 슝(熊) 씨와 차이(蔡) 씨는 언사가 매우 강경하였으며 농민창고의 양곡을 모조리 요구하려 하였다(林獻堂·許雪姫, 2010: (18)101). 이와 같은 때에 또 중부의 유지가 양곡 운반을 돕지 않았다는 소식이 전해지면서 식량이 부족한 각 지역에서 타이중에 대한 불만 정서가 깊어졌으며(林獻堂·許雪姫,

2010: (18)105), 홍위안황(洪元煌)[30]도 와서 타이중의 현장(縣長) 류춘중(劉存忠)의 말을 전하였으므로 양곡을 남기는 것에 대해 더 이상 논쟁할 수 없었다(林獻堂 · 許雪姬, 2010: (18)107). 농업회의 쌀을 차이지쿤에게 모조리 빼앗겼으므로 우펑향은 향민들에게 나누어줄 쌀이 없게 되었다. 그리하여 향공소는 하는 수 없이 카사바 전분을 나누어주는 것에 대한 회의를 소집하고 향장을 대표로 농업회에 20만 엔을 대출해줌으로써 전분 3만 근을 한 근에 6엔 5각에 사들여 빈민들에게 반값을 받고 나누어주도록 하였다. 이것이 정부가 백성들의 미곡을 강제로 빼앗은 한 예이다(林獻堂 · 許雪姬, 2010; (18)105).

그 후에 매점매석을 제지하고 양곡 가격을 안정시키기 위하여 1946년 6월에 대만은 국민정부에 의하여 "비상시기 양식관리 위반치죄 잠행조례 실시구역"으로 지정되었다.[9] 식량결핍 문제가 날로 심각해지는 상황에서 정부 당국은 식량판매 날짜 및 기한, 수량, 가격 등에 대하여 규정을 더하고 법대로 집행하였는데, 만약 매점하여 은닉하거나 판매를 거부하는 자에 대해서는 매점매석으로 논죄하기로 하였다.[10] 또 이와 더불어 "최고미가 지정방법"도 반포하였다.[11] 그러

---

8) 홍위안황(洪元煌, 1883~1958), 난터우(南投) 차오둔(草屯) 사람이다. 전후에 차오둔의 진장(鎭長), 타이중현 참의원을 역임하였으며 자주 린셴탕과 대호여량 문제에 대해 토론하였다(許雪姬, 2004: 585).

9) "「비상시기 양식관리 위반치죄 잠행조례(非常時期違反糧食管理治罪暫行條例)」를 발표하여 따르게 하다", 『臺灣省行政長官公署公報』35년 여름 49기(1946년 6월 26일), 786p.

10) "각 현시정부가 양식 판매 기한, 수량, 가격 규정을 따르는 곳이 드물다는 전문", 『臺灣省行政長官公署公報』36년 봄 31기 (1947년 2월 7일), 488p.; "변칙적으로 양식을 매점하는 자를 단속할 데 대한 당국의 진일보적인 조치", 『臺灣新生報』, 1947년 2월 8일, 4p.

11) "본 성의 양식 가격 안정을 위하여 당국이 최고가격을 결정하다", 『臺灣新生報』, 1947년 2월 13일, 4p.

나 이런 조치는 오히려 양곡상들에게 충격을 주었고, 그들은 모두 사태를 관망하면서 매매를 거절하였으므로, 시장에는 "값은 있고 매매가 없는" 현상이 초래되었다(鄧孔昭, 1991: 35). 그리하여 양곡을 매점하는 교활한 상인들을 제재하기 위하여 정부는 대만성을 다섯 개 구역으로 나누고 성 관서와 경비총부의 고급인원들을 파견하여 엄하게 처리하도록 하였다. 이에 따라 커위안펀(柯遠芬)은 타이베이 구역을, 천다위안(陳達元)은 신주 구역을, 슝커시는 타이중 구역을, 저우이어(周一鶚)은 타이난(臺南) 구역을 런셴췬(任顯群)은 가오슝(高雄) 구역을 책임졌다.[12]

이어서 1947년 2월 18일에 "대만성 양식 조정위원회(臺灣省糧食調劑委員會)"를 설립하고 커위안펀에게 주임위원을 맡겼다.[13] 정부 당국은 대만이 쌀 생산지임에도 불구하고 양식부족 현상이 나타나는 까닭은 결코 양식이 부족하여 생긴 현상이 아니고 전적으로 인위적인 조종에 의한 것이라고 판단하고 있었다. 따라서 양곡상과 대호들이 양곡을 쌓아두고 팔지 않는 것을 원인으로 보아,[14] 매점매석하고 밀수하는 자들을 법에 따라 엄하게 처벌하고 몰수하기로 방침을 정했다. 그 내용은 "양곡을 5,000석 쌓아둔 자는 법에 의해 사형에 처하고 양곡을 전부 몰수하며, 양곡을 쌓아두거나 밀수하는 자는 쌓아둔 양식과 밀수한 양식을 몰수하는 외에 경비총부에 넘겨 엄하게 처벌하며, 각 지역의 대양곡상, 대양호(大糧戶) 중에 권유하여도 듣지

---

12) "양곡을 매점하는 교활한 상인들을 제재하기 위하여 다섯 개 구역으로 나누어 엄하게 처리하도록 하고 타이베이 구역은 가참모장이 책임지다", 『臺灣新生報』, 1947년 2월 15일, 4p.

13) "성 양식조정회가 성립되다", 『臺灣新生報』, 1947년 2월 20일, 4p.

14) "작년에는 양곡이 없어 양식부족이 생겼고 올해는 양식이 있지만 양식부족이 생겼다", 『民報』, 1947년 2월 20일, 3p.

않는 자에게는 엄중한 수단을 사용하여 법에 따라 처벌하고 절대 용서하지 않도록 한다"[15]는 것이다. 통계에 따르면, 1946년에 밀수사건 45건, 매점매석 11건을 적발하여 3건을 판결하였고, 혐의만 있고 범죄가 구성되지 않았으므로 시가로 처분하여 돌려준 것이 4건이었다(臺灣省參議會秘書處, 1946b: 186).

전후 대만의 식량부족 현상에 대하여 행정장관공서는 정부에 의한 대량의 식량장악 강화라는 방향으로 움직여나갔다. 이를 위해 군공민(軍公民)에 대한 식량공급을 명분 삼아 식량가격을 통제하였으며, 1946년부터 여러 가지 조치를 분분히 시행하였다. 가장 먼저 등장한 것이 실물세 제도를 회복하여 토지세 현물징수(田賦徵實)를 시작한 것이다. 본 성의 소작료 현물징수 문제에 대하여 5월에 행정장관공서 비서처장 겸 양식국장 장옌저(張延哲)가 참의회에 출석하였을 때, 린셴탕과 홍화롄[16]에게 토지세를 1원에 3근으로 환산하여 정할 것을 예고하였는데, 린셴탕 등은 찬성하지 않는다고 표명하였고, 장옌저는 14일에 정부가 제안할 것이라고 말하였다(林獻堂 · 許雪姬, 2010: (18)176). 다음 날, 행정장관공서는 정말로 안건을 참의회에 제출하여 토론하였고, 양식국 부국장 리리엔춘도 와서 토지세를 현물미로 바꾸어 징수할 것에 대해 상의하였다. 정부의 제안에 대하여 린셴탕은 세 가지 조건을 제시하였다. 첫째, 1원에 3근을 내는 것은 너무 많은 듯하다는 것, 둘째, 기한을 일 년으로 한정할 것, 셋째, 소

---

15) "양식 투매는 빠를수록 좋고, 5천 석을 쌓아둔 자는 사형에 처한다", 『臺灣新生報』, 1947년 2월 20일, 4p.

16) 홍화롄(洪火煉, 1888~1953), 난터우(南投) 차오둔(草屯) 사람이다. 전후에 대만성 농회이사장(農會理事長), 성참의원(省參議員), 임시성의회의원(臨時省議會議員), 제헌국민대회대표(制憲國民大會代表) 및 제1기국민대회대표(第一屆國民大會代表) 등을 역임하였고 당시에는 성참의원(省參議員)이었다(許雪姬, 2004: 586).

작농이 지주에게 토지세를 내는 것에 대해 당국은 마땅히 도와주어야 한다는 것이었다. 장옌저는 모두 승낙하였으나 근량(斤量)의 다소에 대해서는 말하지 않고 위원회의 결정을 기다리라고만 하였다(林獻堂·許雪姬, 2010: (18)178). 그러나 후에 현물 징수량을 정한 것은 린셴탕이 인정했던 것보다 훨씬 많아 1부원(賦元)에 8.85근의 벼를 징수하도록 하였으며 게다가 또 일률적으로 순정하고 건조한 벼로 한정하였다. 같은 해에 또 「대만성 공유토지소작료 징수방법(臺灣省公有土地佃租徵收辦法)」을 제정하여 공유경작지의 소작료는 실물로 징수해야 한다고 규정하였다.[17]

또 대호로 하여금 양식을 풀고 쌀을 쌓아두지 못하도록 하기 위하여 행정장관공서는 일찍이 1947년 2월에 명령을 반포해서 희망하는 양호들은 반드시 기한과 수량에 따라 판매하라고 하였다. 첫째, 제1기: 본 년 2월 15일 이전에 적어도 4분의 1을 판매할 것, 둘째, 제2기: 본 년 3월 15일 이전에 적어도 다시 4분의 1을 판매할 것, 3. 제3기: 본 년 4월 16일 이전에 적어도 4분의 1을 판매할 것, 4. 제4기: 마지막 4분의 1을 다 판매할 것 그리고 이에 따르지 않으면 매점매석으로 간주하여 엄하게 처벌할 것이라고 하였다.[18] 많은 지주들은 처벌받지 않기 위하여 이 공고가 내려지자 나머지 양식을 판매하였다.

그러나 4월분에 양식국은 식량을 엄밀하게 관리하기 위해 양곡상들을 통제한다는 명분 아래 가격인상, 매점매석, 밀수 등 행위

---

17) "「대만성 공유토지 소작료 징수 방법(臺灣省公有土地佃租征收辦法)」 제정", 『臺灣省行政長官公署公報』 35년 겨울 24기 (1946년 11월 14일), 587~588pp.

18) "각 현시정부가 양식 판매 기한, 수량, 가격 규정을 따르는 곳이 드물다는 전문", 『臺灣省行政長官公署公報』 36년 봄 31기(1947년 2월 7일), 488p.

를 금지하였고, 이에 이어 「대만성 36년도 양식수매 관리방법(臺灣省三十六年度糧食售賣管理辦法)」을 제정하였다. 그 중 식량을 장악하기 위한 규정은 다음과 같다. 첫째, 계속하여 토지세를 현물로 징수하되 여전히 작년에 정한 방법대로 실시한다. 둘째, 계속하여 공유토지에 대한 소작료를 현물로 받고 그 방법은 작년에 정한 대로 실시한다. 셋째, 수부수구(隨賦收購)는 본년부터 시행하고 두 종류로 나눈다. ① 보편적 수매는 토지세 부액(賦額)에 의거하여 정세(正稅)에 따라 1원당 12kg을 수부수구한다. ② 대양호에 대한 수매는 토지세 1,000kg 이상을 완납한 대호를 조사하여 누진율에 따라 수매하되 적게는 40%, 많게는 60%로 표준을 삼는다. 넷째, 현(縣) 및 공립학교 식량을 부가하여 징수하는 것은 토지세에 따라(정세와 부세를 합하여 계산한 것을 따른다) 30%를 부가하여 징수하니 즉 정세액에 따라 1원당 2,655kg을 부가하여 징수한다. 다섯째, 대모적곡(帶募積穀)은 해당년도 하기(下期)의 토지세를 징수하기 시작할 때에 준비하여 토지세에 따라 부가하여 적곡(積穀)을 거둔다.[19] 이런 방법은 비록 4월 26일 행정장관 천이(陳儀)의 서명을 거쳐 "그대로 집행하라"는 재가가 내렸지만, 행정장관공서가 이틀 전(24일)에 성 정부로 개편되었고 또 웨이다오밍(魏道明)이 성 주석직을 맡았으므로, 그 실행은 불투명하였다.[20] 그러므로 5월 23일에 웨이다오밍 성 주석이 제2차 성부위원회를 열어 재차 토론에 부

---

19) "양식관리 기초조사 등 항목을 마땅히 36년도 중심사업의 하나로 해야 한다", 『臺灣省政府公報』 36년 여름 59기(1947년 6월 7일), 194~195pp.

20) "대만성 행정장관공서는 4월 24에 이미 국민정부훈령을 거쳐 성 정부로 개편하고 웨이다오밍을 성 주석으로 임명하였다. 행정장관 천이는 비록 이 방법을 재가하였지만 실행은 불투명하였다. 그러므로 웨이다오밍이 취임한 후에 또 토론에 부쳐 통과시켰다(薛月順, 1999: 488).

쳤는데, 성부위원이던 린셴탕의 반대에도 불구하고(林獻堂·許雪姬, 2010: (18)188) 성 정부는 여전히 "그대로 집행할 것을 허가한다"고 하였다.[21]

1947년 초에는 「36년도 대만성 양식수매방법 및 그 실시세칙(三十六年度臺灣省收購糧食辦法暨其實施細則)」을 제정하고 수부수구의 양식을 규정하였다. 이 밖에 대호여량의 수매방법도 제정하였는데 7월에 제1기 참의회 제3차 회의에서 통과시켰다. 이 방법은 모두 5장으로 나눈다. 제1장 총칙(1~6조)에서는 본 방법의 목적을 설명하였는데, 그것은 주로 "정부가 식량 수량을 장악하여 민간의 식량 조절을 돕는 것"으로 결국 식량을 통제하기 위한 것이었다.

제2조는 수매양식의 종류에 관한 것인데 하나는 양식을 수부수구하는 것이고 하나는 대호의 여량을 수매하는 것이다. 이른바 수부수구는 1947년 1모작 벼농사부터 시작하여 매 부원(賦元)당 벼 12kg을 수부수구하였다. 수매 가격을 정하는 것은 토지세를 현물로 징수하기 이전에 참의회에 보내어 요청하면 참의회의 결의를 통해 실시하고, 벼를 수매하는 것은 토지세를 징수하기 시작함과 동시에 진행하는데 1개월 이내에 모두 납부하도록 한다는 것이었다.

제5장 부칙은 두 가지가 있다. 첫째는 기한이 지나도 내지 않는 자는 「비상시기 식량관리 위반치죄 잠행조례(非常時期違反糧食管理治罪暫行條例)」에 따라 처리하고, 둘째는 재해를 입었을 때 감면하는 것이다(臺灣省參議會秘書處 1947a, 66~69).

---

21) 〈성부회의기록 성부제2차회의(省府會議紀錄省府第二次會議)〉, 『대만성자의회당안(臺灣省諮議會檔案)』, 소장번호: 3601000200020040. JPG-3601000200020052. JPG.

1947년 제2차 수매 당시에 각지의 지주들은 전부징실 1,000kg을 경작지 면적으로 환산하면 6.7갑이 된다고 하였는데, 이를 두고 대호의 기준이 지나치게 낮다고 하였다. 이에 참의원을 통해 참의회에 제안하여 반영하게 되어(臺灣省參議會秘書處, 1947b: 49), 양식국 수매대상의 기준을 높여 전부징실 1,500kg 이상을 완납한 자들에게만 수매하도록 하였다(李連春, 1950: 52).

이는 수부징량(隨賦徵糧)에다 대호여량 수매를 더함으로써 대호의 모든 쌀을 거의 다 수탈하게 되었음을 의미한다. 특히 수매가격이 낮은데다 또 누진세율을 적용함으로써, 많게는 여량의 60%를 정부에서 정한 가격으로 정부에 팔아야 했으므로, 대호는 자연스럽게 불만을 가지고 끊임없이 해결책을 찾지 않을 수 없었다.

3. 지주들의 대호여량 수매에 대한 반응

대호여량 징수에 대하여 많은 지주들은 불만을 나타냈다. 그들은 개인관계를 통하여 정부 고위층에 청구하는 한편, 대만성 참의회에 제안하여 답변과 해결책을 요구하였다.[22] 1947년 12월, 제1기 4차 회의에서 참의원의 홍화롄(洪火煉), 린비후이(林壁輝)가 제안하고, 딩루이빈(丁瑞彬), 정핀충(鄭品聰), 마유웨(馬有岳), 양톈푸(楊天賦), 리유싼(李友三) 등이 연대서명함으로써, 정부가 쌀 수매정책을 수정

---

22) "1948년 12월 제1기 제6차대회에서 셰수이란(謝水藍)이 대호여량수매희망 실지조사를 진행할 것에 대해 제기하고, 후에 추측의 방법으로 비례 수매하는 것은 안된다고 결정하였다. 홍수이롄(洪水煉)은 대호여량과 관련된 표준이 어떻게 미납자의 불만해결방안, 벼를 재배하지 않은 농민과 각급 농회 채종전에 적용되어 대호의 수매를 면제할 수 있는가에 대해 제기하였다(臺灣省參議會秘書處, 1948b: 77~78).

해야 할 이유를 6가지로 들어 청원하였다. 이로부터 정부정책에 대한 그들의 견해를 볼 수 있다.

첫째, 대호로부터 수매할 예정수량액과 실수량액을 비교하면 크게 차이가 있으니 확실하게 검토 조사할 것을 희망한다.

둘째, 수매가격과 여러 물가를 비교해보면 지나치게 낮을 뿐만 아니라 생산비와 비교해 보아도 차이가 너무 많다. 그러므로 근래에 농민들이 사탕수수와 기타 작물로 전향하는 자들이 매우 많다. 이런 관점에서 보면 곡식가격을 여러 물가와 평형시켜서는 안됨을 분명히 알 수 있다. 만약 이와 같은 상황으로 간다면 장래의 양식정책에 심한 악영향을 미칠까 두렵다. 그러므로 수매가격에 대하여 재삼 검토하고 새롭게 개정하는 것이 좋겠다.

셋째, 근래 쌀 가격이 지나치게 낮아 일반 민중들은 쌀을 돼지사료로 충당하는 경우가 매우 많다. 이와 같이 놓아둔다면 쌀 부족현상이 끊임없이 이어질 것이다. 이 점을 정부 당국은 엄격히 금지하여 쌀 부족을 방지해야 한다.

넷째, 벼를 제외한 기타작물 재배지는 대호에 대해 현물수매를 계산할 때 마땅히 공제하여 공정성을 기해야 한다.

다섯째, 소유한 논밭이 6~7갑인 지주를 대호의 표준으로 하는 것은 너무 낮다. 6~7갑을 소유한 자는 토지세, 물세, 호세를 빼면 수입보다 지출이 많다. 그러므로 반드시 표준을 높여 제시해야 한다.

여섯째, 전 성의 갑당 수량을 일률적으로 계산하여 규정한 것은 매우 실제와 부합하지 못한다. 전 성 각지의 수매량은 각기 서로

다르니 반드시 실제 정황을 조사하여 비율을 정하여야 한다(臺灣
省參議會秘書處, 1947b: 49).

제안의 주요내용은 대체로 등칙(等則)에 따라 가격을 매기는 문제
와 쌀 수매가격에 관한 문제 두 종류로 나뉜다. 제1조, 제6조는 등칙
문제를 언급하여 양식국이 동일한 등칙의 논밭에서 예상한 수확량이
실제 생산량을 초과한다고 지적하였다. 또 제6조는 전 성 각지의 수
확량이 같지 않은데 양식국은 하나의 등칙으로만 계산하여 공정하지
못하다는 것이다.

수매가격 문제에 관하여서는 제2조, 제3조에서 주로 언급하였다.
제2조에서는 수매가격이 너무 낮다면서, 상황이 변하기를 기다리며
쌀값을 억제하면 그간 생산자는 본전도 건지지 못한다는 점을 지적
하였다. 그리고 미곡가격에 파동이 일어나면 기타 여러 물가를 따라
잡지 못하므로, 많은 사람들이 사탕수수 혹은 기타작물로 바꾸어 재
배하는 현상을 조성할 것이라고 하였다. 제3조는 쌀 가격이 지나치
게 낮으면 일반 민중이 심지어 쌀을 돼지사료로 충당하기까지 하여
쌀 부족사태를 초래할 수 있다고 언급하였다. 제4조와 제5조는 대호
의 기준에 관한 언급이었다.

이를 보면 등칙과 수매가격이 논쟁의 중심이 되었음을 알 수 있
다. 1947년 여량수매정책을 실시한 이래, 수매가격은 여러 차례 회
의에서 참의원과 양식국장 리리엔춘 혹은 정부관원들 사이에서 논
쟁의 초점이 되고 있었다(臺灣省參議會秘書處, 1947a: 120~128;
臺灣省參議會秘書處, 1947b: 49; 臺灣省參議會秘書處, 1948a:
193~194).

등칙(等則)의 부실과 부세액의 과다 문제

지주가 대호여량 수매에 반대하는 이유는 대개 몇 가지 점으로 귀결된다. 하나는 대호수매 예정액과 실수매액의 차이가 너무 크다는 것이다. 양식국의 입장은, 3칙전(三則田)의 수확량을 7,000근으로 정한 것(林獻堂·許雪姫, 2010: (20)474)이 1942~1946년 사이의 통계숫자에 의거해 정한 표준이므로 합리적이라는 것이었다(臺灣省參議會秘書處, 1948b, 142~143). 그러나 여기에서 문제가 되는 것은 이러한 등칙이 어떻게 제정되었는가 하는 점이다. 등칙으로 말할 것 같으면, 전후 대만의 토지세 등칙은 대부분 일제 통치 시기 최후 1차의 수치, 즉 1943년 대만총독부가 제정한 토지세 등칙을 사용하고 있었다. 그런데 당시 총독부는 대만의 농업자원을 동원하기 위해 토지세 등칙을 크게 수정하여 대폭 높여놓았던 것이다(王益滔, 1991:18). 그럼에도 불구하고 전쟁으로 인해 파괴된 토지의 생산성은 이미 예전보다 떨어진 상태였고, 게다가 등칙이 부실하니 높은 생산을 추구하도록 할 유인도 없었다. 이에 따라 각지 농민들의 진정이 끊이지 않았지만, 성 정부 당국은 전쟁초기 재원부족의 제약을 받았으므로 성 전반의 현지측량을 통해 등칙을 조정할 여력이 없었다. 1949년에 이르러서는 375감조(減租)를 실시하여 경작지 등칙을 주요작물 연간 총수확량을 가지고 계산하게 됨으로써, 업주와 소작농 사이에는 이로 인한 분쟁이 끊이지 않았다. 실상에 맞추기 위한 작업은 중국농촌부흥연합위원회(이하 '농부회')의 경비지원을 받아[23] 1950

---

23) "농부회가 농촌경비 보조에 대해 지난 주 내에 네 가지로 확정하였는데, 그 네 가지는 등칙 조정, 폐결핵 방지 시범, 의과대학 공공위생훈련, 대만대학 현미경 40구 보조 등이다", 『掃蕩報』, 1949년 12월 16일, 2p.

년에 들어서야 이루어졌다. 이때 이미 등록된 토지에 대해 성 전반에 걸친 토지 등칙조정을 실시하고, 농민이 정정을 신청하면 이를 허가해줌으로써, 소작료와 실제 생산량이 부합되어 비로소 비교적 공정한 상황에 이를 수 있게 되었다(王長璽·張維光, 1954: 158).

당시 양식국이 대호여량으로부터 수매한 갑당 벼 생산량을 추정해 보면 다음 〈표 1〉과 같다.[24]

〈표 1〉 양식국이 대호여량으로부터 수매한 갑당 벼 생산량 추정표

단위: 대근(臺斤)

등칙	1947년 제1기	1947년 제2기	1948년 제1기	비고
1칙전	10, 700	9, 468	9, 468	
2칙전	9, 561	8, 463	8, 463	
3칙전	8, 513	7, 535	7, 535	
4칙전	7, 535	6, 685	6, 685	
5칙전	6, 679	5, 912	5, 912	
6칙전	5, 894	5, 894	5, 894	
7칙전	5, 173	5, 173	5, 173	
8칙전	4, 540	4, 540	4, 540	
9칙전		3, 951		
10칙전		3, 427		
11칙전		3, 012		

이에 대하여 업주들은 지나치게 많다고 여기고 실제로 이렇게 많

---

24) "타이난현 시뤄진 리잉탕 등 21명이 정부에 여량수매방법을 수정할 데 대하여 청하였다", 『대만성 자의회 자료(臺灣省諮議會史料)』, 분류번호: 4320837029, 이미지번호: 37570006.

은 양은 없으므로 정한 여량을 납입할 수 없으니 40%를 줄여서 계산
해야 한다고 하였다(林獻堂 · 許雪姬, 2010: (20)474). 린셴탕은 자
신을 예로 들어 "나의 본 모작 총 수확량 30만 근 중에서 소작농들이
사탕수수를 심은 것과 스스로의 식량분(伙食) 11만 근을 제하고, 토
지세, 학교급식용 식량, 수부수구 12만 근, 내가 먹을 분의 비용 3만
여근을 제하면 겨우 3만 여근이 남았는데 양식국은 나에게 16만 근
을 납입하라고 하니 참으로 바칠 여량이 없다. 당신들 마음대로 하
라."(林獻堂 · 許雪姬, 2010: (21)101)고 하였다. 린셴탕 외에도 매우
많은 지주들, 예컨대 차이셴위(蔡先於), 훙위안후이(洪元輝), 장환구
이(張煥珪) 등이 모두 그렇게 많은 양은 없다고 하였다(林獻堂 · 許雪
姬, 2010: (19)460). 1949년 타이중현 참의회의장 차이셴위는 양식
국의 예상과 실제는 차이가 매우 많다고 하면서, 가령 1947년 4칙전
을 예로 들면 양식국은 갑당 양곡 수입량이 7,500근 이상이라고 예
상하였지만 실제 업호(業戶)들이 4칙전에서 받은 소작료는 5,000근
정도 밖에 되지 않는다고 하였다.[25]

1948년 1월 20일자 『공론보(公論報)』도 지주들이 지정국(地政
局)에서 제정한 소작료 기준과 양식국이 설정한 실제 수확량 중에
서 매년 거두는 세액이 서로 부합하지 않는다고 언급하였다. 지정

---

25) "타이중현 참의회 회장 차이셴위 등이 합리적으로 여량수매 문제를 해결하기 위하
여 정부가 인원을 파견하여 각 기의 여량 수를 새롭게 조사함으로써 수매량을 참작
하여 줄이고 아울러 양호들이 부분적으로 납부, 수매하도록 허락할 것을 청하는 진
정서를 양식국에 보내어 처리하도록 하였다", 「여량수매문제를 합리적으로 해결하
기 위하여 정부가 인원을 파견하여 각 기(期)의 여량 수를 새롭게 조사함으로써 수
매량을 참작하여 줄이고 아울러 양호들이 부분적으로 납부, 수매하도록 허락할 것
을 청하는 진정서(為合理解決餘糧收購問題請政府派員重新調查各期餘糧數的減收購
量額並准糧戶部分繳售由)」, 「대만성 자의회 사료(臺灣省諮議會史料)」, 분류번호:
4320838008, 이미지번호: 38393001.

국의 규정에 따르면 업주들은 논을 세내줄 때, 1등전은 갑당 매년 소작료 6,000근(곡식), 2등전은 5,625근, 3등전은 5,250근, 4등전은 4,575근을 받는 것으로 되어 있다. 반면, 이에 대한 양식국의 설정은 업주가 논을 세놓으면 일등전은 갑당 소작료 10,696근, 2등전은 9,561근을, 3등전은 8,501근을, 4등전은 7,553근을 거둘 수 있다는 것이었다. 그러니 한 지주가 논을 소작을 주었을 때, 만약 1등전이면 소작료 6,000근을 받을 수 있지만 10,696근이라는 설정에 따라 세를 내야하고, 2등전은 5,625근을 받을 수 있지만 9,561근이라는 설정에 따라 납세해야 하며, 3등전은 소작료를 5,250근 받지만 8,501근이라는 설정에 따라 세를 내고 4등전은 4,575근을 받지만 7,553근이라는 설정에 따라 세를 내야했던 것이다.[26]

이와 관련하여 더우난진 진장 쩡딩싱(曾丁興)[27]은 리리엔춘과의 회견을 통해 대호여량이 실제로는 양식국이 정한 수량만큼 되지 않는 문제를 두고 상의하였다. 그러나 리리엔춘은 조금도 줄여주려 하지 않았다(林獻堂·許雪姬, 2010: (20)42). 아래 〈표 2〉는 각 현, 시에서 1947년 2모작과 1948년 1모작에서 실제 조사한 갑당 실수확량이다.[28]

---

26) "소작료와 토지세에 기묘한 모순이 있어 지정국이 정한 소작료 표준과 양식국의 설정이 부합하지 않는 점에 관하여", 『公論報』, 1948년 1월 20일, 3p.

27) 쩡딩싱(曾丁興)은 1946년 11월에 제1기 더우난진(斗南鎮) 진장(鎮長)을 맡았다(雲林縣文獻委員會, 1977: 87).

28) "타이난현 시뤄진 리잉탕 등 21명이 정부에 여량수매방법을 수정할 데 대하여 청구하였다.", 「정부에 여량방법안을 수정할 것을 청하는 안(請政府修改餘糧辦法案)」, 『대만성 자의회 사료(臺灣省諮議會史料)』, 분류번호: 4320837029, 이미지번호: 37570008.

<표 2> 각 현, 시 갑당 벼수확량 조사표

단위: 대근(臺斤)

기별(期別) 현시(縣市)	1947년 제2기 갑당 실수확량	1948년 제1기 갑당 실수확량	비고
타이베이현(臺北縣)	1,929	3,541	본 표의 실 수확량은 臺灣省政府農林處統計室 編印, 『臺灣農情月報』 第2卷 第2~3期 合本(1947년 2기 실수확량)과 第2卷 第7~8期合本(1948년 1기 실수확량)에 근거하여 계산한 것이다.
신주현(新竹縣)	2,744	3,114	
타이중현(臺中縣)	3,232	4,019	
타이난현(臺南縣)	3,203	2,880	
가오슝현(高雄縣)	3,025	4,038	

이 중 생산량이 가장 많은 타이난시의 1948년 1모작 갑당 실수확량이 겨우 양식국에서 예상한 5칙전의 수확량과 비슷하다. 기타 대다수 지역은 8칙전 이하에 해당한다. 양식국의 설정과 대호의 실수확량은 차이가 지나치게 많았기 때문에 업주들이 부담할 수 없었던 것이다.

수매가격 문제

여량의 수매가격에 대하여 정부는 합리적인 가격을 추구하여 농민들에게 손해를 입히지 않도록 해야 했다(臺灣省參議會秘書處, 1947a: 131). 양곡 수매가격의 책정에서 근거가 되어야 하는 것은 다음과 같은 것들이다. ① 생산비, ② 물가지수, ③ 일반 생계지수, ④ 일반 통화발행액 지수, ⑤ 사회경제상황. 그리고 여기에 합리적인 이윤을 별도로 더하여 얻게 된다. 이는 성 주석의 서명을 거쳐 성 정부위원회에 교부하고, 여기에서 의결되면 다시 참의회 심의를 거친 후에야 공포되어 실시되므로, 가격이 합리적으로 되어야 마땅했다(臺灣省參議會秘書處, 1947a: 120). 그러나 사실상 매 기(期)마다의 수매가격은 모두 시장가격보다 낮았고, 성 주석 웨이다오밍(魏道明)

마저도 이에 대해 거리낌 없이 말하는 형편이었다. 수매가격은 확실히 현지의 양곡매수 가격보다 30~40% 낮았다. 하지만 정부는 수매가격의 책정이 전 성의 평균 생산원가에 25%의 이윤을 더하여 정하는 것이므로, 비록 시장가격보다 조금 낮더라도 여전히 합리적이라고 인식하고 있었다(臺灣省參議會秘書處, 1947a: 44).

그러나 정부의 이런 인식에도 불구하고 수매가격이 지나치게 낮은 것은 사실이었다. 지주들은 설정가격이 시가의 겨우 3분의 1 정도이고(林獻堂·許雪姬, 2010: (20)410), 심지어 10분의 1, 혹은 20분의 1에 미치지 못한다고 하였다(林獻堂·許雪姬, 2010: (21)88). 지주경영은 소작료로 거두어들인 양곡을 판매하여 생계를 유지하는 것인데, 양곡을 이미 정부의 법령에 맞게 누진비율에 의거하여 징수당하고, 나머지에 대한 수매가격이 또한 지나치게 낮았기 때문에, 이들은 여량을 판매하려 하지 않았다(林獻堂·許雪姬, 2010: (20)410). 아래 〈표 3〉으로부터 정부의 양곡수매가가 시장가격보다 훨씬 낮았음을 알 수 있다.

〈표 3〉 1946~1952년 정부 양곡수매가격과 시가 비교

단위: kg/원

연도	(a) 제1기 수매가격	(b) 제1기 평균시가	a/b(%)	(a) 제2기 수매가격	(b) 제2기 평균시가	a/b(%)
1947	27.5	51.02	53.90	34.5	86.83	39.72
1948	61.7	229.79	26.85	367.0	3790.40	9.68
1949	0.22	0.3945	55.76	0.26	0.8834	29.43
1950	0.52	0.7794	66.71	0.6	0.8208	73.09
1951	0.7	1.0052	69.63	0.8	1.1667	68.56
1952	0.92	1.4278	64.43	1.05	2.0968	50.07

자료출처: 黃崇期, 2000, 18. a/b비율 자동 산출, 1949년 6월 화폐개혁으로 인하여 구화폐를 신화폐로 환산하였다.

〈표 3〉으로부터 1947년 1모작 평균수매가격은 평균시가의 약 절반이며, 1948년은 미가파동으로 인한 전후 대만 식량부족 사태로 시장 판매가격이 폭등하였음에도 불구하고 양곡수매가격은 이에 따라 오르지 않았음을 알 수 있다.

이상의 상황이 바로 대호여량 정책과 관련하여 1947년 5월 제2차 성부위원회에 제의하여 이루어진 토론에서 지주신분이던 성부위원 린셴탕이 앞장서서 반대한 내용이다(林獻堂 · 許雪姬, 2010: (19)305). 그는 정부의 공정가격이 너무 낮다고 여겨 제2차 성부위원회의가 끝난 후 즉시 비서 황탕슈(黃塘修)를 통해 성 주석 웨이다오밍에게 편지를 올렸다. 토지세액과 여량을 최고 60%까지 올리고 가격을 23원으로 정해 정부에서 매수하도록 하는 것에 반대하는 내용이었다(林獻堂 · 許雪姬, 2010: (19)307). 린셴탕이 반대한 주요 이유는 크게 보아 대개 가격 문제에 관한 것이었다. 6월 2일 웨이다오밍 주석을 회견할 때에도 그는 여량 매수가격을 지나치게 낮게 할 수 없다고 문제를 제기하였다(林獻堂 · 許雪姬, 2010: (19)320). 그는 또한 정부가 정한 가격은 물가파동을 계산하지 않았으므로 매우 합리적이지 못하다고 하였다. 6월 24일의 일기 기록을 보면 다음과 같다.

정부가 지주로부터 곡식을 매수하는 가격은 양식국장 리리엔춘이 제기한 가격으로, 작년과 같이 곡식 1근당 1,650원이다. 나는 한사코 반대한다. 왜냐하면 금년은 작년에 비해 임금, 물가가 적게는 몇 배, 많게는 십여 배 증가하였는데 유독 곡식 가격이 일 전도 오르지 않았기 때문이다. 천하에 이보다 불합리한 일은 없다(林獻堂 · 許雪姬, 2010: (19)360).

물가파동에 대해서는 1948년 2월 26일의 『공론보』에서 쌀 가격 폭등 상황을 다음과 같이 적고 있다. "본 시 쌀 가격이 신년 이래로 … (중략)… 날마다 올라 (2월) 24일이 되자 소매가는 1대근에 80원까지 오르게 되었고, 25일에는 5원이 올라 85원이 되었다. 그러나 매매가 이루어지는 경우는 매우 적다. 쌀 몇 근을 사려던 일반 백성들은 모두 머리를 절레절레 흔들고 탄식하며 돌아갔다. 소매가는 이에 따라 1대근에 6원 정도 올라 현미봉래미는 76원, 백미봉래미는 80원이 되었다."[29] 정부에서 정한 가격과 시장가격의 차이가 매우 컸음을 알 수 있다.

이렇게 공매가가 매우 낮은 데에 대하여 웨이다오밍 주석은 성 참의회에 결정을 떠넘겼다(林獻堂 · 許雪姬, 2010: (19)360). 참의회에서 토론을 진행할 때 리리엔춘이 출석해 설명하였는데, 그는 정부가 이미 대호여량 수매를 결정했다고만 말하고 수매가격이 얼마라고는 감히 말하지 못했다. 참의원을 맡고 있던 홍화롄이 여러 모로 질문을 하였지만 차마 분명히 말할 수 없었던 것이다. 결국 의장이던 황차오친(黃朝琴)이 제의하여 다음날 다시 상의하기로 되었다(林獻堂 · 許雪姬, 2010: (19)360). 그 이후 식량가격은 누차에 걸쳐 성의회와 성부회의에서 토론의 초점이 되었고, 의회를 열 때마다 식량가격 문제로 인해 양식국 리리엔춘이 여러 사람들과 설전하는 국면이 연출되었다. 결국은 정치상황을 잘 알고 있는 몇 명의 성의원인 허촨(何傳)[30], 황야

---

29) "쌀값이 크게 폭등하여 80원을 돌파하다", 『公論報』, 1948년 2월 26일, 4p.

30) 허촨(何傳)은 가오슝시에서 선출된 대만성 임시성의회 제1기 의원이다. 「대만성자의회(臺灣省諮議會) 홈페이지」, http://www.tpa.gov.tw/big5/Councilor/Councilor_view.asp?id=765&cid=3&urlID=20 (2014년 2월 26일 검색).

오(黃堯)[31], 천펑위안(陳逢源)[32] 등이 기회를 틈타 중재하여 말하기를 "식량가격 안정은 국가정책으로 리리엔춘과 무관합니다. 여러분들은 언쟁을 줄이십시오"라고 하는 상황이었다. 그리고 식량가격은 끝내 정부에서 입안한대로 통과되었다.[33] 또 여량의 수매량을 많게 혹은 적게 할 것인가에 대한 것도 논쟁의 초점이었다(林獻堂·許雪姬, 2010: (19)314).

린셴탕은 그 자리에서 양식국장 리리엔춘에게 불평을 토로한 외에도 참의원들을 통하여 참의회에 안건을 제안하고, 아울러 여러 원로들을 찾아 도움을 청하였다. 린셴탕의 반대에 양식국도 법안에 변수가 발생할까 두려워하게 되었고, 7월 8일에는 국장 리리엔춘, 부국장 린전청(林振成), 타이중지국장 양사오추(楊紹裘), 과장 허시전(何錫珍) 등이 우펑(霧峰) 라이위안(萊園)을 방문, 양해를 구하면서 도움을 청하였다. 린셴탕은 그 자리에서 이 법안은 업주들을 무시하는 무리한 법안이라며 다음과 같이 말하였다. "첫째, 공립학교 인원의 비용이 30% 증가하면 교육을 받는 농민, 상인, 관리의 자제들이 그 비용을 일률적으로 부담해야 한다. 지금 그 비용을 홀로 업주들에게 부담시키는 것은 매우 공평하지 못하다. 둘째, 1원당 토지세로 12kg(대근 20근)을 정부에 팔고, 1대근에 1원 65전으로 하는 것은 지나치게

---

31) 황야오(黃堯)는 가오슝시에서 선출된 대만성 임시 성의회 제1, 제3기 의원이다. 「대만성자의회(臺灣省諮議會) 홈페이지」, http://www.tpa.gov.tw/big5/Councilor/Councilor_view.asp?id=767&cid=3&urlID=20 (2014년 2월 26일 검색).

32) 천펑위안(陳逢源, 1893~1982), 타이난시 사람이다. 전후 타이베이시에서 선출된 대만성 임시성의회 제1, 제2기 의원이다. 「대만성자의회(臺灣省諮議會) 홈페이지」, http://www.tpa.gov.tw/big5/Councilor/Councilor_view.asp?id=143&cid=3&urlID=20 (2014년 2월 26일 검색).

33) "리리엔춘이 군유들과 설전하다-성임시의회에서 양식가격을 토론하다", 『臺灣新生報』, 1952년 6월 27일, 3p.

싼 가격이다. 셋째, 앞의 두 조목을 납부하는 외에도 모든 여량을 또 60%나 40%에 팔아야 하니, 빈민들이 쌀을 비싸게 먹는 것도 안 될 일이지만 업주들에게서 빼앗아 가는 것도 안 될 말이다"(林獻堂·許 雪姬, 2010: (19)74). 이를 통해 린셴탕이 여량을 판매하는 것에 반 대한 것이 아니고, 수매가격이 너무 낮아 완전히 지주들에 대한 착취 가 되는 점을 반대하였음을 알 수 있다.

다른 지역에서는 견해가 어떠하였을까? 타이난시 의회는 시민 류 칭펑(劉淸風) 등이 전부징실과 여량징구 방안을 개혁하기 위해 올린 건의를 통과시켰고, 타이중시 참의회도 전문을 통해 발의에 동의하 였으며, 아울러 성 참의회에 채택을 건의하여 성 정부에 대한 건의를 강화하였다.[34] 타이중현 참의회도 전원 일치로 양식국이 정한 6, 7등 칙전에서 일 년에 소작료 7,000근을 거두는 것에 대하여 이러한 근 량(斤量) 표준으로 지주에게 명령하여 토지세를 공제하는 것과 30% 를 더하는 것 그리고 소작료 1원당 곡식 20근을 제출하는 것 외에도 다시 40%의 여량을 바쳐야 하고, 이모작하는 논에 사탕수수를 심는 땅도 곡식으로 납부하고 돈으로 환산하여 내지 못하게 하였다. 이리 하여 타이중현 약 3,000호에 달하는 지주들이 먹을 식량이 없게 되 었다. 그러므로 위 주석에게 전보를 쳐서 반대를 표시하였다.[35] 뿐만

---

34) "타이중시 참의회가 전문을 보내 타이난시 참의회가 제의한 류칭펑 등이 올린 전부 징실 및 여량수매방법을 개혁할 데 대한 안건 발의에 동의하고, 채택을 간청하여 건 의를 강화하였다",「타이난시 참의회가 제의한 류칭펑 등이 올린 전부징실 및 여량 수매방법을 개혁할 데 대한 안건 발의에 동의하고, 채택을 간청하여 건의를 강화하 기 위한 전문(電為附議臺南市參議會提議劉淸風等呈請建議改革田賦徵實及餘糧收購 辦法一案懇請採納加強建議由)」,『대만성 자의회 사료(臺灣省諮議會史料)』, 분류번 호: 4320837012, 이미지번호: 37553001.

35) "합리적으로 여량수매 문제를 해결하기 위하여 정부가 인원을 파견하여 새롭게 각 기 여량의 실제량을 조사하여 수매량을 참작하여 줄이고 아울러 허가받은 가호 는 부분적으로 납부하도록 할 것을 청함"(林獻堂, 2010: (19)433); "타이중현 참

아니라 더우류진 진장 우징후이(吳景徽)[36], 시뤄(西螺) 참의원 리잉탕
(李應鎧)[37]이 앞장서서 대표가 되어 양식국 국장 리리엔춘에게 항의
하였다(林獻堂·許雪姬, 2010: (20)38). 신주의 류젠위안(劉建源)도
참의원 황왕청에게 대량호의 어려움을 호소하였다.[38] 류공(瑠公)수리
위원회도 연이어 대호여량 납부정책을 취소할 것을 건의하였다.[39]

　중부의 지주들은 린셴탕을 중심으로 여러 경로를 통해 지방 참의
회를 경유하여 성급 대의기관(代議機關)인 대만성 참의회에 진정하
였다.[40] 성 참의회에서는 회의 때마다 벼 수매가격에 대하여 심의하
도록 되어 있었다. 그러므로 지주들은 먼저 참의원들과 소통을 진행
하였는데(林獻堂·許雪姬, 2010: (20)519) 특히 우싼롄(吳三連)을
내세워 성 참의원들과 연락하고 대접하게 하였다(林獻堂·許雪姬,

의회 회장 차이셴위 등이 합리적으로 여량수매 문제를 해결하기 위하여 정부가 인
원을 파견하여 각 기의 여량 수를 새롭게 조사함으로써 수매량을 참작하여 줄이
고 아울러 양호들이 부분적으로 납부하도록 할 데 대하여 청한 안을 양식국에 보
내어 처리하도록 하였다", 『대만성 자의회 사료(臺灣省諮議會史料)』, 분류번호:
4320838008, 이미지번호: 38393001.

36) 우징후이(吳景徽, 1904~1978), 윈린현(雲林縣) 사람으로 의학박사이다. 전후에 일
본에서 돌아와 더우류(斗六)에 우우당(友于堂) 의원을 열었다. 아울러 연속하여 더
우류진 진장을 5년 동안 맡았으며 후에 윈린현 초대 민선현장에 당선되었다(許雪
姬, 2004: 354).

37) 리잉탕(李應鎧), 1946년 3월에 시뤄진(西螺鎮) 제1기 현 참의원에 임명되었다(雲林
縣文獻委員會, 1977: 90).

38) 〈黃旺成日記〉, 1951년 1월 15일.

39) "대만성 류궁수리위원회는 정부가 대호여량을 면제할 것을 건의하고 아울러 여러
가지 곤란한 원인을 진술하였다", 「민생을 돌보기 위하여 대호여량 취소 허락을 청
하는 방안(為呈請體恤民生准於撤銷繳納大餘糧由)」, 『대만성 자의회 사료(臺灣省諮
議會史料)』, 분류번호: 4320837008, 이미지번호: 37549014.

40) "타이중시 참의회가 전문을 보내 타이난시 참의회가 제의한 류칭펑 등이 올린 전부
징실 및 여량수매방법을 개혁할 데 대한 안건 발의에 동의하고, 채택을 간청하여 건
의를 강화하였다", 「타이난시 참의회가 제의한 류칭펑 등이 올린 전부징실 및 여량
수매방법을 개혁할 데 대한 안건 발의에 동의하고, 채택을 간청하여 건의를 강화하
기 위한 전문(電為附議臺南市參議會提議劉清風等呈請建議改革田賦徵實及餘糧收購
辦法一案懇請採納加強建議由)」, 『대만성 자의회 사료(臺灣省諮議會史料)』, 분류번
호: 4320837012, 이미지번호: 37553001.

2010: (20)516). 그러나 효과를 거두지는 못하였다. 양곡 안의 원안이 통과되는 과정에서 많은 참의원들이 양식국장 리리엔춘에게 매수되어(林獻堂·許雪姬, 2010: (20)284) 누구도 감히 수정안을 내지 못하였는데, 이에 대해 린셴탕은 매우 한스럽게 생각하였다(林獻堂·許雪姬, 2010: (20)521).

이 밖에 지주들도 중앙의 당정인원들에게 진정하였다. 1948년 2월 20일에 좡추이성(莊垂勝)이 기초한 진정서를(林獻堂·許雪姬, 2010: (20)68) 린셴탕이 약간 수정하여 감찰위원 추녠타이(丘念台)에게 제출하였다. 이를 통해 양식국이 대호여량 방법에 있어서 공평하지 못한 점이 있다고 서술하고, 그에게 성 정부와 중앙에 항의할 것을 부탁하였다(林獻堂·許雪姬, 2010: (20)94). 1948년 9월 28일에는 차이셴위(蔡先於), 장환구이(張煥珪)가 양곡 문제를 가지고 행정원에 진정하였다(林獻堂·許雪姬, 2010: (20)404). 1949년 1월에 성 정부가 개편되면서 천청(陳誠)이 대만성 주석을 맡았다. 린셴탕은 계속하여 성부위원을 맡았는데, 여량정책의 불공정성에 대하여 여전히 끊임없이 성 정부 고위층인사들에게 호소하였다. 이보다 앞서 뤄완처(羅萬俥)의 거처에서 천청의 정찰원 펑융(馮庸)[41] 부부(林獻堂·許雪姬, 2010: (21)90)를 만났는데 양식정책의 불공정성을 알려주며 진 주석에게 진정해줄 것을 부탁하였다(林獻堂·許雪姬, 2010: (21)6). 2월 14일에 좡쓰촨(莊泗川), 린중(林忠)과 린셴탕은 뤄완처

---

41) 펑융(馮庸, 1901~1981)은 랴오닝(遼寧) 하이청(海城) 출신으로, 1923년에 국민당에 입당, 후에 동북공군소장사령관을 맡았다. 1927년에 펑융대학을 창립하고 교장을 맡았다. 일찍이 '1·28 쑹후회전(一二八淞滬會戰)'에 참가하였다. 항일전쟁 폭발 후에 동북항일연합군 제7로 총지휘를 맡고 후에 군관훈련단중장 처장, 제9전구 중장처장 등 직책을 맡았다. 1949년에 대만에 와서 11월에 가오슝항 수사령부 사령을 맡았다(李盛平, 1989: 96).

를 불러 재정청장 옌자간(嚴家淦)을 방문하여 그에게 정부가 여량수매에 있어서 사탕수수를 심든, 수해를 입든, 풍해를 입든 모두 감면해주지 않는다고 설명하고, 4칙전을 표준으로 갑당 7,500근으로 수입을 정하여 여량을 계산하고, 또 시가의 3분의 1로 수매하는 불공정한 방법을 쓰고 있어 사람들로 하여금 마음이 동요하고 불안하게 하니 참으로 나쁜 정책이라고 하면서 옌(嚴) 씨가 개정을 제의할 것을 희망하였다(林獻堂 · 許雪姬, 2010: (21)61). 동시에 성 주석 천청과 만나 양식정책을 언급하였다. 그러나 시원하게 소통하지 못하고 면담을 마쳤다. 그러므로 2월 26일에 서면으로 양식개혁건의서를 천청에게 보냈다(林獻堂 · 許雪姬, 2010: (21)61, 78).

또 린중(林忠)과 함께 량한차오(梁寒操)[42], 루관췬(盧冠群)[43]을 만나 그에게 천(陳) 주석과 여량수매 문제를 상의하고 착취하는 문제를 개혁할 것을 부탁하였는데, 그 내용은 다음과 같다. 첫째, 사탕수수를 심어 설탕을 만들면 정부는 막대한 세금수입을 얻으므로 그에 대해 여량을 징수해서는 안 된다. 둘째, 수재나 풍재를 만나면 마땅히 여량을 줄여주어야 한다. 셋째, 4칙전에서 1갑당 수입을 7,500근을 표준으로 정하여 40% 내지는 60%를 징수하여야 한다. 넷째, 수매가

---

42) 량한차오(梁寒操, 1899~1975)는 광동 사람이다. 전후에 『중화일보(中華日報)』 회장을 맡았다. 1946년 11월, 제헌국민대회대표에 당선되었다. 1948년 입법원입법위원을 맡았고 1954년 중국방송공사사이사장에 당선되었다. 1957년 10월, 중국국민당 제8기 중앙평의위원(제9기 연임)에 당선되었다. 1975년에 총통부 국책고문을 맡았다(徐友春, 2007).

43) 전후에 국민당 대만성 집행위원회는 대만에서 반드시 기관보를 발행해야 한다고 여겨 루관췬을 특파하여 적극적으로 신문사 설립을 준비하였다. 후에 1946년 2월 20일에 타이난에서 『중화일보(中華日報)』를 창간하고 그를 초대 사장에 임명하였다. 1947년 8월 1일에 중화일보사주식유한공사로 개편하고 제1임 이사장에 량한차오를 임명하였다. 그리하여 비로소 량한차오가 루관췬에게 좌담회를 열도록 명하여 합리적인 방법으로 『중화일보』에 등재하였다.

격이 시장 가격의 4분의 1밖에 안되고 37년 후기 같은 경우는 10분의 1도 미치지 못하였는데 이는 매우 불합리하다. 량밍루(梁命盧)는 좌담회를 열고 여기에서 제기된 합리적인 방법을 『중화일보(中華日報)』에 게재하였다(林獻堂·許雪姬, 2010: (21)88).

  벼농사를 짓지 않는 땅과 수확하지 못한 땅의 징실 문제

  식량수매방법에 의거하면, 명목이 논으로 되어 있는 곳은 법에 따라 실물을 수매해야 하는데(臺灣省參議會秘書處, 1947b: 98) 무릇 논으로 등록된 것은 벼를 심든 심지 않든 모두 실물로 징수하였고, 오직 지정기관에 지목변경을 신청하여 심사비준을 거친 후에야 비로소 수매를 면할 수 있었다. 일본 통치 시기에는 논과 화전에 대한 토지세를 모두 현금으로 납부하였다. 그러므로 큰 영향이 없었다. 그러나 현재는 실물로 바꾸어 납부하므로 차액이 매우 컸다. 그러므로 백성들이 논이 아니면서 명목상 논으로 되어 있는 토지를 화전으로 변경하려는 사람들이 매우 많았다(臺灣省參議會秘書處, 1949; 53). 그러나 지목 등칙의 변경은 앞에서 서술한 것과 같은 정부경비의 제약으로 인해 즉시 진행할 수 없었다. 후에 375감조정책을 순조롭게 진행하기 위해 조사 측량함으로써 개정이 이루어졌다. 그러나 여전히 몇몇 지역은 절실한 조정을 하지 않았으므로, 다시 정부에 등칙을 조정해달라고 건의하는 목소리가 나타나게 되었다.[44]

___

44) 「대만성 정부가 장구이수이(江癸水), 린머우(林謀) 등이 등칙을 조정할 데 대해 청구한 안건을 다시 따르도록 명한 방안(臺灣省政府為江癸水林謀等呈請調整等則一案令復遵照由)」, 〈성무회의(省務會議)〉, 『대만성지정당안(臺灣省地政檔案)』, 문서번호: 055A, 목록번호: 453, 「타이난현 치구향 이허촌 8호 천자오 등 27인이 균회(鈞會)에게 청하여 현정부가 실제에 따라 백성들의 소작지 등칙 수정을 허락할 것을 요청하는 방안(臺南縣七股鄉義合村8號陳教等27人請鈞會建議縣政府准予依照實際

그 밖에 논밭에 사탕수수를 심는 문제가 있었다. 사탕수수를 심는 땅 중 어떤 곳은 수리(水利) 조건이 좋은 이모작 밭이었는데, 어떤 땅은 수량(水量)이 부족해도 수량을 조절하기 위하여 간혹 차마 황폐시키지 못한 채 사탕수수를 심었다. 그러나 양식국은 이런 땅에 대해서도 여전히 실물로 징수하였다. 그리고는 사탕수수밭에서도 곡식으로 토지세를 징수하는 목적은 원래의 지목을 회복하는 데 있다고 하였다.[45] 그러나 농민들이 사탕수수로 경작을 선택하는 것은 이익 외에도 일부 부득이한 원인이 있었다. 따라서 이와 같이 하게 되면 농민들은 고가로 곡식을 사서 세금을 내는 부담을 지게 되어 감당할 수 없게 되므로, 분분이 사탕수수 경작지의 토지세를 곡식으로 징수하던 것을 현금으로 납부할 수 있게 해달라고 정부에 진정하였다. 아울러 농민들은 적극적으로 사탕수수를 심도록 장려하여 외화를 벌어들이고 나아가 수부수매, 대호여량을 면제해줄 것을 희망하였다.[46] 1946년, 정부는 이모작 논밭에 사탕수수를 심을 경우 토지세를 여전히 쌀 실물로 바치도록 규정하고, 오직 제당공사에 소속된 사탕수수원만은 허가를 받았기 때문에 현금으로 세금을 납부할 수 있게 하였

修正民等租地等則由)」, 〈성무회의(省務會議)〉, 『대만성지정처당안(臺灣省地政處檔案)』, 문서번호: 055B, 목록번호: 453, 국사관(國史館) 소장.

45) "각 지의 벼 수확이 양호하여 본 기 징실이 70%에 달할 것으로 예상되며, 사탕수수밭에서 곡식을 징수하는 목적은 지목을 회복하는 데 있다고 양식국 국장 리리엔춘이 어제 기자에게 알렸다", 『臺灣新生報』, 1947년 8월 17일, 6p.

46) "타이중시 천톈순이 사탕수수밭의 토지세를 양곡으로 징구하던 것을 현금으로 납부하고 아울러 농민들을 장려하여 사탕수수를 적극적으로 심게 할 것을 청원하고, 수부수구와 대호여량을 면제할 것을 청구하였다", 「이 전보는 천톈순(陳天順) 등이 사탕수수밭의 토지세와 양곡수매를 현금으로 바꾸어 수납할 것을 청구하는 을안에 대해 다시 전보를 쳐 조사하라는 방안임(玆電為陳天順等請願將蔗田地租及收購糧食改收代金乙案電復查照由)」, 『대만성 자의회 사료(臺灣省諮議會史料)』, 분류번호: 4350037004, 이미지번호: 37595008.

다.[47] 그러나 공유 토지의 세금을 실물로 바꾸어 징수하는 것에 대한 토론에서 공유토지의 논밭에 사탕수수를 심는 자는 현금으로 대신하여 낼 수 있도록 결의하였다.[48] 따라서 대만 제당공사의 논밭은 여량을 납부하지 않았다(林獻堂・許雪姬, 2010: (21)88). 그러나 사유지는 안 된다 하였으니, 양식국은 지주회가 논밭에 사탕수수를 바꾸어 심을 것이라 여겨, 수익이 잘 나는 곳에서 토지세를 현물로 징수하는 것과 여량 수매는 여전히 쌀로 징수하는 것이 규정에 부합한다고 판단했다.[49] 사탕수수를 심거나 수확을 못한 땅에 대해 엄격히 집행하여 경감을 전혀 해주지 않았던 것이다(林獻堂・許雪姬, 2010: (21)22). 후에 1모작 수전에서 벼를 심지 않는 1기에는 인민과 참의회의 진정을 거쳐야 비로소 현금으로 대신 낼 수 있도록 허가하였다(臺灣省參議會秘書處, 1950a: 48~49). 그러나 이모작 논밭에 사탕수수를 심는 것에 대해서는 이모작 논밭을 일모작 논밭으로 속여 보고하는 것을 방지하기 위하여 예전대로 일률적으로 실물로 징수하였다(臺灣省參議會秘書處, 1950a: 75~76). 그러나 양곡 값이 높이 올

---

47) 「화이난투당공장이 편지로 납부해야 할 토지세를 반드시 본 소에 납부하지 말도록 해달라는 등의 말로 청한 내용에 대해 검토 지시하도록 한 방안(准南投糖廠函以應繳田賦毋須繳納本所等語呈請核示由)」, 〈토지세징수방법(田賦徵收辦法)〉, 『대만성 행정장관공서당안(臺灣省行政長官公署檔案)』, 소장번호: 00307450019001, 국사관(國史館) 소장.

48) "공유토지 소작료를 실물로 바꾸어 수매하다", 「공유토지 토지세를 실물징수로 바꿀 것에 대해 토론한 회의 기록(公有土地改徵實物會議紀錄)」, 『재정부 국유재산국 당안(財政部國有財産局檔案)』, 소장번호: 045000016961A, 국사관(國史館) 소장.

49) "타이중시 천톈순이 사탕수수밭의 토지세를 양곡으로 징구하던 것을 현금으로 납부하고 아울러 농민들을 장려하여 사탕수수를 적극적으로 심게 할 것을 청원하고, 수부수구와 대호여량을 면제할 것을 청구하였다", 「이 전보는 천톈순(陳天順) 등이 사탕수수밭의 토지세와 양곡수매를 현금으로 바꾸어 수납할 것을 청구하는 올안에 대해 다시 전보를 쳐 조사하라는 방안임(茲電為陳天順等請願將蔗田地租及收購糧食改爲代金乙案電復查照由)」, 『대만성 자의회 사료(臺灣省諮議會史料)』, 분류번호: 4350037004, 이미지번호: 37595008.

라도 그들은 반드시 벼를 사서 정부에 바쳐야 했으므로, 부담이 대단
히 컸다.[50]

　다음은 재해를 입어 흉년들거나 수확하지 못하는 땅에 대한 문제
가 있었다. 정부는 만약 재해가 있으면 자연재해로 인한 흉년에 관한
조례규정에 따라 보고하도록 하고, 1차 조사와 2차 조사를 거쳐 부
세를 면제시킬 근거가 있는 자를 심사 결정함으로써, 재해규모에 따
라 세금을 감면해주고 수매수량도 줄여 주었다.[51] 그러나 흉작에 대
한 감정은 하루아침에 이루어질 수 있는 일이 아니었다. 가오슝현 강
산구를 예로 들면, 1948년도 2모작 벼농사에서 천 여ha에 달하는 논
밭이 심각한 가뭄피해를 입었고, 각 해당 업호들은 법대로 토지세를
감면해줄 것을 요구하면서 현부의 1차 조사를 거쳐 성부에 2차 조사
를 청하였다. 그러나 12월에 이르러서도 성부는 여전히 조사를 위
한 인원을 남쪽으로 파견하지 않아, 주민들로 하여금 아랫사람의 사
정을 알아주지 않는다는 생각을 가지게 하였다(臺灣省參議會秘書處,
1948b: 174).

　다른 전 성 각지에도 유사한 상황이 적지 않았다. 이와 같이 재해
로 흉작이 든 곳에 대하여 업주는 할인받아 현금으로 내거나 혹은
토지세를 감면해줄 것을 희망하여 분분이 글을 올려 진정하였다(臺

---

50) "타이중시 천톈순이 사탕수수밭의 토지세를 양곡으로 징구하던 것을 현금으로 납부
　　하고 아울러 농민들을 장려하여 사탕수수를 적극적으로 심게 할 것을 청원하고, 수
　　부수구와 대호여량을 면제할 것을 청구하였다", 『대만성 자의회 사료(臺灣省諮議會
　　史料)』, 분류번호: 4320837004, 이미지번호: 37595001.

51) "태풍으로 손해를 입은 소작농에 세금감면을 청구하다", 「가오슝현 펀후이가 핑둥구
　　리강향 우뤄촌 소작인 덩핑(鄧平) 등이 연합으로 임차한 426등번의 논밭이 태풍의
　　피해를 입어 손실이 막대하니 실정을 헤아려 조세액을 경감해줄 것을 청구한 내용(高
　　雄縣分會據屏東區里港鄉武洛村租戶鄧平等人聯呈以承租四二六等番田地因受颱
　　風侵襲損失甚巨請體實情乞准減輕租額等情)」, 『재정부국유재산국당안(財政部國
　　有財產局檔案)』, 소장번호: 045000016972A, 국사관(國史館) 소장.

灣省參議會秘書處, 1948b: 174). 그러나 정부는 이런 업호의 진정에 대하여 처음에는 반드시 규정에 따라 세금을 내야 한다는 입장을 견지하며 조금도 감면해주지 않다가, 후에 업호들이 등칙이 부실하거나 혹은 흉작 등의 문제로 인하여 확실히 기한 내에 정한 액수대로 납부하지 못하게 되면, 비로소 관대한 조치를 취하여 업호들의 세금 감면 신청을 허락하였다. 다만 업호들은 여전히 정부에서 정한 기한에 따라 서면으로 보고하여야 했다. 그렇지 않으면 각지의 양식사무소나 분소(分所)는 기한이 지났거나 합법적인 문건을 기한 내에 갖추지 못한 자에 대해 일률적으로 접수하지 않았다.[52] 그러나 이와 같이 실질적인 곤란을 겪게 되자, 성부는 각지에서 진정한 자가 많음을 살펴보고 실정을 파악하기 위하여 소작료와 토지세액에 대해 부분적으로 조사하였다. 그 결과 실제와 서로 부합하지 않는다는 것이 사실로 확인되었다. 어떤 경우는 업호가 토지를 이전하거나 지목을 변경하면서 등기수속을 잘 처리하지 않고, 어떤 경우는 재해를 입었을 때 감면신청을 하지 않는 등, 1947, 1948년도에 대호여량을 납부하지 못한 자가 적지 않았다. 이에 따라 성부는 명령을 내려, 1950년 5월 10일 전에 합법적인 증빙서류를 제출하여 정정을 신청하는 자에 한해서는 계속 접수하도록 허가하였다. 이에 따라 양식국도 끝내 양보하여 감면을 허락하게 되었다(林獻堂·許雪姬, 2010: (21)113).

---

52) "36, 37년도 수매 여유기한을 재연장하는 것을 5월 11일 이전에 신청하도록 정정함", 『臺灣新生報』, 1950년 4월 15일, 5p.

4. 정부의 조치

수매가격의 고수

여러 차례 참의회에서는 참의원들이 양식 수매가격에 대하여 문의하였지만, 정부는 수매가격은 반드시 생산원가를 참작하는 외에도 농민들의 생계와 일반물가를 고려하여 결정해야 한다고 하면서, 수매가격을 높여 농촌경제를 구하기를 희망하였다.[53] 그러나 대호여량 수매방안 이전에 정부는 저가로 농민들의 양식을 징구하고 있었고, 제1기 제1차 참의회에서 수매가격이 지나치게 낮은 것에 초점을 맞추어 질의가 이루어졌다. 앞서 서술한 린셴탕일기의 5월분 기록에서도 여러 차례 수매가격이 불합리하다는 점을 적고 있었다.

제3차 참의회를 열었을 때, 류밍차오(劉明朝)가 다음과 같이 질문하였다. "여량수매 건과 관련하여 여량수매가격은 쌀생산비(원가)를 참작하는 외에 간접생산비(농민생계비)와 일반물가를 고려해야 한다. 그리하여 수차례 회의에서도 양식수매가격 문제를 토론하였다"(鄭梓, 1985: 143~146). 그러나 리리엔춘은 오히려 다음과 같이 말하였다. "수매 수량, 가격은 모두 합리적이다. 매 호당 식구를 10명으로 한정하고 1인당 매월 소비하는 쌀을 21kg으로 하여 매 호당의 자급량을 계산하였다. 수매한 여량은 전부 징실한 후에 누진세율에 따라 계산하여 40%에서 60%까지 수매하면 1947년의 여량 수매량은 양호 수입의 9.25%를 점할 뿐이니 업주는 여전히 상당한 양곡을 비

---

53) 홍화롄, 린비후이, 천마오디, 셰수이란 등이 양식 가격을 올릴데 대해 주장하였다. 대만성 참의회 비서처에서 편인한 역대 대회 특집을 참조.

축하고 있다."[54]

  수매가격을 높이는 측면에 대하여 많은 사람들은 미곡가를 일반
물가와 똑같이 높일 방법은 없으며, 정부가 미곡가를 억제하여 많은
사람들이 벼를 심지 않고 오히려 사탕수수를 심도록 조장함과 동시
에 벼를 사료로 사용하게끔 하고 있다고 여겼다. 이 논법에 대하여
리리엔춘은 그렇지 않다고 하였다. 그러나 벼 가격이 낮게 억제된
것은 사실이었고, 심지어 생산원가 이하로 억제되고 있다(臺灣省參
議會秘書處, 1950b: 110). 이에 대해 참의원 리충리(李崇禮)가 제
안하고 류밍차오, 리유싼이 연서한 〈여량 수매가격을 높일 것을 청
구하는 안〉의 제안 이유에는 다음과 같이 적혀 있다. "본 성에서 생
산하는 것은 쌀이 대부분이고 쌀 가격의 고하는 생산에 큰 영향을
미치는데, 만약 현재 가격으로 수매한다면 생산계층은 분명히 생활
을 유지하기 어렵다. 그리고 현재 의복의 옷감도 2, 000배나 올랐
고 식물류의 가격은 1,000배 정도 올랐는데 쌀 수매가는 광복 전에
비하여 겨우 120배 밖에 오르지 않았으니 생산계층이 어떻게 생활
할 수 있겠는가? 마침내는 생산에 영향을 미칠 것이다. 그 해결방법
은 여량 수매가격을 금년의 각종 물가지수를 참고하여 결정하는 것
이다."[55]

  1948년 10월 16일 성 참의회 제6차 주회위원회에서는 식량정책조
치에 대하여 열렬하게 질문하고, 각지에서 정당한 상인의 미곡운반
을 저지하는 일에 대하여 엄정히 비판하며, 각자의 의견을 종합하여

---

54) 리리엔춘이 참의회 제3, 4, 5, 6차 회의에서 한 답변(李連春在參議會第三, 四, 五,
    六次會議的答覆.)
55) "리충리가 의결을 거친 안건을 보류할 것을 제안함", 『臺灣新生報』, 1947년 12월
    12일, 4p.

다음과 같이 적시하였다. 첫째, 싼 곡물가는 농민에게 해를 입힌다. 둘째, 모든 물가가 오른 상황에서 식량가격만 저렴하니 이는 농민에게 죄를 짓는 일이다. 셋째, 현재 일꾼 한 명의 하루 수입으로 80근의 지정가격 쌀을 구입할 수 있는데 이는 대만 역사상의 기록을 깨는 것이다. 넷째, 이 국장은 통계숫자를 과분하게 믿어서 현실을 홀시하면 안 된다.[56]

제11차 회의에서는 세수이란(謝水藍)이 또 물가와 식량가격 사이에 서로 천양지차가 있음을 제기하고 특히 미곡가격과 기타 물가를 비교하여 대조하였는데, 예를 들어 200근의 미곡으로는 콩깻묵 하나 밖에 교환할 수 없고, 600근의 미곡으로는 겨우 비단 한필과 바꿀 수 있었다. 이 때문에 농민생활이 심히 곤란하므로, 지금이라도 신속히 식량가격을 조정하고 농민들의 일상생활 필수품 가격을 억제하여 농촌을 구제해야 한다는 것이 그의 주장이었다(臺灣省參議會秘書處, 1951: 193).

주석 웨이다오밍 또한 쌀 가격이 매우 낮다는 점을 이해하고 있었지만, 오히려 이를 달리 해석하여 수매가격은 여전히 합리적이라고 주장하였다. 그는 제6차 회의에서 다음과 같이 말했다.

표면상으로 보면 이치에 맞는 것 같다. 예를 들어 그들은 정부수매 미곡가격규정은 1kg당 61원 70전이고 현재 벼의 시장 판매가격은 1kg당 약 600원이다. 비교해보면 서로의 차이가 매우 크지만 이것은 정부가 정한 가격이 매우 낮아서가 아닌가? 그러나 만약 양식정

---

56) "성 참의회 제6차 주회위회에서 양식정책 조치가 각 지역에서 정당한 상인의 미곡 운반을 막는 것에 대하여 열렬히 질문하고 엄정히 비평함", 『公論報』, 1948년 10월 17일, 3p.

책규정을 조금만 연구해보면 이런 논법이 비교적 비윤리적이라는 것을 알 것이다. 우선 우리가 알아야 할 점은, 정부에서 벼를 수매하는 것은 일정한 방법이 있는데, 하나는 수부수구하는 것이고 다른 하나는 대호여량을 수매하는 것이다. 매 기마다 수매할 때에 모두 정확한 수량이 있었고, 각기 수매할 때 정해진 액수가 없는 것도 아니었으며, 제한이 없는 것도 아니었다. 매번 수매가격 책정은 모두 토지세를 징수하기 전에 귀회(貴會)에 보내어 통과를 요청하고 수매한 벼는 토지세의 징수 시작에 따라 똑같이 처리하여 1개월의 기한을 주고 모두 납부토록 한다. 상반기에 정부에서 수매한 벼 가격은 1kg당 61원 70전인데, 토지세 징수 시작 기간의 물가와 비교해보면 당시 미곡산지의 판매가격은 1kg 당 90원에서 100원이니, 수매가격과 차이가 크지 않아 약 30, 40% 수준이다. 정부의 수매가격 책정은 전성의 평균생산원가에 근거하여 25% 이윤을 더한 것인데 시장가격과 비교하면 다소 낮지만 그래도 합리적이다. 특히 납부해야 할 벼는 반드시 1개월 이내에 모두 납부해야 하므로 근본적으로 1개월 이후의 시장가격과는 비교할 수 없다. 만약 어떤 사람이 오래도록 연장하고 납부하지 않았다면 고의적으로 법령을 위반한 것인데, 다시 당시에 정한 가격을 가지고 이후의 시장가격과 비교하여 정부를 비판한다면 공평하지 않을 뿐만 아니라 전성(全省)에서 기한에 맞춰 제 분량을 납부한 소작농에게 죄스러운 일이다.

그리고 부의장 리완쥐(李萬居) 또한 말하기를, "현재의 상황을 가지고 말하면, 일반 물가와 쌀 가격을 똑같이 보는 것은 불가능한 일이다"(臺灣省參議會秘書處, 1950b: 81~82)라고 하였다.

공정가격으로 여량을 수매하는 것은 리리엔춘 국장이 기획한 정책이었다(林獻堂·許雪姬, 2010: (19)305). 양식국은 수매가격을 높이는 일에 대하여 부정적 태도를 가지고 있었는데, 리리엔춘은 심지어

저곡가정책을 채택해야 한다고 주장하였다(魏正岳, 1997: 144). 왜 냐하면 미곡가격이 낮으면 농민에게 손해를 끼치지만 미곡가격이 높은 것도 민간에게 손해를 끼치기 때문에, 양식국의 관리는 전 성의 양식을 조정하는 데 있어서 농민생활을 돌보는 이외에도 또한 반드시 많은 기타 백성들의 생활과 군량을 돌봐야 한다는 것이다. 그러므로 식량가격의 제정은 시장을 통하여 자유롭게 결정되는 것이 아니고 정치력이 개입하여 정부의 공정가격으로 수매하여야 하며, 정부의 수매가격 책정은 전 성의 평균생산원가에 근거하여 25%의 이윤을 덧붙인 것으로(臺灣省參議會秘書處, 1948b: 44~45), 그 원칙은 농가로 하여금 손해를 입지 않도록 하는 데 있을 뿐이라는 것이 그들의 주장이었다. 이리하면 가격은 자연히 시장가격과 현격한 차이가 있기 마련이다(臺灣省參議會秘書處, 1947a: 131). 그러나 리리엔춘은 사회질서를 유지하는 데 있어서는 반드시 미곡가를 안정시켜야 한다고 인식하여 무리하게 쌀값이 올라 일반 백성들에게 큰 영향을 미치고 지방의 치안에도 문제가 되는 것에 찬성하지 않아, 쌀 가격을 안정시키기 위하여 마땅히 관리를 강화해야 한다고 하였다(臺灣省參議會秘書處, 1947b: 134, 137).

1950년, 제10차 참의회 때에 리리엔춘은 "현재의 식량가격은 합리적이라 할 수 있고 기타 물가는 확실히 지나치게 높다"고 하였다. 다만 중소농가는 많은 여량이 없기 때문에 식량가를 높인다 하더라도 그들에게는 그다지 이익이 없으나 물가가 만약 식량가에 따라 상승한다면 반대로 손해를 입는다. 기타 소량의 여량을 내다 파는 자는 식량가격이 올라서 받는 이익이 반드시 물가가 재상승하는 손실로 상쇄되기 때문에, 단지 소수의 대지주, 대양호만이 내다팔 수 있는 여량이 있어서 가격이 올라가면 이익이 있다는 것이었다(臺灣省參議會秘書處, 1951: 129~132).

양식위원회의 수요를 부정함

수매가격을 높이기 위하여 제1기 제1차 참의회에서는 정부에서 수매하는 미곡가격은 위원회를 조직하여 정해야 한다고 요구했으며, 위원수는 30명(정부인원 10명, 단체대표 10명, 농민대표 5명, 소비자대표 5명)으로 정했고, 인선은 정부가 지정토록 하였다. 해당 위원회는 매월 한 차례씩 회의를 열고 소매가격을 일반물가의 변동상황에 따라 조절하여 정하였다(臺灣省參議會秘書處, 1946a: 128~129). 1947년 6월 28일 제3차 참의회를 열었을 때 류밍(劉明)은 또한 정부가 민관합동가격 평가위원회를 설립하여 매월 한 차례씩 위원회를 개최할 것을 제기하였다.

그러나 성 주석 웨이다오밍은 다음과 같이 답하였다. 첫째, 여량 수매가격은 마땅히 합리성을 구하여 양호(농호)로 하여금 손실을 입지 않도록 하는 것을 원칙으로 삼고, 벼 생산비를 근거하는 것 외에 또한 일반물가지수, 일반백성생계비, 통화발행액지수와 최근 본 성 경제사회 상황을 참작하여 정한다. 둘째, 본부에서 이미 유관기관을 설치하여 그 일을 전담하고 있고 여량 수매와 관련하여서는 마땅히 규정된 기한 내에 처리를 완료하고 그 가격은 이전 조항에서 책정한 표준에 따라 한 차례 정정하는 것 외에는 수시로 바꿀 수 없다. 민관합동조직의 물가평가위원회를 설립하고 매월 한 차례 개회할 필요는 없을 것 같다. 다만 백성들이 자문을 하거나 건의하는 사항이 있으면 마땅히 각급 참의회를 통하여 전달하도록 하고 채택하여 실행토록

한다(臺灣省參議會秘書處, 1947a: 131).

기타 예를 들면 양식위원회를 설립하고 성 내의 미곡권위자를 초치하여 위원으로 삼고 수매가격은 위원회를 통하여 정한다. 미곡가위원회 등에 대해서는 모두 참의원에서 의견을 제출하는데(臺灣省參議會秘書處, 1947b: 140), 다만 양식국은 직책과 관련이 있는 사항에 대해서는 거절한다.

성 참의원은 여전히 단념하지 않고 제5차 회의 때 홍화롄이 다시 안건을 제출하여 정부가 양식조정위원회를 조직하고 양식정책을 추진함으로써 국민 여망에 부합하라고 요청하였다. 그 위원회에서 맡아야 할 주요임무로 제시된 것은 다음과 같다. 첫째, 식량생산비 그리고 식량가격 항목과 생산수량 등을 조사한다. 둘째, 미곡을 수매하는 방법을 개선한다. 셋째, 생산자와 소비자 간에 식량가격의 부담이 공평하게 배분되도록 한다. 넷째, 성 내외의 여량 이동을 조절한다. 다섯째, 식량구역제도의 존폐문제를 연구한다. 여섯째, 쌀 투매 방법을 개선한다. 일곱째, 쌀 수송방법을 개선한다. 그러나 이것은 결과적으로 성 정부가 참고하는 기록물에 지나지 않았다(臺灣省參議會秘書處, 1948a: 69).

제10차 회의 중에서 궈위신(郭雨新)은 리리엔춘 국장에게 미곡원가의 조사를 반드시 양식국 자체 책임으로 하는 것은 타당하지 않다고 밝히고, 농민청, 농회 등에서도 농민을 보호하기 때문에 생산원가의 조사는 마땅히 양타오(楊陶) 참의원의 의견에 따라 농민청, 농부회, 농회 등의 유관기관을 소집하여 공통으로 조사하는 것이 비교적 합리적이라는 의견을 냈다. 리리엔춘은 여전히 똑같이 답변하면서 생산원가의 조사는 성부의 직권에 속하는 관리사항의 일부분이라고 하고, 본인은 변경할 권한이 없으니 마땅히 성 정부에 건의해서 성 정부에서 만약 후에 명령이 있다면 해당 당국에서는 반드시 그에 따라 처리해야 한다고 하였다(臺灣省參議會秘書處, 1950b: 83). 바꾸어 말하면, 리리엔춘은 식량생산원가의 조사권을 내주려 하지 않았고, 쌀 가격의 파동에는 대부호의 상당한 책임이 있다고 인식했던 것이다.

대부호에 대한 고발

리리엔춘은 여러 곳에서 정부는 식량가를 안정시키는 데 노력하고 있지만, 단지 소수의 대지주, 대양호가 대량의 여량을 이용하여 물가를 조정하고 있다고 강조하였다. 1947년 12월, 제4차 참의회에서 참의원들의 질문에 대답할 때, "미곡가가 올라가는 것은 대상과 거호가 힘이 있기 때문이고, 거리의 좌판은 자본이 극히 적어서 매점하기가 어렵다"(臺灣省參議會秘書處, 1947b: 136)고 제기하여, 대호가 미곡가를 높게 올리는 괴수라고 직접적으로 지적하였다.

1948년 2월 설 무렵에 미곡가가 올랐다. 리리엔춘은 정부가 이미 각지에서 시가의 80%로 식량을 투매했고 올해 생산원가는 백 근당 1,500원인데 판매가는 3,800원에 이르러 이미 충분한 이익을 보고 있으므로 쌀 가격을 살펴서 다시 오르지 않도록 하는 것이 옳다고 여겼다. 다만 설 전후에 미곡가가 여전히 오르고 있는 것에 대하여 그는 다음의 몇 가지 원인이 있다고 보았다. 첫째, 일반물가 급등의 영향을 받았다. 둘째, 각 성의 식량가격이 매우 뛰어서 일부 불순한 무리들이 밀수를 기도하고 있다. 셋째, 일부 식량이 있는 양호나 혹은 미곡상이 기회를 놓치지 않고 각종의 분위기를 만들어 물가를 올리는 구실로 삼고 있다. 넷째, 또한 3~5월에 식량가가 높이 올라가는 것은 줄곧 있어왔던 관례의 영향이다. 일반 대만쌀은 가격이 3~5월에 가장 높은데 이 때문에 쌀을 투매하는 자들이 이 기회를 틈타 이익을 획득할 가능성이 있다. 그 중 제1항목은 민월지방의 쌀가격이 오르는 것과 타이베이시 등지에서의 물가 상승의 자극을 받아 일어난 것이다. 2~4항까지는 모두 이번 기회를 이용하여 이익을 얻는 사람을 언급한 것이다. 그는 불순한 무리와 식량이 있는 양호 그리고 미곡상을 거론하였다. 불순한 무리는 그 신분을 확정하기가 매우 어렵다. 다만 양호와 미곡상은 근본적으로는 대부호이다. 그러므로 그들은 양호가 좀 더 빨리 깨닫기를 희망하면서, 다시 정당한 미곡상이 정부와 합작하기를 희망하고 있다. 전 성의 동포들이 모두 주의하여 함께 투매를 검사하고 사적 이익을 추구하는 것을 방지해야, 비로소 백성의 식량을 안정시키는 목적에 도달할 수 있다는 것이다.[57]

리리엔춘은 다시 직접적으로 지적하기를 "정부가 양식을 수매하는 것은 필요한 때에는 투매라도 하여서 국가를 안정시키려는 것이다. 어떤 경우에 물가의 파동은 푸젠성과 전쟁의 영향을 받은 것이긴 하지만 그것은 단기적인 것이다. 만약 정부가 물가를 억제했는데도 양식파동이 여전하다면 그것은 대부호 혹은 미곡상이 매점하여 이익을 도모하는 기회를 엿보고 있기 때문이다. 대만의 쌀은 근본적으로 충

---

57) "여량 수매가 이미 80%에 달하여 정부가 장악한 양곡이 18만 톤에 이르렀는데 본 월부터 투매하여 5월에 끝났다", 『公論報』, 1948년 2월 16일, 3p; "쌀 80위안 돌파 급상승", 『公論報』, 1948년 2월 26일, 3p.

분한데 미곡상이 오히려 이리와 같은 마음으로 물가를 조작하여 미곡가격 높임으로써 그 성과를 앉아서 향유하려고 한다"고 하여(林今開, 1986: 14), 대만의 쌀이 충분하지 않은 문제를 모두 매점이나 물가조작을 기도하는 사람들에게로 돌렸다.

1948년 7월 제5차 참의회 때에 성 주석 웨이다오밍은 대호여량 문제가 제기되어 검토되리라는 것을 알고, 대회 치사에서 먼저 다음과 같이 제기하였다. "…그러나 나 또한 극소수의 사람들이 여전히 자신의 사사로운 이익을 잊지 못하고 식량정책에 변경이 있기를 희망하고 있음을 알고 있다. … 현재 이처럼 어려운 시기에 여력이 있는 사람들은 이번 기회를 통하여 공공의 복리를 도모해야 하고 지방에 대해서도 어떻게 하면 공헌할 것인가를 생각해야 한다. 나는 그들이 고정관념을 버리고 성 정부 정책의 추진에 협조하기를 바란다"(臺灣省參議會秘書處, 1948a: 28)라고 하였다. 그리고 수위안(紓緩) 참의원의 질문으로 참의원의 입을 막아주기를 희망하였다.

7월 10일에 리리엔춘은 리유싼 참의원의 양곡수매가격 문제와 관련한 질문에 대답할 때, 다시 한 번 양식국은 대호가 보존하고 있는 식량 수매가격에 대한 규정은 생산원가에다 합법적인 이익을 더하는 것으로 기초를 삼는다고 강조하였다. 홍화롄은 즉시 추가질문을 하여 말하기를, "나는 수매가격은 마땅히 수매 10일 전후의 가격으로 표준을 삼아야만 농민들이 고통을 받지 않는다고 본다"고 주장하였다. 이에 대해 리리엔춘은 답하기를, "나의 정책은 소수 사람들로 하여금 돈을 벌게 하고 대다수 사람들이 말라죽게 하려는 것이 아니다"라고 하였고, 또 말하기를 "양식국의 일관된 원칙은 3,000여 대부호를 염두에 두는 것이 아니고 방법을 마련하여 650만 명의 사람이 생활하는 데 받는 엄중한 위협을 해결하는 데 있다"[58]고 하였다. 10월 17일 참의원 린스난(林世南)의 질문에 대답할 때 재차 강조하기를 "내가 취한 정책으로 타격을 받는 사람은 전 성의 3,000여 명의 대부호와 1,000여 명의 대미곡상이지 소농민들이 아니다"라고 하였다. 리리엔춘은 안정된 미곡가는 대만사회를 안정시키는 기초라고 인식하여 양식을 통제하고 미곡가를 낮게 하지 못하면 대만의 전도가 위험하고, 또한 저렴한 미곡가정책 하에서라야 광범한 사회 대중들이 안정되게 생활할 수 있으며, 이에 의해 억압을 받는 사람들은 단지 소수의 대부호와 미곡상이라고 여겼다.[59]

대호에 대한 단속

대호여량 수매정책은 1947년 10월 21일부터 시작되었다. 정부는 사전에 농지소유자들에게 잉여 식량을 구매할 것이라는 계획을 통지하지 않았다. 그전에 정부는 이미 지주는 매점할 수 없으며 반드시 기한에 따라서 정해진 수량만큼 팔도록 하였고, 그렇게 하지 않으면 매점으로 폭리를 취했다는 이유로 엄격하게 처리할 것임을 발표했다(許雪姬, 1998: 173). 그러므로 농지소유자는 일찍이 해당 정부의 지시를 따라서 잉여 식량을 미곡 상인에게 팔았고, 결과적으로 기일을 당해서는 대부분 납부할 식량이 없는 곤경에 처하게 되었

---

58) 〈리리엔춘양식보고(李連春糧食報告)〉, 『公論報』, 1948년 7월 10일, 3p.

59) "성 참의회 제6차 주회위원회에서 양식정책 조치가 각 지역에서 정당한 상인의 미곡 운반을 막는 것에 대하여 열렬히 질문하고 엄정히 비평함", 『公論報』, 1948년 10월 17일, 3p.

다.[60] 리리엔춘은 6월 1일과 6월 8일자 『대만신생보(臺灣新生報)』와 6월 17일자 『국성보(國聲報)』에서 대부호들이 마땅히 남아있는 잉여 식량을 상급기관의 명령에 따라 수매해야 한다고 밝혔다. 그러나 대부호는 이미 잉여식량을 내다 팔았기 때문에 당연히 시내와 향진(鄕鎭)의 사무소에서 발급하는 증명서를 취득하여 가공정미소에서 구매하고 납부해야만 했다. 물론 대호는 내다 팔 수 있는 잉여식량이 있어서 벼를 구입할 수 있는 돈이 없지는 않았다. 그러나 리리엔춘은 인플레이션 문제를 고려하지 못했다. 2월에 양식을 내다 팔고 10월에 이르러 정부가 수매할 때에는 이미 반 년 남짓의 세월이 지나서 물가가 폭등하고 있는 상황이 되었던 것이다. 생계 수요에 대응하기 위하여 조곡(租穀)이 많든 적든 간에 판매를 하였으며, 더구나 식량 가격이 주변 영향으로 이미 오른 상태여서 대호는 반드시 더 많은 자금을 들여 곡물을 사들여야 했기 때문에 당연히 불만을 품게 되었다.

양식국에서는 식량을 사들일 수 없어서 수매 기일을 연장할 수밖에 없었다. 가장 먼저 12월 20일까지 연장을 하고, 그 후에는 "본 성 각지의 양호는 처음으로 양식국이 창설됨으로 인하여 대부분 절차를 잘 알지 못하고, 개정과 전환을 처리하는 데 시간이 필요하여 기한 내에 판매할 수가 없게 되어 분분히 다시 기한을 연장하여 실제 곤란을 위로할 것을 청구하였다. 그리하여 어제 특별히 다시 이 항목의

---

60) "신주시 천웨이징(陳緯經)이 전반 소작지 부세액이 실제와 부합하지 않는 것 때문에 여량수매를 면제하고 현금으로 대신 납부할 데 대해 청원함", 「전보로 전 년 토지세 부세액이 실제와 부합하지 않으면 여량수매를 면제해줄 것을 청하는 안건에 대해 다시 조사하여 살필 것을 허락하는 안건(准電以全年田地賦額不符請免除餘糧收購等由復請查照由)」, 『대만성 자의회 사료(臺灣省諮議會史料)』, 분류번호: 41335001, 이미지번호: 37571009.

제1기 수매기간을 내년 1월 20일까지 연장시켰다."[61] 동시에 1월 초
에 다음과 같이 표명했다.

> 반란 평정에 동원되고 있는 이러한 때에는 군량과 민간의 식량이 매
> 우 중요하다. 식량 관련 사안은 이미 동원물자에 포함되어 있다. 저
> 항하며 여량을 팔지 않는 자에 대해서는 우선 행정원의 지시를 따르
> 고 다시 총동원법(總動員法)에 따라 처벌할 것이다.[62]

1948년 성 정부(省府)에서는 「대만성 37년도 양식수매 관리방법
수정안」 제26조의 규정을 반포하여, 국가총동원법(國家總動員法) 제
7조를 위반하면 국가총동원징벌잠행조례(國家總動員懲罰暫行條例)
제5조의 규정에 따라 법원에 이송하여 처리할 것이라고 하였다.[63]

그러나 사실상 전후 지주들의 경제상황은 그다지 좋지 않았다. 어
떤 사람은 반드시 소작농이 납부한 조곡을 팔아야만 돈이 있었고 곡
식을 판 자금도 이미 밑천이 드러난 상황이었다. 만약 이러한 때에
정부가 대호에게 수매할 것을 지시한다면 대부호들은 무리하다고
생각할 뿐만 아니라 양식을 마련할 방법도 없었다. 정부는 사법(司
法)을 이용하여 지주들을 압박했다. 법원의 소환에 직면하여 지주들
은 크게 공포를 느꼈고, 어떤 사람은 어쩔 수 없이 돈을 빌려 식량
을 구입하여 납부했다. 그러나 돈을 빌릴 수 없는 사람은 도망을 쳐

---

61) "제1기 여량 수매를 내년 1월까지 연장함", 『公論報』, 1947년 12월 28일, 3p.
62) "대호여량 수매는 마땅히 기한에 따라 납부해야 한다", 『公論報』, 1948년 1월 9일,
3p.
63) "「대만성 37년도 여량조사 방법(臺灣省37年度餘糧查報辦法)」과 「대만성 37년도 양
식수매 관리 방법(臺灣省37年度糧食售購管理辦法)」을 수정함", 『대만성 정부공보
(臺灣省政府公報)』 37년 겨울 55기(1948년 12월 6일), 801~816pp.

서 집으로 돌아오지도 못하는 처지에 있었다(臺灣省參議會秘書處, 1948a: 193~194). 정부는 사법을 이용하여 지주들을 압박하는 방식으로 행동을 전개하였다.

1948년 8월에 본적이 타이중(臺中) 우펑(霧峰)이었다가 화롄(花蓮) 위리(玉裏)로 이사한 대호 린아화(林阿華)는 토지세를 납부하지 못했고, 1947년 제1, 2기의 대호여량도 2만여 근을 충당하지 못하여 법원에 압송되어 재판을 받았다.[64]

타이중 방면과 관련해서는 『관원선생일기』에도 법원이 대호여량을 납부하지 못한 대호들을 소환한 정황이 여러 곳에 기록되어 있다. 1948년 11월 16일에는 다음과 같은 기록이 남아있다.

쑤전(素貞)과 추이팡라이(垂芳來)가 말하기를, "타이중 법원에서 대호로서 여량을 납부하지 못한 자는 소환하여 이유를 묻지 않고 곧바로 구류에 처했는데 어제는 다자(大甲) 출신 2명, 오늘은 베이더우(北鬥) 출신 2명이 있었다. 미납자는 1천여 명이고 소환 받을 자는 5백여 명이었다." 운운하였다.

이에 린셴탕(林獻堂)은 사람을 데리고 타이베이(臺北)로 가서 지방법원을 찾아 신중하게 처리할 것을 요구했다. 『관원선생일기』의 1948년 11월 20일 기록에는 다음과 같이 적혀 있다.

황춘판(黃春帆)이 와서 말하기를 "양식국이 대호여량을 억지로 징수하고자 하는데 그 무리함이 지나치다"고 운운하였다. 세 시에 차이셴

---

64) "화련 대호 린아화가 대관원에 기자들을 초대하여 그가 토지세 납부에 항거하고 양식을 매점매석한 일에 대하여 공개적으로 해명함", 『臺灣新生報』, 1948년 8월 18일, 6p.

위(蔡先於)가 와서 보고하기를, "18일에 차오취안(朝權), 환구이(煥珪), 쑤전(素貞)을 데리고 타이베이로 가고 동시에 우싼렌(吳三連), 렌전둥(連震東), 린중(林忠), 황윈진(黃運金), 저우옌서우(周延壽) 등을 불러서 고등법원의 거(葛) 씨, 검찰주석 왕(汪) 씨, 비서장 푸(浦) 씨에게 대부호로서 여량을 미납한 자를 구류시킨 것과 7월 3일 반포한 법령은 이전의 일을 소급적용할 수 없다는 것에 대해 항의하고, 나머지 사람들은 모두 신중하게 처리해야 한다 했다"고 운운하였다.

그는 성 주석인 웨이다오밍에게 "헐값으로 지주에게 곡식을 사들이는데, 곡식이 없으면 구속을 하니 매우 불합리하다."라는 내용의 편지를 썼다. 그들은 정말로 양식이 없었다. 22일에 린셴탕과 일부 대호는 해결방안을 상의하여 대만화폐로 양식국이 지정한 매입 가격과 매출 가격의 차액을 배상해주길 원한다고 표명했다.『관원선생일기』 1948년 12월 21일 일기에는 다음과 같이 기록되어 있다.

2시 반에 추이카이(垂凱)의 집에서 대호여량 문제를 정부에 잘 진정할 방법을 모색하였다. 출석자는 차이셴위(蔡先於), 홍위안황(洪元煌), 장환구이(張煥珪), 장추이성(莊垂勝), 예룽중(葉榮鐘), 린건성(林根生), 린잉제(林英傑), 장더방(張德邦), 추이팡(垂芳), 추이카이(垂凱), 쑤전(素貞)이다. 상의한 결과 주석이 양식국에서 정한 삼칙(三則)인 농지 수입 7,000근이라는 액수는 실질적으로 너무 과다하니 40%를 감할 것을 청하고, 다시 양식국에서 정한 매입가격과 매출가격의 차액을 대만 화폐로 보상해줄 것을 바란다고 했다. 결의한 이후에는 추이성(垂勝)과 룽중(榮鐘)으로 하여금 초안을 작성하도록 하였다.

린셴탕의 노력은 효과를 거두지 못한 것처럼 보였다. 11월 24일에 처음으로 여량수매에 항거한 대호가 법원에 이송되어 처리되었다는 소식을 들었다. 『공론보(公論報)』의 기록에 의하면 "처음으로 법원에 소환된 대호는 모두 1947년 제1기, 2기 두 기간 동안 여량을 수매하지 않은 대호였다. 대만 타이베이지방 법원 검찰처는 양식국에서 보내 온 여량수매에 항거한 10여 명의 대호 명단을 받아 연일 소환에 나섰는데, 소환을 통보받은 대호들은 모두 권고를 받았고, 대부분의 대호들은 신속하게 잉여 식량을 팔겠다고 자원하였다. 검찰처는 다시 나머지 대호들도 이처럼 하길 희망한다고 호소하였고, 그렇게 하지 않을 경우에는 당국에서 공포한 '여량수매 항거에 대한 처벌조례(拒售餘糧處罰條例)'에 의거하여 위법자는 극히 엄한 가중처벌을 받을 것이라고 하였다"[65]고 했다.

1949년 1월에 천청(陳誠)이 웨이다오밍의 뒤를 이어 성 주석이 되니, 린셴탕이 다시 그에게 진정을 하였다. 그러나 대호의 여량을 납부하지 않은 것에 대해서는 리리엔춘 또한 방치하지 않았다. 1948~1949년에 대호로서 여량을 납부하지 못한 자는 부단히 기소되었다. 이밖에 본래부터 기소당하지 않은 북부 대만의 비교적 유명한 지주인 린번(林本)의 위안보지(源柏記), 이지(益記), 쉬빙(許丙), 차이푸(蔡福) 등 34명은 법령을 따라 여량을 보고하지 않은 죄목으로 향진(鄕鎭)의 사무소로부터 성 정부에 보고되어 엄격한 처단을 받았다.[66]우펑(霧峰)의 린가(林家)도 예외는 아니었는데, 1949년 2월자

---

65) "여량 수매에 항거한 대호를 처음으로 법원에 이송하여 심문하고 심문을 거친 후 많은 사람이 권고를 받아들임", 『公論報』, 1948년 11월 24일, 3p.
66) "싼충푸(三重埔) 업호 쉬빙(許丙) 등이 법령에 따라 여량을 보고하지 않음", 『臺灣新生報』, 1949년 3월 22일, 6p.

『관원선생일기』에는 많은 조목에서 린가의 사람들이 대호로서 식량
문제에 대해 소환을 받아 경찰국에 갔다고 언급하고 있다(林獻堂·
許雪姬, 2010: (21)). 이와 같은 소환 사태는 항상 신문에 보도되어
그 소식이 각지로 퍼짐으로써 대호들을 공포에 떨게 하였다. 아래는
『신생보(新生報)』에서 보도한 내용을 나열한 것이다.

여량납부에 대해 항거한 대호인 두휘무(杜火木) 등은 징역에 처해졌
고, 소환에 저항한 자는 타이중법원에서 지명 수배했다.[67]
현시의원(縣市議員)과 향진장(鄉鎮長) 101명이 여량수매에 항거하
자 핑둥(屏東) 양식소에서는 통계 수치를 발표하고, 만약 다시 지연
한다면 법원에 이송해 처리할 것이라 하였다.[68]

【본 신문 난터우(南投)지역 소식】타이중현(臺中縣) 제2차 대호로
여량 납부에 항거한 자의 명단에 들어있는 본 구역의 대호는 다음
과 같다. 훙위안황(洪元煌), 리우중(李烏椋), 린정옌(林正彥), 리유
쯔(李祐自), 리천성(李宸昇), 황웨이취안(黃維銓), 황웨이둥(黃維棟)
등이다.[69]
리리엔춘은 이란(宜蘭)에서 소집하여 개최한 비료분배좌담회(肥料分
配座談會)에 가서 상세히 각 항의 곤란한 문제를 해결함과 동시에 남
은 잉여식량을 납부하지 못한 대호에 경고했다.

【본 신문 이란(宜蘭) 특집보도】…리 국장(李局長)은 이전 분기 대호

67) "여량 수매에 항거한 대호 두휘무 등을 도형(徒刑)에 처하고 항의할 것을 전한 자들
에 대해 타이중 법원이 지명수배를 내림", 『臺灣新生報』, 1949년 3월 22일, 6p.
68) "현시의원(縣市議員)과 향진장(鄉鎮長) 101명이 여량수매에 항거하자 핑둥(屏東)
양식소에서는 통계 수치를 발표하고, 만약 다시 지연한다면 법원에 이송해 처리할
것이라 함", 『臺灣新生報』, 1949년 3월 22일, 6p.
69) 〈불량 지주 블랙리스트(壞地主黑名單)〉, 『臺灣新生報』, 1949년 7월 26일, 6p.

여량 수매 건에 대해서 아직도 소수의 사람들이 기한에 따라 납부하지 않고 있는 바를 특별히 경고한다고 밝히고, 1개월 내에 전량을 모두 납부하도록 하였다. 그렇지 않으면 절대로 용서하지 않고 법에 따라서 엄벌을 할 것이니 소수의 대호들은 열렬히 반성하길 바란다고 말했다. …[70]

이와 같이 여량납부에 대해 항거한 사람들을 끊임없이 위협함과 동시에 검찰관의 정찰까지 더해져서, 대호의 입장에서 말하자면 이것은 참으로 크게 두렵고 놀랄 일이었다. 린셴탕이 성 주석 천청에게 진정하여 얻은 유일한 결과는 납부하지 않은 여량을 점진적으로 납부할 수 있게 해준다는 것이었다(林獻堂·許雪姬, 2010: (21)103, 116). 그러나 리리엔춘은 더욱 심하게 수매할 것을 독촉했는데『관원선생일기』1949년 7월 28일 일기에는 다음과 같이 기록되어 있다.

내가 은행에 가서 젠칭(劍淸)으로부터 온 편지를 받았다. 리리엔춘은 대호의 여량 수매를 재촉하였고, 만약 다시 방치하고 처리하지 않는다면 고소할 것이라고 하였다. 이런 말을 듣고 몹시 기분이 좋지 않았는데, 이른바 여량이라고 하는 것이 있다면 양식국에 팔겠지만 없다면 방법이 없는 것이다.

린셴탕은 분명 어찌할 수 없는 처지였으며, 또한 매우 불만이었다. 그러나 방법을 마련하여 대호로서 여량을 납부할 방법을 찾아야 했

---

70) "리리엔춘이 이란(宜蘭)에 가서 비료분배좌담회를 소집하여 여러 가지 어려운 문제를 자세히 해결해주고 아울러 여량을 미납한 대호들에게 경고함", 『臺灣新生報』, 1949년 8월 23일, 6p.

다. 9월 9일에 그는 대호의 여량을 납부하는 수속이 어떤 것인가에 대해 알아보고, 23일에 비행기를 타고 일본으로 갔다.

위에서 서술한 바와 같이 여량을 미납부한 대호와 중호에게 위협을 가한 것 외에도, 성 정부에서는 매년 기말에 대호와 중호의 여량을 깨끗이 정산하기 위해서 '대호와 중호의 여량 납부독촉 및 의무사항 시행 장려 주의사항'이라는 것을 제정하였다. 이에 따라 해당 양식사무소와 분소, 현정부 및 시정부가 지정하여 협조를 요청한 해당 경찰관 그리고 구향진(區鄕鎭) 사무소에서 파견한 직원이 각호를 방문하여 각호의 정황에 따라 납부를 독촉했다. 그리고 규정기한 안에 업호가 실제로 팔 수 있는 수량을 납부토록 재촉하였는데, 벼 1kg당 신대만화폐 10원을 장려금으로 주었다.[71]

경찰의 식량독촉

각지의 미곡상과 업호들이 곡식을 내놓도록 독촉하기 위해 경무처(警務處)에서는 강압적인 방법을 채택했다. 1950년 1월 3일에는 각현과 시 경찰국장에게 전보를 보내 각급 경찰이 관할 내에서 매점매석한 집을 방문하는 방식을 시행토록 명령을 내리고, 매일 3~5차례씩 교대로 방문을 실시토록 하였으며, 방문할 때마다 30분~1시간을 할애하여 설득함으로써 속히 남은 식량을 팔도록 유도하였다. 정부에서 규정한 제1기 수매날짜는 1월 31일이었고, 제2기는 2월 15일이었는데, 기일을 넘겨서 팔지 않은 대지주들은 각지 정부에서 2월 16일에 신속히 구류하고, 보안사령부(保安司令部)에 이송하여 군

---

71) "여량 납부를 독촉하고 성 정부가 주의사항을 정하는 것을 격려함", 『臺灣新生報』, 1952년 12월 3일, 4p.

법(軍法)에 의거하여 처리하도록 했다. 그 밖에 2월 15일에는 신속히 각 현시 농림과(農林科)와 해당 양식사무소로 하여금 현지조사를 실시하도록 각 현과 시 경찰국에 전보로 통지하였다. 또한 명령을 효과적으로 집행하기 위해서 각 현시 경찰국은 반드시 그날 처리한 상황을 본부에 매일 한 차례씩 전화로 통보하도록 하였다. 이로 인하여 각 현시의 방문상황이 해당부서에 모두 기록될 수 있었다.

각 급 경찰인원으로 처리에 힘쓰지 않는 자들은 반드시 엄벌에 처해 용서하지 않았다. 이에 따라 이후에 여량을 팔도록 하기 위한 절차를 다음과 같이 입안하였다.

첫째, 성 정부 규정과 각 처장의 지시에 따라 각 규정 기간에 계속 방문하여 권유함으로써 반드시 내심 탄복하여 여량을 팔기를 자원할 때까지 그만두지 않는다.

둘째, 매점을 하는 완고한 대호와 멋대로 식량가격을 올리면서 권유를 받아들이지 않는 자들은 모든 지역에서 상황이 엄중한 자 1~2명을 선별하여 법에 따라 엄중처리하여 일벌백계(一罰百戒)의 효과를 거두도록 하고, 기타 지주들이 이런 소식을 들은 후 감히 사적으로 매매하지 못하도록 한다.

셋째, 조사를 강화하여 지주가 보존하고 있는 양식의 실수량에 대해 명확히 파악함과 동시에 대호의 매출물량, 전체 현(시) 인구의 식량 수요량, 생산공급 판매상황 등을 명확하게 기록하여, 매월 말에 정확한 통계표를 작성해서 성 정부에 보고함으로써 정책결정의 용도에 제공하도록 한다.[72]

---

72) "여량 판매를 권유하다", 『掃蕩報』, 1950년 3월 13일, 3p.

이런 방침에 의해 경무처 지도하에 각 현과 시 정부는 여량매수를 위해 노력하지 않을 수 없었다. 1950년에 각 현시 대양호를 방문하여 권고한 사항은 다음과 같다.

지룽시(基隆市): 작년 2모작 벼농사에 한재(旱災)를 입었기 때문에 벼 수확이 좋지 않아서 여량이 있는 집이 많지 않다.

신주시(新竹市): 2월 8일에 개별방문을 시작했는데 전체 시에 큰 영업상은 69가(家), 대농은 146가가 있어서, 5조로 나누어 방문하였고, 3일마다 양호를 한 차례씩 방문했다. 각 양호의 반응이 매우 좋아서 팔기를 원하였기 때문에, 현재 각 시에서 소유하고 있는 여량은 많지 않다.

타이중시(臺中市): 대양호는 내다팔기를 원한다고 했다.

장화시(彰化市): 이미 전부 내다 팔았다.

자이시(嘉義市): 955곳에 권고했고 경과 사항은 양호하다.

타이난시(臺南市): 방문한 이후에 각 양호들이 계속해서 내다 팔고 있다.

가오슝시(高雄市): 소비 지역에 양호가 많지 않기 때문에 대부분의 식량을 내다 팔았다.

핑둥시(屏東市): 110호를 방문하여 10만 3천 여근을 내다 팔았다.

타이베이현(臺北縣): 합계 441호를 방문하고 양식국에서 명단 62호를 만들어 보내 모두 명령에 따라 내다 팔도록 했다.

신주현(新竹縣): 이미 128호를 방문하였고, 2만 여근을 내다 팔았다.

타이중현(臺中縣): 푸리진(埔裏鎮)의 대호 7명이 이미 3만 여근을 내다 팔았다.

타이난현(臺南縣): 이미 722호를 방문하여 식량 785,989kg 중에서 394,395kg을 내다 팔았다.

가오슝현(高雄縣): 782호를 방문하여 계속 식량판매를 권했다.

타이베이시(臺北市): 이미 115호를 방문하였으며, 모든 식량의 합계
는 122,355kg이고, 이미 8,864kg을 내다 팔았다.[73]

1953년, 2월 28일부터 기한을 정하여 식량을 내다 팔도록 다시 선
포를 하였는데, 각 현과 시에서는 등곡(登穀) 시기를 전후하여 매달
보름을 1기로 삼았다. 가오슝(高雄) 지역은 6기로 나누었고, 타이난
(臺南)과 타이중(臺中) 지역은 7기로 나누었으며, 신주(新竹), 타이베
이(臺北), 화롄(花蓮) 지역은 8기로 나누었다. 기한 일자는 4월 말, 5
월 15일, 5월 말로 나누어 팔았고, 양곡상일지라도 매번 물건을 들
일 때마다 10일 이내에는 완전히 다 팔게끔 하였다. 지주와 농가 혹
은 미곡상이 만약에 기한을 지켜서 내다 팔지 않으면, 새롭게 수정하
여 공포한 '양식관리치죄조례(糧食管理治罪條例)'의 제3조 규정에 의
해 매점매석의 죄명을 씌워 무겁게는 사형에 처하고, 가볍게는 구류
혹은 3천 원 이하의 벌금형에 처했다.[74]

정부는 대만의 식량 생산이 충분한데도 식량이 부족하고 쌀값이 오
르는 것은 모두 사람들이 매점매석하여 일어난 것으로 인식하였다.
이 때문에 대호와 중호의 여량을 내다 팔도록 하는 엄중한 조처를 했
던 것이다(臺灣省政府 編, 1950: 238). 정부는 또한 많은 인원을 각
지에 파견하여 조사를 진행함과 동시에 규정을 위반하고 팔기를 거

---

73) "대양호를 방문하다. 타이난현의 성적이 가장 좋아 총 여량 수매량이 39만 여kg에
달하여 전 성의 제1위를 차지하다", 『掃蕩報』, 1950년 3월 13일, 3p.
74) "리리엔춘이 담화를 발표, 기한 내에 양식을 수매하되 지주, 농호는 시기를 나누어
수매하고, 일반 양곡상은 보존하고 있는 양식을 수시로 팔도록 하며, 위반하는 자는
매점매석으로 논죄한다", 『臺灣新生報』, 1953년 1월 29일, 3p.

부하는 자는 법원에 소환하여 처리함으로써[75] 대만의 여량문제를 다
스렸다.

5. 결론

대호의 여량을 수매하는 것은 정부가 토지세를 현물로 징수하는 일
련의 미곡통제정책이라고 할 수 있는데, 실제 시행된 것은 1947년
~1953년 기간이었다. 실행 초기에는 많은 여량을 보유하고 있는 대
호와 성(省) 참의원의 반대에 부딪혔으며, 린센탕도 그 중 한 사람이
었다. 그는 성 참의원을 통하거나 혹은 유관 기관에 끊임없이 진정하
였지만, 양식을 통제하여 민주주의를 실현한다는 정부의 압박 하에
아무런 효과도 거둘 수 없었다.

대호의 여량 수매 항거에 대해 성 참의회가 의제를 토의한 시기를
보면, 대략 제4차 참의회 시기(1947년), 제5, 6차 참의회 시기(1948
년), 제7차(1949년) 이후의 법원에 보내 판결한 시기와 경찰 방문시
기로 나눌 수 있다.

제3, 4차 참의회에서는 여량수매를 결정했는데, 대호들에 의한 정
부의 양곡징수에 대한 항의는 주로 공시한 수매가격이 지나치게 낮
고 설정 등칙이 지나치게 높으며, 양곡 투매 가격이 너무 높아 시장

---

75) "두 가지 매점매석 안건을 성 정부가 법에 따라 처리하기로 결정하고 오늘 세부 상
황과 처리경과를 공포함", 『臺灣新生報』, 1953년 2월 27일, 3p: "농가 8곳, 양곡상
1가가 법을 어기고 매점매석하고 정부의 수매에 항거하여 이미 법대로 처리 중임",
『臺灣新生報』, 1953년 2월 28일, 3p: "곡물 가격 파동 억제를 위하여 북시(北市)가
오늘부터 대량으로 쌀을 헐값에 팔고 양식국은 투매법을 수정하였으며, 리리엔춘은
기한 내에 여량을 수매할 것을 경고하였다", 『臺灣新生報』, 1953년 2월 6일, 3p.

가격에 근접함으로써 물가를 순조롭게 억제하는 기능을 달성하지 못하고, 오히려 백성들과 이익을 다투는 느낌이 있다는 것이었다. 이때 정부로부터 얻은 대답은 수매하는 대호의 표준가격을 높이고 투매가격은 낮추어, 원래 대호가 1,000kg으로 계산한 것을 1,500kg으로 개정하고, 미곡 투매가격은 시장가격의 5% 정도 할인하던 것에서 시장가격의 8%로 할인하여 계산한다는 것이다.

그러나 대호가 요구했던 수매 가격과 수확 등칙의 설정을 높이는 것에 대해서는 양식국장 리리엔춘도 양보하려 하지 않았다. 웨이다오밍 또한 소수의 대호들이 시대의 어려움을 함께 극복할 것을 요구하였다. 군인 출신 펑멍지(彭孟緝)는 다음과 같이 언급했다. "참의회의 옹호 하에 대만 식량정책이 성공하였다. 만약 공산당이 대만에 와서 정책을 폈다면 지주와 부농에 대하여 때려 죽여도 무방하다는 것으로 대처하며, 위협적인 어투도 충만했을 것이다"(臺灣省參議會秘書處, 1948b: 18~19)라고 하였다. 리리엔춘 또한 대만의 부담이 푸젠(福建)보다 훨씬 가볍다고 강조하였다.

제5, 6차 시기에 대호는 비록 끊임없이 참의회를 통해 쌀값을 올려주기를 건의했지만 아무런 성과가 없었다. 특히 제6차 참의회 시기에는 중국 대륙의 국면이 이미 역전된 상황이라서 더욱 대호에게 유리할 수가 없었다. 제6차 이후에는 천청을 불러 성 주석을 담당하도록 했고 양식국 또한 대량으로 법원에 사람을 보내 처벌하기 시작했다. 그는 "본 성이 375소작료와 누진율을 시행하여 대호의 식량을 사들인 것은 '토지권을 평준화시키고 자본을 절약하는 초보단계'라고 할 수 있다"(臺灣省參議會秘書處, 1949: 82)고 밝혔다. 또한 민생주의를 실현하는 정책 하에서 양식국은 대호의 행동에 대해 강력한 태도를 취하여 끊임없이 대호를 소환하여 법적 처분을 하였다. 지명수배와 구류를 당하고 감옥에 감금되는 위협 속에서, 많은 대호들이 검찰관의 권유에 따라 본의는 아니나마 분분이 여량을 납부하였기에 정부의 수매효과는 양호해졌다. 그러나 간과할 수 없는 점은 수매조건이 그다지 개선되지 않아 불평등했다는 것이다. 그리하여 린셴탕은 단념하지 않고 이때에 또 새로 임명된 성 주석 천청을 찾아가 진정하려 하니, 황푸싼은 린셴탕이 천청을 찾아간 것은 형세를 잘못 판단한 것이라고 여겼다(黃富三, 2003: 176~184).

비록 리리엔춘은 수매가가 합리적이라고 강조하였지만, 후에는 쌀값을 기타의 물가와 똑같이 올릴 방법은 없다고 솔직하게 인정하였다. 그러나 그는 당시 비상 국면에서 대만사회가 혼란하지 않은 것은 쌀값이 안정되었기 때문이라고 굳건히 믿었다. 그 가운데 희생된 것은 소수의 대호였을 뿐이고, 이 소수 대호의 희생으로 말미암아 시국이 안정되었다는 것이다. 이와 같은 조치는 시국의 안정이라는 정부당국의 절박한 필요에 의해 이루어졌고, 그 안정이 정부로서 가장 심각한 고려의 대상인 상황이었기에, 정부가 무엇을 중시하고 가벼이 여길지는 한눈에 알 수 있었다. 이로 인해 협력하지 않는 대호는 엄격하게 처벌을 받게 되었다. 결국 리리엔춘은 정부의 정책에 협력하여 대호가 희생되는 것이 사회와 민생을 안정시키는 데 반드시 필요한 일이라 판단하게 되었다.

린셴탕 등은 대호의 여량을 판매하는 것을 반대하지는 않았지만, 유독 업주를 학대하고 업주로 하여금 농민, 상인, 관료 자제의 비용부담을 지게 하는 것은 불공평하다고 여겼다. 이밖에도 업주를 착취하고 가난한 사람들로 하여금 비싼 쌀을 먹게 하는 것도 안 될 일이라 여겼다. 그러나 대호의 요구는 전혀 중시되지 않았으며, 오히려 정부는 강제적 수단으로 이에 대처하였다. 여량을 납부하지 못한 수많은 대호는 모두 경고를 받거나 법원에 소환되어 심문을 받았다. 예를 들면 북부(北部)의 린번위안(林本源), 쉬빙(許丙) 등이 그러한 경우이며, 이어서 린셴탕의 동생과 아들 또한 검찰관의 소환을 받았다. 자주 왕래하는 차오둔진(草屯鎮)의 훙위안황(洪元煌)도 명단에 포함되었다.

이와 같이 살벌한 사회 분위기에서 린셴탕이 대만을 떠난 것은 아마도 옳은 결정이었을 것이다. 린셴탕이 대만을 떠난 후 얼마 지나지 않아, 참의회의 참의원 중 타이난(臺南) 허우비(後壁) 출신으로 리리엔춘과 동향이고 대만성 농회(農會)의 이사장이었던 인잔쿠이(殷占魁) 또한 여량을 납부하지 못해 기소되었다. 참의원의 지주가 다시 모욕을 당하지 않을 수 있을지 회의적이지 않을 수 없는 상황이었다.

다음으로, 리리엔춘 등 정부관리들은 줄곧 대만의 식량부족과 곡물가격 급등의 원인이 토지를 소유하고 벼를 보유한 업주 및 곡물상 등 소수 부유층의 탐욕적 이익추구와 매점매석에 있다고 보았다. 이들은 극단적으로 대호의 여량 수매는 단지 소수인 3,000여 호에 해당하는 것으로, 저미곡가 정책에 그들의 희생이 부수되더라도 그 생존을 위협하는 수준은 아니며, 단지 그들의 이득을 감소시켜 과도한 이익을 줄임으로써 오히려 99%를 차지하는 대다수 사람들의 생활을 안정시킬 수 있다고 말하였고, 이러한 조치가 경제제도에 부합하며 민생주의 국가정책에도 합치한다고 보았다(民治出版社, 1950: 254).

과연 당시 집권자들의 말처럼 대호의 여량을 수매한 정책은 매우 긍정할 만하지만, 실상은 그리 녹록하지 않았다. 정부가 수매하려고 한 대호의 여량가격은 매우 낮았지만 업주들은 납부하고 남은 식량의 가격이 오르기를 기다렸다가 팔아서, 만약에 좋은 가격으로 판다면 정부에 헐값으로 판 손실을 거의 메울 수 있었다. 그러나 정부의 통제 하에서 대호의 여량 수매가는 매우 낮았고, 심지어 곡물가격을 정부가 장악하는 상황에서 리리엔춘의 말처럼 "곡물가격은 대만경제의 제방(堤防)"이 되어 있는 상황이었다.[76] 따라서 안정된 곡물가격, 즉 낮은 곡물가격이 정부의 주된 목표가 되었다. 이 때문에 지주와 곡물상이 가진 벼는 개인의 뜻에 따라 처리할 수 없고 반드시 규정과 기한에 따라 판매하도록 하였으며, 정부는 정치적 수단을 활용하여 시장의 운영에 간섭했다. 이로 인해 지주층은 전혀 수익을 얻을 수 없었다. 또한 실행과정에서 정부는 경찰의 힘과 사법 시스템을 운용하여 명령을 따르지 않는 자를 구류하고 법에 따라 처리하였으며, 여러 위협 수단을 사용하여 과거 지방에서 상당히 사회적 지위를 가지고 존중을 받던 업주들로 하여금 두려움에 떨지 않을 수 없게 하였다. 이러한 영향에 따라 대만 농촌사회는 완전히 정부의 통제 하에 놓이게 되었다.

그러므로 1949년 이후에 정부가 지속적으로 실행한 토지개혁조치는, '375소작료 삭감'이 되었든 혹은 '경작자가 그 토지를 소유한다는 원칙'이 되었든 모두가 지주의 권익에 손실을 가져왔다. 전후(戰後) 시기 지주는 토지세의 현물징수와 대호여량 수매가 시작된 이후로 내다팔 수 있는 잉여식량이 많지 않게 되었고, 또 내다팔더라도 저렴한 가격에 팔 수 밖에 없어서, 청대(淸代)나 일본 통치 하에서와 같은

---

76) "곡물가격은 대만 경제의 제방(堤防), 임의로 가격 제고 불허, 필요 시 보편적으로 식량미(米) 판매", 『臺灣新生報』, 1952년 12월 1일, 3p.

입지를 누릴 수 없었다. 쌀의 내외수요가 곡물가격의 상승을 야기하여 빠르게 부를 쌓아올릴 수 있었지만, 그렇게 힘이 점차로 쇠약해졌기 때문에 정부가 가해온 여러 불리한 정책에 대해 근본적으로 저항할 수가 없게 되었다. 이 점은 다시 토지개혁이 추진될 수 있었던 하나의 원인이 되었다고 할 수 있을 것이다.

참고문헌

臺灣省政府 編. 1950. "臺灣省政府代電." 『臺灣省政府公報』.

臺灣省參議會秘書處 編印. 1946a. 『臺灣省參議會第一屆第一次大會特輯』. 臺北: 編者.

臺灣省參議會秘書處 編印. 1946b. 『臺灣省參議會第一屆第二次大會特輯』. 臺北: 編者.

臺灣省參議會秘書處 編印. 1947a. 『臺灣省參議會第一屆第三次大會特輯』. 臺北: 編者.

臺灣省參議會秘書處 編印. 1947b. 『臺灣省參議會第一屆第四次大會特輯』. 臺北: 編者.

臺灣省參議會秘書處 編印. 1948a. 『臺灣省參議會第一屆第五次大會特輯』. 臺北: 編者.

臺灣省參議會秘書處 編印. 1948b. 『臺灣省參議會第一屆第六次大會特輯』. 臺北: 編者.

臺灣省參議會秘書處 編印. 1949. 『臺灣省參議會第一屆第七次大會特輯』. 臺北: 編者.

臺灣省參議會秘書處 編印. 1950a. 『臺灣省參議會第一屆第九次大會特輯』. 臺北: 編者.

臺灣省參議會秘書處 編印. 1950b. 『臺灣省參議會第一屆第十次大會特輯』. 臺北: 編者.

臺灣省參議會秘書處 編印. 1951. 『臺灣省參議會第一屆第十一次大會特輯』. 臺北: 編者.

臺灣省行政長官公署糧食局 編. 1946. 『臺灣一年來之糧政』. 臺北: 編者.

鄧孔昭. 1991. 『二二八事件資料集』. 臺北: 稻鄉出版社.

劉進慶. 1995. 『戰後臺灣經濟分析』. 王宏仁 譯. 臺北: 人間出版社.

李力庸. 2004. 『日治時期臺中地區的農會與米作(1902-1945)』. 臺北: 稻鄉出版社.

李連春. 1950. "穩定糧價與臺灣經濟." 『中國經濟』 3.

李連春. 1956. "臺灣糧政的三個階段." 『主義與國策』 69.

李盛平 主編. 1989. 『中國近現代人名大辭典』. 北京: 中國國際廣播出版社.

林今開. 1986. "米來了！李連春的連臺好?." 『大人物雜誌 6』.

林獻堂. 2010. 『灌園先生日記(1~27)』. 許雪姬 編註. 臺北: 中研院臺史所, 近史所.

民治出版社. 1950. 『臺灣建設(上冊)』. 臺北: 民治出版社.

徐友春 主編. 2007. 『民國人物大辭典』. 河北: 河北人民出版社. 增訂版.

薛月順 編. 1999. 『臺灣省政府檔案史料彙編 臺灣省行政長官公署時期(三)』. 臺北: 國史館.

顏清梅. 1993. "臺灣光復初期米糧問題之研究(1945~1948)." 臺中: 東海大學歷史研究
　　所碩士論文.

吳聰敏. 1994. "臺灣戰後的惡性通貨膨脹." 梁國樹 編. 『臺灣經濟發展史論文集─紀
　　念華嚴教授專集』. 臺北: 時報出版社.

王益滔. 1991. "農地減租與佃農經濟." 『王益滔教授論文集』 第一集. 臺北: 臺灣大學
　　農學院農業經濟學系.

王長璽, 張維光. 1954. 『臺灣土地改革』. 臺北: 臺灣省新聞處.

雲林縣文獻委員會. 1977. 『雲林縣志稿卷九光復志』. 斗六: 雲林縣文獻委員會.

魏正岳. 1997. "訪李連春─談臺灣省糧食局." 『臺灣文獻』 48(3).

魏正岳. 2001. "戰後初期臺灣糧政之研究." 『臺灣文獻』 53(3).

鄭梓. 1985. 『本土精英與議會政治─灣省參議會史研究(1946~1951)』. 臺中: 自行發行.

鍾逸人. 1993. 『辛酸六十年(上)』. 臺北: 前衛出版社.

彭明敏. 1992. 『自由的滋味』. 臺北: 前衛出版社.

許雪姬 總策劃. 2004. 『臺灣歷史辭典』. 臺北: 文建會.

許雪姬 編. 1998. 『霧峰林家相關人物訪談紀錄(頂厝篇)』. 臺中: 臺中縣立文化中心.

華松年. 1984. 『臺灣糧政史』. 臺北: 臺灣商務印書館.

黃登忠. 1997. 『臺灣百年糧政資料彙編』. 臺中: 臺灣省政府糧食處.

黃富三. 2003. 『林獻堂傳』. 南投: 國史館臺灣文獻館.

黃崇期. 2000. "光復後臺灣米價之長期分析與變動(1945~1996)" 南投: 國立暨南國際
　　大學歷史學研究所碩士論文.

黃旺成. 〈黃旺成日記〉. 未刊稿. 中央研究院臺灣史研究 所藏.

黃鎮中. 1946. "臺灣糧食政策商討." 『正氣半月刊』 第二期. 臺北: 正氣出版社.

6장

왕위안화의『90년대 일기』로 본 당대 중국의 변화

옌하이젠

    중국 개혁개방 이후의 30년은 성찰과 변혁을 모색한 시대였다. 성찰의 직접적인 대상은 문화대혁명이라는 큰 재난을 일으킨 역사적 원인과 사회배경이었다. 변혁을 모색한 자원으로는 전통 중국의 가치와 5·4이래로 형성된 새로운 가치 및 당대 서양에서 들어온 외래 가치가 있었으며, 서로 다른 변혁 방안 사이에는 모순과 논쟁이 가득했고, 당대 중국사회 전환의 복잡성 역시 크게 반영하고 있었다.

    개혁개방 이후의 30년 중 1990년대는 매우 중요한 전환의 연대였다. 한편으로는 문화대혁명에 대한 성찰이 이미 상당히 축적되어 개혁에 대한 논쟁이 충분히 진행되었고, 다른 한편으로는 개혁이 끊임없이 심화되어 개혁의 한계와 어려움이 드러나게 되었다. 이 글은 당대의 유명한 사상가인 왕위안화(王元化)의『90년대 일기(九十年代日記)』를 통하여 당대 중국사회의 전환과 발전과정의 몇몇 측면들을 고찰하고, 동시에 후대의 시각으로 당대 중국사회 전환의 한계를 살펴보고자 한다.

1. 왕위안화와 그의 일기

왕위안화(王元化)는 국내외에서 큰 명성을 가지고 있던 저명한 학자이며 예술이론가였다. 그는 중국 고대문학이론 연구, 당대 문예이론 연구, 중국 문학비평사, 중국 근현대사상학술사 연구에 있어서 새로운 길을 개척하고 독창적인 공헌을 하였다. 왕위안화 선생은 전업 학자인 동시에 또한 저명한 사상가로서 개혁개방 이후의 중국 사상계에서 '성찰'로 유명하였다.

왕위안화는 1920년 후베이(湖北) 우창(武昌)에서 기독교를 신봉하는 지식인 가정에서 태어났다. 왕위안화의 집안은 서방 교회교육에 깊은 영향을 받았는데, 부친 왕팡취안(王芳荃)은 소시적 집이 가난하여 교회의 후원을 받아 상하이의 성 요한대학에서 공부하였고, 후에 미국에 유학하여 시카고대학에서 석사학위를 취득하였으며, 전후로 칭화(淸華)대학, 동북대학 등 유명대학에서 교편을 잡았다. 모친 구이웨화(桂月华)는 일찍이 상하이 성 마리아대학에서 공부하였고, 외조부는 전도사였으며 일찍 후난 사시(沙市) 성공회 초대회장을 지냈다. 아내 장커(張可)는 쑤저우(蘇州)의 학자 집안에서 태어나 지난(暨南)대학 외국어학과를 졸업하였다. 1948년에 왕위안화와 장커의 결혼식이 상하이에서 기독교식으로 치러졌고, 1986년과 2006년에 왕위안화는 동일한 장소인 상하이 헝산루(衡山路) 국제예배당에서 차례로 모친, 아내와 영별(永別)하였다. 왕위안화는 출생과 동시에 세례를 받아 기독교 및 중국 사대부 전통교육의 가족 분위기 하에서 성장하였으므로 그의 인격, 학술, 사상은 가정환경의 영향을 깊이 받았다.

1953년, 왕위안화는 제2차 전국 문학예술가 대표대회 기간 처음으로 마오쩌둥(毛澤東)을 만났다. 당시 심정을 기술하며 그는 기독교의 영향을 언급하였다. "많은 사람들이 모두 경건하고 정성스러운 표정으로 몰려갔지만 나는 이러한 감정을 느끼지 못하였다. 오직 나만이 원래 자리에 서서 내심 약간의 놀라움과 두려움을 느꼈다. 이것은 아마도 기독교 정신의 영향을 받은 것과 어느 정도 관계가 있었던 듯하다. 왜냐하면 신 앞에선 모든 사람이 평등하기 때문이다"(胡曉明, 2007: 32).

왕위안화의 부친 왕팡취안이 칭화대학에서 교편을 잡았으므로 왕위안화는 어린 시절을 모두 칭화 난위안(南院)에서 보냈으며, 그가 살았던 곳은 난위안 12번지였다. 1920년대 칭화대학의 중국학 연구를 대표하는 4대학자 중에서 량치차오(梁啓超)를 제외하고는 모두 이곳에서 살았다. 1997년, 왕위안화는 중앙TV방송국 〈독서시간(讀書時間)〉 프로그램의 요청으로 다시 칭화위안(淸華園)으로 돌아왔다. 이보다 앞서 그 "칭화에 대한 감정"은 이미 크게 드러났는데, 그가 상하이에 있을 때 서재의 당호가 "칭위안(淸園)"이었고 저서의 제목도 "칭위안(淸園)"으로 이름 붙인 것이 많았다. 칭화위안이 제창하고 수많은 학자 선배들이 몸소 실천한 바 있던 "독립의 정신, 자유의 사상"을 왕위안화가 깊이 추앙하였던 것이다.

기독교 집안이라는 배경, 칭화대학에서의 생활환경 및 어린 시절의 신식교육은 왕위안화로 하여금 5 · 4운동에 깊은 동질감을 느끼게 하였다. 표준적인 5 · 4운동 세대로 그는 일찍부터 5 · 4운동의 반전통과 서구화 제창은 절대적 진리이며, 5 · 4사상은 반드시 전면 계승되어야 한다고 오래도록 굳게 믿었다.

왕위안화는 당대 "구파공산당인(老派共産黨人)"에 속한다. 구파공산당인의 중국공산당 이상에 대한 집착은 당시 사람들이 몹시 이해하기 힘든 점이었다. 왕위안화는 두 가지 모순적인 신분을 가지고 있었는데 하나는 복종과 헌신을 강조하는 공산당원이라는 신분이고, 다른 하나는 독립적 의지와 이론을 가진 지식인이라는 신분이었다.

왕위안화는 1930년대에 창작활동을 시작하여 점차 진보적인 문학청년으로 성장하였다. 1935년에 "12·9"학생운동에 참가하였고 1936년에는 "민족해방선봉대"에 가입하였다. 항일전쟁이 폭발한 후에는 톈진(天津), 칭다오(靑島) 등지를 전전하다가 상하이로 흘러들어갔다. 1938년에는 중국공산당에 가입하여 쟝쑤성(江蘇省)위원회 문예위원회의 지도하에 일하였다. 일찍이 상하이희극교의사(上海戲劇交誼社)에서 일하였고, 이후 상하이에서 『문예통신(文藝通訊)』의 조직사업을 책임졌다. 1940년부터 1941년까지 『분류(奔流)』와 『분류신집(奔流新輯)』의 편집에 참여하였다. 1942년에는 상하이지하당 문예위원회를, 1945년에는 『시대일보(時代日報)』의 문예란 〈열풍(熱風)〉의 편집을 맡았다. 같은 해 후반기부터 1946년 후반기까지는 『연합만보(聯合晚報)』의 문예란 〈석습(夕拾)〉의 편집을 맡았다. 그 후 베이징철도대학(北京鐵道學院) 중문학 전임강사, 상하이 『전망(展望)』 잡지의 책임편집을 맡았다. 1949년 초에 『전망』이 국민당에 의해 강제 폐쇄되자, 이후 다시 『지하문췌(地下文萃)』의 책임편집을 맡았다. 일찍이 중국공산당 상하이지하문예위원회 위원을 맡았으며, 『분류』문예총간의 책임편집을 맡았다. 항일전쟁 승리 후에는 국립 베이핑철도경영대학(北平鐵道管理學院) 전임강사를 맡았다.

1950년 초에 왕위안화는 전단대학(震旦大學)과 푸단대학(復旦大學)의 겸임교수를 맡고, 상하이신문예출판사 총편집자, 상하이문예위원회 문학처장을 맡았다. 1955년에 '후펑(胡風)사건'에 연루되었고 1981년에 누명을 벗은 후 국무원학위위원회 제1, 2기 학과평의조 위원, 상하이시위원회 선전부장, 화둥사범대학(華東師範大學) 교수를 역임하였다.

왕위안화의 『90년대 일기』는 1990년부터 1999년까지 총 10년간의 일기이다. 그 중 1991년은 기록이 없어 회고록으로 대체하였다. 왕위안화는 젊은 시절 혁명운동에 뛰어들면서 문학창작과 학술연구자로서의 생애를 시작하였다. 건국 후에는 우여곡절을 겪으며 이른바 "후펑반혁명집단" 사건에 연루되어 격리 취조를 당하고 "문화혁명" 기간에도 박해를 받았다. 누명을 벗은 후 한 차례 선전계통의 고위직을 맡았다. 말년에는 교학과 저술을 업으로 삼고, 문단과 학계에 중요한 영향을 미쳤다. 특수한 인생경력은 그로 하여금 자신의 일생 동안 끊임없이 '성찰'을 수행하도록 하였다. 1990년대에 이르러 그의 사상은 진정으로 자유롭고 성숙한 단계에 들어섰고, 성취가 탁월한 학자로부터 영향력 있는 사상가로 진일보 성장하였다.

90년대는 왕위안화에게 있어 매우 중요한 10년이었다. 그의 말을 빌어 말하자면, "90년대는 나의 성찰의 시기이다. 이때에 이르러서야 나는 비로소 내가 오랫동안 축적했던 사상관념에 대하여 비교적 철저하고 전면적인 검토를 진행하였다. 40년대와 50년대 하반기에도 몇 차례 성찰을 수행하였지만 시간이 얼마 지속되지 못하였고 연관 범위도 이처럼 광범하지 못하였다. 90년대에 이르러서야 나는 비로소 모방에서 벗어나 오랫동안 형성된 기존의 관념을 버리고 자신의 머리로 세계를 인식하고 문제를 생각하였다"(王元化, 2008: 400)는 것이다. 그러므로 그는 90년대를 자신의 사상이 성숙하기 시작하는 시기로 보았다. 이것은 또한 그가 10년 동안 지속하여 일기를 쓴 원인이기도 하다. 그는 "만약 보고 듣고 느끼고 생각한 것과 자신의 사상 변화와 발전을 모두 기록하려 한다면 아마도 일기보다 간편한 방법은 없을 것이다"(王元化, 2008: 400)라고 하였다.

이 일기를 출판하기 위해 왕위안화는 2년 여의 시간을 소비하여 일부 개인적인 사생활에 관련된 내용과 아직 공개해서는 안 되는 사건을 삭제하였다. 또한 원래 기술하지 않았던 사건 배경에 필요한 설명을 추가하여 2001년 7월 저장런민출판사(浙江人民出版社)에서 일기를 출판하였다. 2008년 4월 왕위안화는 병이 깊어졌을 때, 수정을 거친 『90년대 일기』를 상하이구수출판사(上海古籍出版社)에 보내어 재판하였다.

『90년대 일기』에는 일에 대한 기록이 있을 뿐만 아니라 수필, 책이나 신문을 보고 느낀 점이나 요점을 기록한 것 그리고 친구로부터 받은 편지 등이 수록되어 있다. 이 일기로부터 사회현실, 그리고 일부 중대한 이론 문제에 대한 왕위안화의 강렬한 관심과 깊은 성찰을 볼 수 있을 뿐만 아니라, 왕위안화 선생 말년의 생활환경, 벗들과의 교제 상황을 이해할 수 있다. 왕위안화 선생의 관찰기록을 통하여 당시 사회문화의 여러 현상들을 이해할 수 있다. 『90년대 일기』는 왕위안화를 이해하고 왕위안화를 연구하는 중요한 자료일 뿐만 아니라 당대 중국사회의 전환을 연구하는 데 있어서 중요한 문헌이기도 하다.

2. 당대 중국 사회 자주성의 회귀와 한계

문화혁명 이후 사상계의 성찰은 지도자 숭배 문제, 고도로 권력집중적인 정치체제와 사회의 자주성 상실 문제에 대해 집중되었다. 개혁개방 이후 중국사회의 두드러진 특징 중 하나는 바로 사회의 자주성 회복으로, 시장경제개혁이 심화되고 국가와 사회관계가 조정됨에 따라 사회 자주성이 점차적으로 확립되기 시작하였다. 이는 국가권력이 점차 사회영역에서 물러나고 사회가 다원화한 발전 양상을 띠는 것으로 나타났다.

지식인의 한 사람으로서 왕위안화가 가장 관심을 가졌던 문제는 학문의 독립과 교육의 독립 문제였다. 왕위안화의 일기에는 이 문제에 관해 기술한 부분이 매우 많이 있다.

학문이 자주적인 발전을 획득하려면 반드시 정치권력의 통제를 벗어나야 한다. 왕위안화가 일기에서 이에 대해 언급하길, 그가 하루는 아침에 깨어나 린뱌오(林彪)의 "이해한 것은 실행해야 하고, 이해되지 않는 것도 실행해야 한다(理解的要执行, 不理解的也要执行)"는 말에 대해 생각했는데, 군대에서 특히 작전이 긴급한 상황에서는 아마도 그럴 수밖에 없을지도 모르지만, 범위를 넓혀서 이를 일종의 조직 규율로 삼는다면 매우 문제가 된다고 하여(王元化, 2008: 2), 문화혁명 시기 고도로 권력집중적인 정치 통제에 대한 성찰을 드러내고 있다. 왕위안화는 칭화대학 건립 시기 미국으로부터 도입한 정치와 학문을 분리시키는 교육원칙에 대해 확신하였으며, 다음과 같은 이유로 당대에도 매우 큰 의의를 지닌다고 생각하였다. "우리들은 공리(功利)를 너무 중시하여 학문의 독립적인 지위를 인정하지 않고 반드시 그것을 학문 이외의 목적에 복종시킨다. 그 후에는 정치를 더 강조하여 이로써 모든 것을 다스리게 하고, 입장과 태도를 무엇보다 중요하게 생각한다"(王元化, 2001b: (2)268).

1995년, 왕위안화는 『문회보(文匯報)』에 발표한 담화에서 다음과 같이 말하였다. "과거에 우리의 문화체제는 주로 소련(러시아)의 모델을 채용하였는데, 이는 바로 행정화와 독점성이다. 이런 체제가 문화발전의 장애가 되었다"(王元化, 2001b: (2)510). 행정화란 문화기구가 행정적 수단으로 문화업무를 이끄는 것을 가리키는 것이니, 바로 비전문가가 나서서 전문가를 이끄는 관료기구가 형성된 것을 말한다. 독점성이란 서적과 영화 등 문화 완제품을 모두 국가가 전문적으로 설치한 하나의 기구에서 독점 발행하는 것을 가리킨다. 왕위안화는 이와 같은 행정화된 관리체제에 대하여 매우 반감을 가지고 단호히 배격하였다. 한 번은 상하이시 정부 좌담회에서 왕위안화는 문화적 건설을 중시하고 정치의 지휘권을 반대해야 한다는 의견을 제기하였다. 회의가 끝난 후에 『문회보』 신문사 편집자가 그의 발언 원고를 대폭 수정하여 그의 뜻과 어긋나게 하였는데 그가 강경히 반대하여 결국 그의 뜻대로 발표하였다. 왕위안화는 "『문회보』가 발언원고를 게재하는 데 있어 이렇게 평화로운 글이 이렇게 평범하지 않은 운명을 겪으니 이는 외부인으로서는 상상하기 어려운 일이다"라며 탄식하였다(王元化, 2008: 38).

왕위안화는 학문이 정치의 통제를 벗어나 자주를 쟁취하는 문제에 대해 특별히 강조하였다. 그는 글 속에서 자신의 견해를 피력하였을 뿐만 아니라 이를 몸소 실천하여 학술계에 대한 정치의 통제를 거부하고 학자의 독립적인 인격을 견지하였다. 1997년, 왕위안화는 항저우대학 개교 100주년 기념회에 참석하였는데 "사상사를 전공한 학자"가 아니라 "전임상하이시위원회 선전부부장"이라 소개되자 이에 탄식하며 "과거에 비하면 오늘의 대학은 이미 관료사회로 변하여 더 이상 학자를 영예로 여기지 않는다. 학교 개교행사를 치를 때에 다투어 관직을 과시한다"(王元化, 2008: 295)라고 하였다. 이때 그는 과거 견줄만한 참조인물을 가져오니 바로 전임 칭화대학 학장 메이이치(梅貽琦)였다. 메이이치는 학장시절에 스스로를 연극무대에서 황제라 칭하지만 실제로는 조연배우인 왕 역할의 노배우에 비유하였다. 그는 메이이치가 비록 자연과학계열 출신이지만 중국과 서양, 문과와 이과를 모두 통달하였으므로 학교를 다스림에 있어서 자연스럽게 대학의 큰 스승이라고 칭할만한 면모가 있다고 칭찬하였다. 1990년, 왕위안화는 국무원 제2차 학과심의위원으로 북경 회의에 참석하였는데, 회의에서 사무요원들이 미리 초심 명단을 확정하여 인원 증원을 허락하지 않는 수법으로 심사위원의 권력을 제한하는 것에 대하여 불만을 표했다.

회의가 끝나는 날, 갑자기 한 사무요원이 그 이유를 알려주지 않은 채 그들에게 인민대회당에 갈 것이니 기다리라고 통지하였다. 왕위안화는 지도자들의 접견을 받고 기념촬영을 할 것이라 예상하였고, 만약 지도자들을 만나 단체사진을 찍으려면 학자들을 긴 시간동안 기다리게 할 터이니 이는 학자를 존중하지 않는 처사이므로 곧바로 자신은 허리통증이 있어서 따라갈 수 없다 하였으며, 많은 사람들도 그에 호응하여 핑계대고 허락을 받았다(王元化, 2008: 25~26).

왕위안화는 지식인들의 독립적인 잡지를 지속 간행하여 이를 공공의 의견을 발표하는 진지로 삼았다. 1988년 10월, 왕위안화가 편집을 주관한『신계몽(新啓蒙)』총서 제1책『시대와 선택(時代與選擇)』
이 출판되었다. 원래는 월간으로 간행할 계획이었으나 출판, 발행 방
면의 여러 가지 어려움으로 인하여 격월간으로 바꾸어 간행하였다.
기타 3책은 각각『위기와 개혁(危機與改革)』,『소외개념을 논함(論異
化槪念)』,『루산회의의 교훈(廬山會議敎訓)』이다.『신계몽』3책이 발
행된 후, 왕위안화는 1989년 4월 1차 기자의 질문에 대한 답변에서
발간 취지를 다음과 같이 설명하였다. "이 총서는 시사 평론적 성격
이 아니고, 순수 학술적 성격도 아니라, 문화적 시각의 높은 차원에
서 모든 사람이 관심을 가지는 현실적 의의를 가지는 문제를 탐구하
고자 하였다"(王元化, 2001a: 203).

한 독립적인 사유인(思考者)으로서 왕위안화는 발간한 잡지가 지식
인의 독립적인 입장을 기초로 하여 정치에 의해 좌지우지되지 않도
록 스스로에게 요구하였다. 저명한 문화인 딩둥(丁東)이 일찍이 말하
기를 "1990년대에 지식계가 공적인 발언을 회복한 것은 왕위안화의
영향이 매우 크다. 덩샤오핑(鄧小平)의 남방 순행 이전에 지식계의
공적 영역은 사실상 실어 상태에 처해 있었다. 당시는 평화로운 변화
를 반대하는 것이 기조를 이루고 있어 1980년대 이래의 사상 해방은
이미 그 발언 공간이 없었다. 어떻게 지식인의 공적인 발언 공간을
회복할 것인가에 대하여 왕위안화가 미친 영향은 매우 특별했다"[1]라
고 하였다. 1990년대는 대중들이 익히 알고 있는 바와 같이 왕위안
화의 성찰적 시기이다. 이 시기의 성찰은 1990년대 중기로부터 시작
해 일련의 (사상적인) 극복이 이루어지며, 왕위안화는 헤겔의 논의를

---

1) 「"这世界不再令人着迷": 解读王元化的六个关键词」,『南方周末』, 2008년 5월 15일.

새롭게 성찰하고 루소의 국가론을 새롭게 성찰하며 5.4운동을 새롭게 성찰하는 등 이는 모두 정치의 강권적 통제를 반대하고 인간의 주체성을 확립하는 것과 관련이 있었다.

1950년대의 중국은 교조주의가 성행하였는데 왕위안화는 헤겔의 『소논리학(小邏輯)』을 읽고 연구하는 과정에서 끝내 교조주의 인식론의 근원적 소재를 포착하였다. 이른바 감성인식으로부터 이성인식에 이르는 과정에서 또 하나의 지성인식의 단계가 있으니 바로 사물에 대한 추상적인 종합이다. 일단 지성인식을 절대화시켜 변증법적 이성인식을 대체하면 곧 경직된 교조주의에 빠지게 된다. 예컨대, 사람의 계급성만 인정하고 일반적 인성과 풍부하고 다양한 개성을 부인하며 사물의 보편성만을 말하고 각자의 차이점을 소홀히 하는 것 등이다.

독일 고전 철학으로부터 온 이러한 성찰이 당시에 이단 사설로 취급받은 것은 두말할 것도 없으며, 80년대초 사상해방운동에 이르러서야 비로소 여건이 되어 세상에 공표되었다. 왕위안화는 원래 사람의 이성은 전지전능에 이를 수 있으며 사람들이 이성의 인도를 따른다면 낡은 세계를 깨뜨리고 이상적인 새 세계를 세울 수 있다고 굳게 믿고 있었다. 그러나 20세기 인류와 중국의 비극은 오히려 무정하게 이성신화의 파멸을 증명하였다.

왕위안화는 "이성 정신과 사람의 힘은 일찍이 사람들을 암흑한 중세기에서 탈출하게 하였다. 그러나 일단 그것을 신격화시키고 스스로 궁극적인 진리를 정복했다고 여길 때에는 진리라는 명분하에 자신을 반대하거나 자신과 이견이 있는 사람들을 이단으로 몰아 개조시키거나 소멸해버린다"(王元化, 2004b: 8)고 보았다. 90년대에 이르러 왕위안화가 몸담고 있던 성찰작업의 하나는 바로 헤겔사상 중의 절대주의와 독단론의 독소를 스스로 깨끗이 정리하는 것이었다. 1982년, 그는 왕뤄수이(王若水) 등과 함께 저우양(周揚)을 위하여 마르크스 서거 100주년 기념회에서 강연할 〈마르크스주의에 관한 몇 가지 이론문제 탐구(關于馬克思主義的幾個理論問題的探討)〉라는 제목의 연설문을 초안하였다. 이 연설문은 후에 "정신적 오염"으로 간주되어 처분되었던 사상해방운동의 강령적 성격의 문건으로 마르크스의 소외이론을 재차 천명하였을 뿐만 아니라 왕위안화의 지성문제에 대한 사유를 포함하고 있다.

왕위안화는 1990년대에 루소의 『사회계약론』에 대하여 철저한 연구를 진행하여 루소의 '일반의지론'과 전체주의 사조의 내적 연계성에 대하여 성찰하였다. 『사회계약론 세 권의 책에 대하여 논하다 (談社約論三書)』는 왕위안화가 말년에 오랜 시간에 걸쳐 침잠하여 책을 읽고 사유하며, 체계적으로 문제를 탐색하여 써낸 대표작인데 그가 사유한 문제는 서방 정치사상사에서 고전적 명제인 '루소의 계약론과 그 실천의식'에 대한 것이었다. 왕위안화는 "루소의 '일반의지'는 바로 헤겔의 '개념(總念; Begriff)의 보편성'과 마찬가지로 보편성을 사용하여 특수성과 개별자(個性體)를 자신 안에 통합하여 이로부터 특수성과 개별적 존재를 없애버렸다"(王元化, 2004a:63)고 지적하였다. 이 글은 당대 학계에서 민주화 이념을 새롭게 수립하기 위한 토론에서 매우 큰 영향을 미쳤다.

『두야취안과 동서양 문화문제 논쟁(杜亞泉與東西文化問題論戰)』은 사상사의 유산을 새롭게 발견한 명문장이었다. 저자는 현대사상사에 대하여 보충하고 바로 잡았을 뿐만 아니라 현대사상전통에서의 큰 문제점, 심정윤리(意圖倫理), 공리주의 등을 탐구했다. 왕위안화는 5·4신문화운동의 의식형태화에 대하여 깊이 성찰하였다. 저자는 5·4신문화운동에는 유행하는 네 종류의 관념이 있는데 그것은 바로 세속진화론(庸俗進化論; Vulgar Evolutionism), 급진주의(激進主義), 공리주의와 심정윤리라고 생각하였다. 그 중에서 급진주의는 극단으로 달리기를 좋아하여 후대 극좌사조의 근원이 되었고, 공리주의는 후대의 학문이 정치에 봉사하는 발단이 되었으며, 이런 유산은 당대 사상건설에 좋지 않은 영향을 끼쳤으며, 5·4신문화운동에서 계승해야 할 사상유산은 독립적인 사상과 자유의 정신이라고 하였다(王元化, 2000: 127).

왕위안화는 일기의 후기에 "90년대에 이르러서야 나는 비로소 모방에서 벗어나 장기간 형성된 기존의 관념을 버리고 자신의 머리로 세계를 인식하고 문제를 생각하게 되었다"(王元化, 2008: 400)고 하였다. 왕위안화는 구세대 지식인으로서 말년에 이르러서야 자신의 사상이 모방을 벗어났다고 하였으니 당대 중국사회의 자주성이 일정 정도 회복하였음을 보여준다고 할 수 있다.

당대 중국은 사회 자주성의 회복과 함께 인문전통의 회복이 나타나지는 않았으며 시장경제 개혁과 소비주의의 성행에 따라 대중문화가 흥기하여 지식인 엘리트들의 계몽의 요구가 와해되었다. 대중문화의 흥기와 함께 지식인 엘리트들이 열망하였던 개인의 주체성이 와해되었으니 이는 대중문화의 특징이 하나 같아서 개성이 없고 현실을 넘어서고자 하는 노력도 없었기 때문이다. 왕위안화는 말년에 성찰과 함께 현실 사회에 대한 우려도 하였다.

왕위안화는 1990년에 다음과 같이 언급하였다. "인문정신의 실추와 문화수준의 하락은 끝내 인민들의 소질이 갈수록 낮아지는 현상을 초래하게 된다. 그러므로 반드시 인민들의 소질이 부족하면 현대화를 실현할 수 없다는 것을 알아야 한다. 이것은 매우 간단한 이치로 선배 과학자들처럼 인문과학과 자연과학을 두루 통달할 필요없이도 마땅히 알아야 하는 것이다. 그러나 오늘 언급한 사람의 소질 문제는 많은 사람들이 정치적 차원만 고려할 뿐, 인문정신의 실추라는 측면에서 문제를 생각하는 사람은 매우 적다"(王元化, 2008: 21). 당시 그는 아직 인문정신의 실추는 정치권력의 통제 때문이라고 생각하였었다. 그러나 21세기에 이르러서는 이미 시장경제의 영향 역시 인문정신의 실추를 초래할 수 있다는 것을 의식하였다.

왕위안화는 유구한 문명의 쇠락에 대하여 특히 인문정신의 몰락에 대하여 매우 걱정하였다. 그가 처음으로 우려한 것은 득실거리는 대중문화였다. 한 시대의 계몽정신을 가슴에 품은 지식엘리트로서 그는 대중문화 자체를 반대한 것이 아니라 예술의 품위와 정신생활에 대한 손상을 걱정한 것이다. 왕위안화는 다음과 같이 말한 바 있다. "예술은 옛날과 지금, 중국과 외국, 새 것과 낡은 것 사이에 고하의 구분이 있을 수 없고 다만 숭고함과 보잘 것 없는 것, 아름다운 것과 비루한 것, 심오함과 평범한 것의 구별이 있을 뿐이다"(王元化, 2000: 189~190). 대중문화 중에는 좋은 것도 있다. 그러나 그것이 주류문화가 되면 예술 자체의 기준은 사라지고 한결같이 유행과 시류만 추구하여 시장의 선호가 예술 자체를 대체하게 된다. 왕위안화가 가장 반대한 것이 세속에 영합하는 것이었다. 그는 거듭 소리 높여 다음과 같이 외쳤다. "시대적 유행이 주도하는 사회문화에는 진정으로 깊이 있는 정신생활을 말한 만한 것이 없다"(王元化, 2004b:

7). 그러나 실제 이러한 목소리는 사회에 영향을 일으키지 못하였다. 당대 중국사회는 유구한 문화의 정수와 문명유산이 날이 갈수록 점차 쇠락하는 것을 면할 수 없었다.

2002년에 린위성(林毓生)의 추천으로 왕위안화는 하버드대학 슈워츠 교수의 유작인 『중국과 오늘날의 천년왕국주의(中國與當今千禧年主義)』를 읽었는데 이 글은 그에게 매우 큰 감동을 주었다. 슈워츠 교수는 태고적 선지자의 정신으로 인류문명에 대한 깊은 우려를 가슴에 품고 임종 전 세상 사람들에게 다음과 같이 충고했다. "기술의 진보와 여러 신과학기술이 인류에게 가져온 소비주의와 물질주의는 이미 일종의 물질적인 말세구원론(末世救贖論)이 되어 기축문명시대(軸心文明時代)에 축적해온 인문주의 정신이 쇠락해가고 있다." 왕위안화는 인문정신의 쇠락은 중국의 당시 특수현상일 뿐만 아니라 인류문명 전반이 직면하고 있는 공통적인 위협임을 의식하였다. 그는 특별히 짧은 글에서 근심을 가득 품은 채 다음과 같이 지적하였다. "중국은 오늘날 정말로 서방의 소비주의와 물질주의를 담고 있는 세간의 보편적으로 만연하는 이념에 흥분을 느낄 이유가 없다"(王元化, 2004b: 138~141).

2005년 왕위안화는 상하이미술관이 주최한 "칭위안 서재 문장전시회(淸園書屋筆札展)"에 참여하였다. 그는 린위성에게 보낸 편지에서 시름에 잠겨 다음과 같이 말하였다. "현재 매체에서 보도한 문화 활동은 대대적인 선전을 위함이거나 아니면 광고의 성질을 가지고 있다. 신문, 잡지, 희극, TV, 무대 위에 넘쳐나는 것은 대부분 저급하고 세속적인 문자와 화면들이다. 나는 이미 늙어서 다시 무슨 일을 할 힘이 없다. 나는 이번 전시를 통하여 오로지 돈만 추구하는 소비주의와 오락문화와는 다른 문화 분위기를 다소나마 보여주려고 생각하였다. 그러나 나는 실패하였다. 전시회를 반 개월 동안 진행하여 관람한 사람이 적다고 할 수는 없지만 대부분이 떠들썩한 구경거리나 보러 온 사람들이고 나의 의도와 심혈을 세심하게 살핀 사람은 아마도 매우 적은 것 같다. 나는 방명록을 전시회에 놓아두고 관람하는 사람들이 모두 몇 마디 말을 남기기를 바랐다. 방명록에 적은 말들은 의외로 적지 않았고 좋은 말도 많았지만 적지 않은 사람들이 그저 '아무개와 그 여자친구 아무개가 여기 와서 놀았다'라거나 간혹 그림에다 하트 하나를 그리고 '아무개와 아무개의 여자친구가 함께 서명했다'고 적었다. 물론 일부 진실한 느낌을 적은 사람도 있었으나 소수에 불과했다. 방명록을 여러 번 뒤져보고 정말로 울지도 웃지도 못하여 말로 표현할 수 없는 비애감이 머리끝까지 치밀어 오름을 느꼈다."

왕위안화가 느낀 것은 당대 사회문화의 쇠락과 낮아지는 사람들의 소질이었다. 그는 "한 사람의 지식인으로서 우리는 물론 책임이 있다. 그러나 이것은 지식인만 책망할 수 없는 것이다. 이것은 내가 당신에게 말했던 것과 같은 문화의 방향을 결정하는 역량이 만든 것이다. 매번 이 일을 생각할 때마다 정말 속에서 슬픔이 일어난다. 나는 이미 노년의 나이가 되어 바라는 바가 전혀 없다. 그러나 우리의 후대들을 생각하고 우리의 유구한 문화전통을 생각할 때, 이것이 만약 하루아침에 무너졌다는 말을 듣는다면 정말 견디기 어려울 것 같다" (王元化, 2004b: 7)[2]라고 하였다.

왕위안화는 2008년에 세상을 떴다. 개혁개방을 시작한지 30년 간

---

2)「王元化致林毓生信」,『财经杂志』第143期, 2005년 10월 3일.

처음에는 정치권력이 개인의 자유를 침식하는 문제를 어떻게 반대할 것인가에 대해 사유하다가 이에 대해 완전한 답안을 얻지 못하였을 때 비로소 소비주의와 대중문화의 흥기가 계몽정신의 와해에도 치명적인 것이라는 것을 발견하였다.

3. 왕위안화 일기에서 본 당대 중국 사회생활의 변천

왕위안화는 일기에 자신의 생각 외에도 많은 생활상을 기록했다. 이로부터 당대 중국인들의 사회생활의 변천을 알 수 있다. 그 중에서 비교적 두드러진 것은 중국인의 생활공간이 점차 개방적으로 바뀌는 과정에 대한 반응이다. 물론 다원화된 패턴이 존재한다.

왕위안화는 도시 사회의 엘리트 계층에 속하며 생활수준이 상대적으로 비교적 높았고 경제발전에 따른 생활상의 편리함도 향유하였다. 왕위안화의 일기 기록으로부터 그의 사회생활 조건이 이미 상당히 좋았음을 발견할 수 있다.

통신수단을 보면, 왕위안화의 생활공간은 매우 크게 확장되어, 시내의 전화통신도 이미 상당히 보급되어 신속히 소통하고 교류할 수 있었다. 다만 외지와 해외에는 여전히 우편에 의존하고 있어 상대적으로 비교적 효율이 낮았으나 왕위안화처럼 교류가 광범한 학자의 생활 속에서는 여전히 매우 중요하고 또 흔히 보이는 방식이었다. 이 외에도 교통수단 역시 매우 편리하여 왕위안화는 국내의 비교적 먼 목적지와 해외의 중요한 곳에는 모두 비행기를 타고 다녔을 뿐만 아니라 그 빈도도 매우 높았다. 물론 경비도 적지 않게 들었을 것이니 보통 사람의 수준 이상이었을 것이다.

가사일은 왕위안화의 일상생활에 있어 매우 중요한 것으로 그의 일기에서도 빈번하게 나타난다. 1979년 6월 장커(張可)는 문화혁명 때 쌓였던 병이 갑자기 중풍으로 이어져 7일 동안 혼수상태에서 깨어나지 못하다가 후에 응급치료를 하여 겨우 위험에서 벗어났지만 심한 후유증이 남아 머리를 쓸 수 없고 책을 읽을 수 없게 되었다. 이후로는 가사일을 모두 왕위안화가 맡았다. 왕위안화는 이미 나이가 많은데다 가사일까지 맡다보니 그의 누나인 구이비칭(桂碧清)이 자주 와서 도와주었다. 이 밖의 일상생활은 주로 가정부가 보살폈다. 왕위안화의 일기를 보면 가정부는 쉽게 구할 수 있었던 것으로 확인된다. 왕위안화는 자주 가정부를 바꾸었고, 또한 가정부를 구하지 못하는 일도 빈번하게 일어났다. 가정부를 쉽게 못 구한 원인의 하나는 당시 도시에 가정부 직업을 가진 사람이 적었기 때문이었다. 물론 왕위안화처럼 가정부를 고용할 수 있는 집도 매우 드물었다. 또 다른 원인은 만족스러운 가정부를 구하기가 쉽지 않았다는 점이다. 왕위안화는 일기에서 외지에서 소개받아 구한 가정부는 대부분 말이 통하지 않아 고용할 수 없다고 하였는데 표준어나 상하이 지방의 말을 잘하지 못하였기 때문이다. 언어 문제는 실제 당시 도시와 농촌에 유동성의 한계가 있었음을 반영하고 있다.

왕위안화의 일기 중에는 자세한 출국기록이 있는데, 나라의 문호를 개방하여 대외교류가 편리해진 것은 중국 사람들의 사회생활과 관념에 매우 중요한 영향을 주었음을 반영하고 있다. 왕위안화의 기록 중에서는 그가 출국수속을 하고 세관직원들과 접촉하는 가운데에서도 강렬한 문화 동질감과 민족 자존심이 있었음을 알 수 있다.

왕위안화는 1991년 초에 홍콩에 가족방문을 갔는데 그의 아들 왕청이(王承義)가 홍콩에서 근무하고 있었다. 왕위안화의 일기 중에는 홍콩 세관을 통과할 때의 상황이 상세히 기록되어 있다.

우리가 홍콩에 갈 때 가져간 것은 가족방문 통행증이었다. 입국 후에 줄을 서서 오랜 시간 기다렸는데 내가 한 방에 불려 들어갔을 때 방 안에는 홍콩 정부의 세관제복을 입은 남녀직원이 있었다. 한 여직원이 나의 증명서를 손에 들고 나를 응시하며 미숙한 표준어로 "이름이 무엇입니까?"라고 물어서 내가 왕위안화라고 대답했더니, 몇 번이나 나의 이름을 알아듣지 못하고 "뭐라구요?" 하고 재삼 물었다. 내가 작성한 서류를 보고서야 비로소 "아, 왕-윈-파(王-云-發)이구만요!"라고 하였는데 마치도 나의 발음이 왜 이렇게 이상하냐고 책망하는 듯하였다. 하지만 그가 표준어를 알아듣지 못하는 일은 다행히도 순식간에 지나갔다. 이어서 그녀는 또 몇 가지 문제를 물었는데 이번에는 대화가 매우 순조롭게 진행되었다. 마지막으로 그녀는 단호하게 나에게 말하기를 "당신은 홍콩에 오래 머물러서는 안됩니다. 기한이 되어 돌아가지 않으면 안됩니다. 알겠습니까?"라고 하였다. 아마도 항상 이와 같이 무례한 태도로 대륙사람들을 대하는 듯하였다. 그리하여 나도 예의를 차리지 않고 "당신이 어떻게 내가 돌아가지 않을 줄 압니까? 나는 홍콩을 별로 좋아하지 않으니 일이 없었다면 오지 않았을 것입니다"라고 하였다(王元化, 2008: 50~51).

이 일은 왕위안화에게 있어 불쾌한 경험이었으며 그로 하여금 근대 중국의 조계지에서 서양인들을 대신했었던 각양각색의 중국인들을 상기시켰다. 유사한 경험이 당시 미국 하와이로 가기 위하여 일본에서 비행기를 갈아타는 세관심사 과정에서 다시 한 번 발생하였다.

비행기 출발시간이 거의 다가오니 여행객들이 비행기에 오르도록 검표원이 통로를 열어놓았다. 일본 여행객들은 거의 비행기에 올랐는데 나만이 여전히 공항대합실에 묶여 기다리고 있었다. 조급해질 무렵 한 일본 공항직원이 나를 불러 그를 따라 가게 되었는데 그는 나를 데리고 대합실을 나가 한참을 걸어가더니 또 계단 한 층을 내려가 어느 방에 들어갔다. 방 안에는 이미 두 사람이 기다리고 있었는데 그들의 발 옆을 보니 나의 여행가방이 놓여 있었다. 알고 보니 그들은 나더러 여행가방을 열게 하여 나의 짐을 다시 검사하겠다는 것이었다. 이 일로 나는 매우 화가 났다. 왜냐하면 이 가방은 상하이에서 비행기에 오르기 전에 탁송한 것으로 연계 운송을 하여 하와이에 도착한 뒤에 찾도록 되었기 때문이다. 내가 비행기에 오른 뒤로 여행가방을 만질 일이 없으므로 때로는 한두 나라를 경과하더라도 탁송한 짐은 지금까지 이런 상황을 겪은 적이 없었는데 무엇 때문에 이번에는 예외란 말인가? 당시 비록 걸프전이 발발했던 때이긴 하였지만 이렇게 하는 것은 합리적이지 못한 것이다. 나는 조급하고 또 화가 나서 공항검사원에게 질문을 하였더니 그는 상대하지도 않고 열어놓은 가방을 뒤지면서 검사할 뿐이었다(王元化, 2008: 56).

이 일은 왕위안화에게 있어 매우 불쾌한 일이었다. 왜냐하면 외국에서 차별대우를 받는 것은 홀로 출국한 왕위안화에게 있어서 그 민족 신분에 대한 주체적 의식을 불러일으키기 쉬웠기 때문이다. 홍콩에서든 미국에서든 왕위안화는 일종의 비교적 시선으로 중국사회와의 차이점을 발견하였다. 예를 들면 그는 홍콩은 공리주의 문화의 불모지이고, 중국의 가정은 우호적인 면이 있고, 미국의 가정은 혈육

간의 정과 상호부조가 부족하다고 생각한 것이다.

물론 이후 여러 번 출국의 경험을 통해 볼 때, 왕위안화에게 있어 출국에서 얻는 수확은 매우 컸음을 알 수 있다. 한편으로 학술 교류면에서 왕위안화는 서양사람들이 중국사상계를 이해하는 데 매우 중요한 중개 인물이었던 동시에 왕위안화도 유럽과 미국에서 중국문화를 연구하는 우수한 학자들을 알게 됨으로써 학문적 시야를 넓히는 데 매우 중요한 영향을 받았다는 것이다. 다른 한편으로 가족이나 친구들을 방문하는 것도 왕위안화가 출국을 통해 얻는 수확의 하나였다. 수십 년 동안 헤어져 만나지 못했던 해외의 친지나 친구들을 다시 만나는 것은 매우 행복한 일이었다. 예를 들면, 왕위안화가 회의참석차 미국에 갔다가 미국에서 생활하는 이모집을 방문한 것 등이다.

사실상 출국 자체도 일종의 사회 자주성 회복의 구현이었다. 1978년 이전에 중국은 외국과 단절되었고 개혁개방 초기에는 정부가 출국에 대하여 엄하게 통제하였다. 이로부터 왕위안화가 말한 현상들이 나타났는데 "출국은 간단한 일이 아니어서 가서 연락하고 교섭하고 휴가를 받고, 분주히 뛰어다니며 몇몇 자질구레하면서도 부득이 해야 할 일들을 처리해야만 했다"(王元化, 2008: 50). 그러나 나중에는 출국조건이 점차 느슨해져서 출국하는 것도 날로 편리해졌다.

왕위안화의 생활조건은 상대적으로 우월했다. 그러나 중국의 내륙지역이나 농촌사회는 상대적으로 낙후하여 도시와 농촌, 각 지역 간에는 차이가 여전히 매우 컸다. 1990년대 초 왕위안화의 집에서는 이미 에어컨을 사용하였다. 그는 일기에서 여름에 기온이 높을 때는 자주 에어컨을 사용했다고 기록하였으며 또 당시에 비교적 선진적이었던 가스온수기, 녹음기, 비디오녹화기 등을 사용하였다. 외출할 때 왕위안화는 자주 비행기를 타고 다녔다. 물론 주로 경제가 비교적 발달한 동부지역, 예를 들면 상하이에서 베이징, 또는 선전(深圳)까지였다. 1998년의 일기에서 왕위안화는 "원충(文忠)이 국내항공편을 타지 말고 기차를 타고 가자고 애써 권하였다. 이것은 내가 10여 년 이래 처음으로 기차를 타고 베이징으로 가는 것인데 기차에서 자는 것과 화장실 가는 것, 이 두 가지는 힘든 일이었다"(王元化, 2008: 342)고 적고 있다. 이를 통해 왕위안화가 비행기를 타는 것은 매우 보편적인 일이었음을 알 수 있다. 1993년 그는 고향인 후베이(湖北) 장링(江陵)으로 가는 도중 교통이 매우 낙후하고 불편하였다고 기록하였다. 이 밖에 왕위안화의 기록에 의하면, 저장(浙江) 상위(上虞)에서 회의할 때 베이징과 상하이의 학자들이 그 지방에서 많은 물건을 사왔는데 같은 물건이라도 편벽한 소도시에서는 가격이 매우 저렴했기 때문이었다.

그 중에서 차이가 가장 큰 것은 의료문제였다. 왕위안화 부부는 나이가 많았으므로 자주 아팠다. 그러므로 왕위안화의 일기에는 병원에 간 기록이 비교적 많은데 그 중에는 검사받고 약을 처방받는 것, 치료와 보건 등 활동이 모두 포함되어 있다. 왕위안화의 병을 치료했던 의사의 말에 의하면, 당시에 내륙의 농촌에는 여전히 중한 주혈흡충증(住血吸蟲症)이 있었고 그 병을 앓는 사람이 매우 많았다고 한다. 이를 통해 도시와 농촌 생활 수준의 차이를 알 수 있다.

5. 결론

개혁개방 이후 중국사회의 가장 현저한 특징은 사회 자주성의 회복과 사회의 다원화이다. 이러한 변화는 여러 가지 요소에 의해 결정되었다. 시장경제 개혁이 기초적인 영향을 발휘하였고, 국가권력이 부분적으로 사회에 대한 통제를 완화하기 시작한 것도 매우 중요한 요소였다. 이러한 과정 속에서 지식인이었던 왕위안화의 경험은 매우 좋은 일례라 할 수 있다. 한편으로 개혁개방 초기에 계몽의식을 가지고 있던 왕위안화가 했던 성찰은 사회의 자주성에 집중되었고, 저항하고자 했던 것은 정치권력이었다. 또 다른 한편으로 90년대 후기에 이르러 계몽의 와해 배경은 지식인의 발언권 상실과 대중문화의 흥기인데 이들은 모두 당대 중국사회의 다원화를 나타내는 하나의 방식이었다. 지식인 자신들은 더 이상 공동의 발언체계를 가지지 못하였고, 시장경제 배치 하의 소비사회와 물질주의의 흥기는 일원화된 사회관념을 사라지게 하였다. 이로부터 대중의 목소리가 떠들썩해지는 모습이 나타났다.

이 글은 왕위안화의 『90년대 일기』를 분석 텍스트로 삼아, 실제로 당대 중국 사회변천 연구에 대한 매우 중요한 방법론적 문제를 담아내었다. 일기는 중국전통 시대에 지식인 엘리트들이 남긴 중요한 문헌이다. 그러므로 보존되어 있는 관련 문헌들이 매우 많다. 그러나 당대에 이르러 엘리트들의 사회적 역할과 기능의 변화, 나아가 정보화시대의 기록방식의 변화에 따라 일기를 쓰는 것은 이미 소수 사람들의 습관이 되었다. 그러므로 당대에 볼 수 있는 일기형식의 문헌은 사실상 매우 드물다. 이런 각도에서 본다면, 왕위안화의 『90년대 일기』는 매우 희소가치가 있는 것이다. 물론, 단점은 지식인 엘리트의 색채가 지나치게 농후하여 당대 중국 중하층 사회의 일상생활의 변화를 더 많이 반영하지 못하고 있다는 점이다.

참고문헌

王元化. 2000. 『九十年代反思录』. 上海古籍出版社.

王元化. 2001a. 『集外旧文钞』. 上海文艺出版社.

王元化. 2001b. 『清园文存(1~3)』. 江西教育出版社.

王元化. 2004a. 『思辨录』. 上海古籍出版社.

王元化. 2004b. 『清园近作集』. 文汇出版社.

王元化. 2008. 『九十年代日记』. 上海古籍出版社.

胡晓明. 2007. 『王元化画传』. 文化艺术出版社.

7장

1970년대 주민 동원과 농촌사회의 변동
『창평일기』를 중심으로

이성호

1. 농촌사회 개발의 두 측면

이 글은 1970년대 국가의 농촌개발정책과 그 결과로서의 농촌사회의 변화를 살펴보고자 하는 목적을 지니고 있다. 한국사회의 1970년대는 국가에 의해 주도된 근대화 정책이 본궤도에 진입하고, 그에 따라 급속한 산업화와 도시화가 진행된 시기였다. 1970년에서 1980년까지의 기간 동안 한국사회의 광공업 인구는 약 2.1배 증가하였고, 전체 취업자의 절반 이상이던 농업 인구는 40% 미만으로 감소하였다(통계청, 1994). 또한 같은 기간 동안 도시 인구는 약 1.7배 증가하였고, 농촌인구는 약 250만 명이 줄어들었다(통계청, 각년도). 특히 교육수준과 생산성이 높은 젊은 노동력이 농촌에서 도시로 대거 이동한 것이 이 시기 인구이동의 주요한 특징이어서, 이로 인해 농촌사회는 커다란 변화를 겪게 되었다.[1]

---

* 이 글은 『지역사회연구』 22권 제2호에 수록된 "[일기]를 통해 본 1970년대 농촌개발정책과 마을사회의 변화"를 이 책의 취지에 맞추어 수정, 보완한 것이다.

1) 농촌 인구 감소의 구조적 특성과 그 영향에 대해서는 정기환(2003: 32~41) 참조.

한국사회가 이 시기에 달성한 급속한 성장은 한동안 국내외의 관심의 대상이었고, 그만큼 많은 분석의 성과들이 축적되어 있다. 특히 한국사회는 국가가 주도하는 근대화 전략이 지니게 되는 양면성, 즉 경제적 성장과 시민사회의 위축을 보여주는 대표적인 사례로 받아들여지기도 하였다. 한국사회뿐 아니라 제3세계의 근대화 과정에 관한 연구는 주로 국가의 역할을 강조하고 있다. 즉 국가의 과대 성장한 관료제나 시민사회를 압도하는 물리적 힘, 또는 국가 엘리트의 근대적 마인드와 정책역량 등이 개발과 성장을 추진하는 동력이었다는 것이다.[2] 이러한 논의들의 핵심적인 주장은 제3세계 근대화를 추진하는 데 있어서 부족한 시장 능력을 상쇄하는 국가의 합리성을 갖춘 강력한 역량을 강조하는 데 있다. 실제로 1960~1970년대 한국사회의 압축적 경제성장이 국가의 광범한 경제 개입에 의해 가능했으며, 여기에는 국내에 확산되어 있던 경제적 요구, 정치적 정당성의 부재를 상쇄하는 경제개발의 필요성, 일제 강점기부터 확립·강화된 국가관료제 그리고 세계체제에서의 지정학적 위치 등 국내외적 요인이 배경으로 작용했다는 점에 대해서는 대체적인 합의가 이루어지고 있다.

그러나 국가의 근대화 전략에 따른 산업화와 도시화, 경제 성장 등에 대해서는 활발한 연구가 진행되어 비교적 풍부한 성과가 축적될 수 있었던데 비해, 같은 기간 동안 농촌사회가 겪은 변화에 대해서는 구체적인 수준에서의 연구가 미흡한 실정이다. 물론 그 일차적인 원

---

2) 그래서 이런 특징들에 주목하면서 관료적 권위주의(O'Donnell, G., 1984), 발전주의 국가(김윤태, 2012), 지도자본주의(박광주, 1992) 등의 용어들이 제3세계의 근대화 과정을 설명하는 주요한 개념으로 활용되었다.

인은 1960~1970년대 한국의 근대화정책이 산업화에 초점을 맞추고 추진되었다는 점에 있을 것이다. 즉 산업화는 자연히 농업·농촌 부문의 쇠퇴와 해체 그리고 농촌 인구의 감소를 가져오게 되며(임형백·이성우, 2003: 63), 중요한 문제는 산업화 및 도시화의 속도(김수욱·유병민, 2003: 2)와 크기에 있는 것으로 인식되었다. 따라서 산업화 과정에서 나타나는 농촌사회의 변화는 산업화의 불가피한 결과로 간주되었다. 그리고 산업화 과정에서 전통적인 농촌사회는 점차 해체되면서 근대화될 대상으로 간주되었다.

2000년대 이후 근대화 시기 국가와 농촌 주민의 관계 형성 문제가 재조명되기 시작했는데, 여기에는 크게 두 가지의 접근방식이 존재한다. 하나는 국가의 근대화 전략이 농촌 사회에 대한 강력한 동원과 통제를 통해서 실현되었다는 입장으로, 여기에서는 국가의 동원 전략과 능력이 국가와 농촌 주민 관계에서 중요한 변수가 된다. 이러한 견해에 따르면 1970년대 국가의 근대화 전략은 경제개발 전략이었을 뿐 아니라 다양한 사회계층을 동원·통합하는 '국민 만들기' 전략이었다(고원, 2008; 황병주, 2011; 이항병, 2011 등). 다른 한편 농촌 근대화에 참여하는 주민들의 자발성과 능동성에 주목하는 입장이 있다. 이들은 농촌 주민들이 지닌 경제적 욕구와 그 욕구를 실현하기 위해 스스로를 동원하는 주민들의 자발적, 집단적 행위에 초점을 맞추고 있다(김영미, 2009).

이 글이 지닌 문제의식은 1970년대의 짧지 않은 기간 동안 국가의 근대화 전략과 주민의 참여 사이에 형성된 관계에 초점을 두고 있다. 1970년 한국 농촌사회의 변동에서 국가 정책은 가장 핵심적인 결정요인임에 틀림없다.[3] 이 시기에 농촌의 도로, 주택, 교량 등 주거 환경 개선이나 농업기술의 향상은 대부분 국가의 계획과 지원에 의해 이루어졌다.[4] 그러나 이미 앞에서 언급한 바와 같이 개발의 외형적, 물리적 효과 이외에 주민의 의식과 실천을 동원하는 국가의 능력에 주목하는 것이 필요하다. 다른 한편 국가의 압도적 힘만으로는 농촌 개발에 장기적이고 광범하게 참여한 농촌 주민들의 행위가 설명되지 않는다. 1970년대 농촌사회와 주민생활의 변화를 중심으로 국가와 주민 사이의 관계, 즉 (강제적) 동원과 (자발적) 참여 사이의 관계가 형성되는 맥락을 찾아보고자 하는 것이 이 글의 주요한 목적이다.

이 글은 전라북도 임실군 한 농촌마을 주민의 일기를 기본 자료로 삼아, 농촌 주민의 구체적인 경험을 통해서 국가와 농촌 주민 간의 관계를 살펴본다. 이를 통해서 1970년대 농촌사회라는 시간적, 사회·공간적 영역에서 국가의 전략과 주민의 대응이 어떻게 전개되는지 그리고 그 결과로서 농촌사회에 어떠한 변화가 나타나게 되는지를 구체적인 수준에서 분석하고자 한다. 따라서 이 글은 마을공동체(village-based community) 수준에서의 미시적 분석이라 할 수 있다.

---

3) 농촌 개발에 있어서 국가의 역할은 제3세계의 독특한 현상만은 아닌 것으로 보인다. 보나노(Bonanno, A., 2006: 317)에 의하면 2차 대전 이후 유럽의 농업문제도 국가의 개입을 빼고는 설명이 되지 않는다. 그에 의하면 국가는 농업생산과 상품시장을 조절하여 안정화시키는 역할뿐 아니라 농촌 인구의 이출을 조절하는 역할을 담당하였다. 즉 2차 대전 이후 농촌 사회는 국가관리와 국가계획에 의해 변화가 주도되었다.

4) 1970년대 농촌사회의 물리적, 외형적 변화가 농촌사회의 근대화를 의미하는 것인지에 대해서는 별도의 논의가 필요하다고 본다. 이른바 농촌성(rurality)은 장소, 공간 변화 등의 물질적 특성과 함께 생활과 관련되는 사회, 문화, 도덕적 가치들의 세계 속에 담겨 있는 것이기 때문이다(Colke, P., 2006: 18~19). 즉 1970년대에 나타난 농촌사회의 변동이 농촌 주민들이 근대적 가치를 내면화하는 과정이라고 할 수 있을 것인가에 대해서는 보다 구체적인 검토가 필요한 것이다.

2. 자료의 특성

이 글은 임실군 신평면 창인리에서 70여 년의 생애를 보낸 한 주민의 일상생활을 기록한 『창평일기』(이하 『일기』)를 분석한 것이다. 『일기』의 저자인 최내우(崔乃宇, 1923~1994)는 만 46세가 되던 1969년부터 일기를 쓰기 시작하여, 1994년 불의의 교통사고로 세상을 뜨기 전날까지 약 26년 동안의 생활을 일기 기록으로 남겼다. 그는 일제 강점기에 전라북도의 농촌 마을에서 태어나 해방과 전쟁을 경험하고, 1960~1980년대의 근대적 산업화 시기를 한 마을에서 온전히 경험한 전형적인 근대인이라 할 수 있다.

최내우는 일제 강점기에 초등교육을 마치고 잠시 취업해 있다가 해방을 맞았다. 해방 이후 20대에 마을의 이장(당시 구장)으로 선출되어 1963년까지 이장직을 유지한 마을의 중심인물이다. 이장에서 물러난 이후에도 1960년대 중반부터 1970년대의 전 기간 동안 마을 개발위원회, 마을 산림계, 정화위원회, 학교 운영위원회 등에서 직책을 맡으면서 마을 개발과정의 한가운데에서 활동하였다. 뿐만 아니라 공화당 군위원, 군 산림조합 위원 등 마을 외부에서도 폭넓은 사회적 네트워크를 형성하고 있었으며, 종종 이러한 지위와 사회적 관계망을 마을 개발사업에 활용하기도 하였다.

그는 1946년 처가의 도움으로 마을에서 방앗간을 운영하게 되면서 경제적 기반을 닦았고 여기서 얻은 수입을 농지 매입에 적극적으로 투자하여, 1970년대에는 상당한 규모의 농지를 소유하게 되었다. 1970년대에 최내우는 장성한 아들이 여럿 두고 있어서, 주로 가족노동으로 농사일을 꾸려 갔지만, 항상 일손이 부족해서 매년 고용인을 한 사람 구해야만 했다.[5] 경제적으로도 마을에서 영향력 있는 지위에 있었던 그는 농촌 개발사업에 항상 주요 직책을 맡고 있었으며, 자신의 소득사업을 위해서 국가 시책에 매우 적극적으로 부응하려 하였다. 그는 벼, 보리농사 이외에도 양잠과 이태리포플러 묘목 조림, 약용작물 재배, 소 사육 등 국가에서 권장하는 농촌 소득사업에 항상 앞서서 받아들였다. 또한 국가에서 권장하는 신품종의 수용에 적극적이었으며, 농촌지도소의 농업기술 교육에 빠지지 않고 참석하였다. 정기적인 교육 이외에도 수시로 농촌지도소를 찾아가서 어려운 점을 하소연하고 기술적 처방을 받아오곤 하였다.

생활의 목표와 계획을 세우고, 목표 달성을 위해 계획대로 부지런하게 노력하면 잘살게 된다는 믿음은 1970년대 국가 근대화의 핵심 이념 중 하나였다. 저자는 매년 새해 일기장을 구입하여, 그 첫 장을 펼쳐놓고 지난 해를 결산하고 새해 계획을 설계하고 각오를 다지는 일을 빠뜨리지 않았다. 그리고 26년 동안 거의 하루도 빠짐없이 그날그날의 일들을 『일기』에 기록하였으며, 불가피한 경우에는 며칠씩 수첩에 메모해 놓았다가, 집에 돌아와 일기장의 해당 날짜에 다시 옮겨 적기도 하였다. 이러한 최내우의 일기쓰기는 한국 근대화시기에 권장되었던 모범 국민의 면모를 보여주는 것이자 과학영농을 위해 꼼꼼한 기록을 활용한 계획적 영농을 강조한 정부의 지침에 충실한 과학하는 농민의 모습이었다(문만용, 2013: 41).

새마을운동이 본격적으로 추진되던 1970년대 중반은 최내우의 나이가 50대에 접어든 시기이다. 마을의 전통적인 세력관계가 국가의

---

5) 그러나 창인리는 전라북도의 넓은 평야지역에서 벗어난 준산간지역이어서, 그가 소유한 농지는 기껏해야 수십 마지기를 넘지 않았다.

지원 아래 점차 변화하기 시작하면서 최내우도 마을 개발을 주도하는 중심적 위치로부터 조금씩 밀려나기 시작하였다. 그리고 그 자리는 보다 적극적인 젊은 세대가 차지하게 되었다. 그러나 1970년대 내내 그는 마을 개발사업의 한 축을 차지하고 새로운 세력들과의 경쟁을 벌여나갔다.[6]

이러한 점에서 그의『일기』는 개인, 가족, 친족에 관련된 기록일 뿐 아니라 마을의 사회적, 정치적 관계망에 대한 기록이다. 그리고 마을에 전달되는 국가 시책에 대한 마을 주민들의 반응과 대응 그리고 대응방식을 둘러싼 주민 간 갈등 및 협력관계에 대한 기록이기도 하다. 빌리고 갚은 돈과 쌀의 액수와 날짜가 꼼꼼히 적혀 있는『일기』는 개인 장부이다. 그리고 마을 내외에서 신세를 진 이웃과 언젠가 손봐줘야 할 이웃에 대한 기록, 마을 회의에서 결정된 사항과 그 이행여부, 회의에서 의견 충돌을 빚었던 사람과 그 내용 등이 기록되어 있다는 점에서『일기』는 단순히 돈 거래 장부가 아니라 사회적, 정치적, 감정적 장부이기도 하다. 또한『일기』는 마을로 침입해 들어오는 국가권력의 영향과 위력을 지켜보고 실감하는 농촌 주민의 관찰 및 체험 일지이기도 하다.

창인리는 행정구역상 전라북도 임실군 신평면에 속해 있는, 1970년대 초반에 약 100여 세대가 모여 살고 있던 전형적 농촌 마을이다. 전라북도의 중심도시인 전주와 약 20여 킬로미터 가량 떨어진 마을로 관촌역과 임실역의 중간에 위치하여 두 역으로부터 걸어서 약 30분 정도에 갈 수 있는, 그다지 외지지 않은 곳에 위치해 있다. 그래서

---

6) 저자와 마을의 특성에 대한 보다 자세한 소개는 이정덕 외(2012a) 1부(23~126)를 참조할 것.

마을 주민의 자녀들이 전주에 나와서 중·고등학교를 다니고, 대학에 입학하는 일이 드물지 않은 마을이다.

그러나 한편으로 1970년대 중반까지도 겨울이면 주민들이 동네 주점에 모여 술을 마시면서 담소를 즐기거나 도박판을 벌이기도 하던 전형적인 농촌마을이다. 1970년대 초반까지는 전기도 들어오지 않아서 1974년에야 마을에 전기공사가 실시되었고, 시외전화도 1975년에 처음 설치되었다. 상수도는 1979년에야 들어왔으며, 마을 앞까지 버스가 다니게 된 것은 1980년대 후반이었다. 1970년대의 농촌사회는 젊은 세대가 교육과 취업을 위해 도시로 한꺼번에 빠져나가면서 급속한 인구 감소를 경험하고 있었다. 산업화와 도시화의 결과 농업은 쇠퇴하였고, 도시는 농촌의 젊은이들을 대거 흡수하였다.[7] 창인리에서도 이 기간 동안 주민의 도시 이주가 활발하게 진행되어, 1970년대의 기간 동안 마을 주민이 급격하게 감소하고 있었다.[8]

일기는 한 개인이 보고 듣고 경험한 바를 당일 기록한 것이라는 점에서 기억에 의존하는 구술과 구분될 수 있다. 즉 일기는 과거의 특정한 역사적 시기와 사건을 발생 당시의 현장 상황에서 가장 생생하게 복원할 수 있는 거의 유일한 자료이다. 다시 말하면 일기는 변화하는 사회와 문화 속에서 개인이 겪은 매일의 물질적, 사회문화적, 정신적 경험을 담고 있기 때문에 사회적 수준에서의 사회문화적

---

7) 농촌 주민들의 도시 이주는 자연스럽게 도시와 농촌 간 거리를 좁히는 데 기여하기도 했다.

8) 『일기』에는 "종전에는 리 호수가 99호인데 작금 현재 30여 호가 떠날 예정이고 떠났다. 남은 가구는 69호이나 그중에도 떠나려 하는 호수가 있다"(『일기』 1988. 2. 7.; 이하에서는 『일기』의 날짜만 적음)고 기록되어 있다.

변동과 개인적 수준에서의 경험과 해석 사이의 상호작용 과정을 보여준다. 여기에서는 26년 동안의 기록인 최내우의 『일기』 중 1970년대 10년간의 내용을 분석에 활용하였다. 먼저 『일기』를 주제별로 나누어 일지 형식으로 재구성하고, 이를 다시 사건별, 시기별로 재분류한 뒤, 이 글의 주제와 연관되는 내용들을 맥락에 따라 정리하였다.

3. 국가의 농촌 근대화 전략: 물질적 지원과 주민 동원

지금까지의 연구들에 의하면 이미 일제 강점기부터 국가에서 도-군-면으로 이어지는 수직적 관료지배체계가 수립되어 있었던 것으로 알려져 있다.[9] 한편 국가의 지배력이 1960~1970년대에 농촌사회에서 큰 저항 없이 효율적으로 작동할 수 있었던 계기는 한국전쟁 이후 반공국가의 확립, 즉 국가에 의한 강력한 국민 감시·통제체계가 확립된 것과 연관되어 있다.[10] 김동춘(2006: 396)이 지적한 바와 같이 한국전쟁은 무력의 독점을 바탕으로 해서 진행된 폭력적 국가 건설과정이었다. 그리고 이렇게 만들어진 국가의 지방 지배력은 농촌사회에서 동원 체제를 확립하는 강력한 기반이 되었다.

『일기』에 나타난 바에 따르면 창인리 마을에서도 1960년대 말부

---

9) 일제 강점기의 국가의 지방통치 시스템을 둘러싼 윤해동과 지수걸 간의 논쟁이 있었다. 윤해동(2006a, 2006b)은 일제 강점기 중앙권력의 지방통치 시스템이 면과 촌락 단위에서 작동하고 있었다고 보는 반면 지수걸(2007, 2010)은 지방권력의 중심이 군 단위의 관료 및 지역유지체제에 있었다고 판단하고 있다. 그러나 지역 권력구조의 작동 범위를 반드시 고정된 것으로 미리 설정해 둘 필요는 없을 것이다.

10) 이에 관한 연구사적 정리는 박찬승(2009: 437~443) 참조.

터 이미 국가로부터 마을로 이어지는 수직적 지배구조에 의해 마을 사회의 재편이 이루어지고 있었다. 특히 국가의 지원에 의한 농촌 개발과정에서 농촌사회는 국가 관료체계 속으로 편입되고 마을 조직도 국가의 지역개발정책과 농업지원 정책과 연관되어 재편되고 있었다. 쌀, 보리 수매제도에 의해 농업 생산과 판매가 국가의 규제 아래 놓여 있었고, 잠사업이 수출전략으로 육성되던 1960년대 중반 이후 잠실(蠶室) 및 집단 상전(桑田) 조성 등 누에치기와 관련된 농가 사업이 국가의 선별 지원에 의해 이루어졌다. 또한 소 사육업자 선정 및 사육 지원, 농업개발지역 및 지원대상자 선정과 지원 등이 정책적으로 입안·추진되었고, 콤프레셔 분무기(1969. 5. 29.), 경운기(1970. 2. 5.) 등 농기계 구입비용도 국가 지원에 의존하고 있었다. 농업 생산뿐 아니라 마을 앞 다리 건설(1969. 10. 2.; 10. 8.), 마을 구판장 개설(1971. 12. 9.), 농로 개설(1970. 8. 7.) 등 농촌 주민의 생활과 관련된 개발사업도 국가의 지원에 의해 이루어졌다.

시장경제가 확대되는 과정에서 도시의 근대적 산업부문에 비해 훨씬 열악한 지위에 놓이게 된 농민들은 국가의 지원에 의존해서 자신들의 불리한 지위를 상쇄하려 하지 않을 수 없다. 결과적으로 자본주의가 확장되면서 농촌사회와 농업생산은 국가관리, 국가계획에 포섭되게 되기 때문에 농민들은 모두 개입주의 국가의 수혜자가 된다(Bonanno, A., 2006: 318).

그런데 국가의 지원은 농촌사회에 대한 국가의 감시 및 통제권을 강화시키는 결과를 가져왔다. 농업 생산과 농촌 생활 전반에 대한 지원이 확대되면서 국가는 지원 대상지역 및 대상자의 선발, 지원사업에 대한 감시와 평가 그리고 판정에 대한 권한을 지니게 되었다. 더욱이 국가기관은 시장 경제에 대한 정보와 농업 기술에서 농민들에 비해 훨씬 우위에 있었다. 따라서 누에치기, 소 사육 등 농가 사업의 업종과 벼농사와 밭농사의 품종 선택 등에 있어서도 농민은 전적으로 국가에 의존하게 되었다. 농민들이 생산한 벼와 누에고치는 국가가 시장을 독점하고 있었다. 지역별로 수매 날짜가 정해지고, 검사원의 판정을 거쳐서 가격이 결정되었다. 특히 누에고치와 같이 민간 거래시장이 활성화되어 있지 않은 경우, 공판 날짜에 맞추지 못하면 농민들은 독자적으로 판매하는 것이 거의 불가능했다. 따라서 농민들은 자신의 소득을 보장받기 위해서 인정에 호소하거나 인맥 등을 동원하여 청탁을 해야 했고, 이것은 관료에 대한 빚으로 남았다(1970. 2. 5.).

기계로 잠견을 깠다. 우차로 공판장에 간바 부실하다면서 검사 불능하다면서 이유가 많았다. 사정을 한바 3등으로 계 214,500g, 총액 103,500원, 종자대, 저금을 제하고 94,575원을 수입했다.(1970. 6. 24.)

새벽 소죽을 끓여주고 벼를 공판장으로 운반하기 시작했다. 11시쯤 되니 검사원이 왔다. 오후에 검사를 한바 우리 벼 70가마 중 2등이 25가마, 나머지는 3등이라고 해서 총액 76만7천3백 원 중 10만 원 저금하고 67만7천350원 수령했다.(1976. 11. 18.)

새마을운동과 주민 동원의 체계화

이미 1970년대 이전에도 마을 개발과 관련된 사업에서 주민의 노력 동원은 이루어지고 있었다. 그러나 주민 노동력이 조직적으로 동원되기 시작한 것은 새마을운동이 본격화되면서부터였다.[11] 『일기』에서 새마을운동(「새마을가꾸기」)이 최초로 언급된 것은 1970년 10월 8일이다. 이날 군수가 참석한 면 개발위원회 회의에서 정부 시책에 따른 새마을가꾸기 사업용으로 마을에 배정된 시멘트 670포대의 사용에 대한 지시사항이 전달되었다. 이때부터 가구별로 새마을사업에 대해 부역의무를 지게 되었고, 월별로 부역 날짜와 시간이 기록되었다.[12]

새마을운동이 농민에 대한 국가의 절대적 우위를 확립시키는 계기가 될 수 있었다는 점에 대해서 황병주(2011: 39~40)는 농업 생산의 세부적 과정까지 장악하는 실질적 포섭이라고 설명하고 있다. 즉 국가가 농촌사회를 지배하고 있더라도 농민들이 농업 생산과정의 독립성과 자율성을 유지하고 있으면, 국가는 농촌사회에서 절대적 권위를 지닐 수 없다는 것이다. 그런데 새마을운동을 통해서 농민의 생산과정에서의 기본적 자율성이 와해되었다는 것이다.

그러나 더 나아가 1970년대의 기간 동안 새마을운동은 주민의 노동력 동원, 농업 생산에 대한 국가의 개입과 통제 등의 범위를 넘어서서 농촌사회 전반 또는 농촌 주민의 생활세계 전체를 아우르는 범위에서의 동원력을 지니게 되었다는 점을 지적하는 것이 매우 중요하다. 새마을운동은 기본적으로 농민들의 노동력을 동원하여 농촌사

---

11) 새마을운동을 통한 동원체제의 확립 과정과 그 특성에 대해서는 임경택(1991), 고원(2008) 등을 참조할 것.

12) 오후에는 새마을〈사업에〉 우차(牛車)〈와〉 같이 갔다. 이장은 각호(各戶) 출역(出役)을 따지는데 나는 12.5일인데 0.5일이 부족이라 했다(1972. 4. 11.). 새마을운동의 주민동원에서는 노동력 이외에도 우마차, 경운기 등의 부역도 인정받았다(1972. 4. 11.; 1976. 2. 7.).

회의 경제적, 정치적, 심리적 위기를 해소하기 위하여 기획된 프로젝트였다(고원, 2008: 36). 그러나 새마을운동의 효과는 농민들의 물리적 동원에 그치는 것이 아니었다.

우선 새마을운동은 시간이 흐르면서 농업 생산기반의 조성, 농업기술의 보급 등을 통한 소득증대사업의 범위를 넘어서서 종래의 모든 농촌 마을개발사업을 통칭하는 용어가 되었다. 『일기』에서 나타나는 내용을 중심으로 간략하게 정리해보면, 마을에서 이전부터 마을 주민들의 공동작업으로 진행해왔던 농로개설은 "새마을농로개설"(1973. 1. 20.) 사업이 되었고, 도로 노면정리(1972. 8. 29.)도 새마을운동이 되었다. 퇴비증산(1974. 8. 30.)과 조림사업(1975. 3. 18.)도 새마을운동의 일부로 편입되어 실시되었다. 농어촌 전화사업은 1960년대부터 추진되었지만 1970년대 들어와 새마을운동의 대표 성과로 강조되었다. 즉 주민들은 마을의 모든 개발사업을 새마을운동의 기치 아래에서 마을 공동사업으로 진행하고, 당연히 노동 부역 의무를 지게 되었다. 다시 말하면 새마을운동은 구체적인 사업을 통해서가 아니라 주민의 동원과 공동 부역의 노동방식으로 주민들에게 각인되었다.

심지어 새마을운동은 개발사업의 영역을 넘어 주민의 도덕적 의무가 되었고 급기야는 일상생활이 되었다. 밤에는 마을에서 개발위원회의가 열려 새마을사업의 추진 성과와 반성, 향우 계획과 일정 등을 협의했다(1973. 1. 20.). 성과가 미진한 부분에 대해서는 반성과 대책이 검토되고, 향후 일정은 주민들의 동원계획으로 이어졌다. 마을회의의 결정에 따라, 마을의 모든 주민에게 새마을운동에 대한 노동력 동원과 참여는 도덕적 의무가 되었다. 새마을운동은 점차 주민들의 농가경영 전반에 대한 개입을 시작하였다. 도정업자들은 업자회의를 개최하고 공장새마을운동을 결의했다(1972. 8. 22.). 마을에서는 농업 생산방식을 전환하는 마을 공동작업반이 조직되었고(1973. 1. 20.), 새마을운동 교육과 강연회(1972. 2. 18.)를 통해서 이러한 전환이 이른바 '농촌 근대화', '잘 사는 농촌'을 이룩하는 유일한 길이라고 강조되었다.

새마을운동의 세부 성과는 매년 심사와 평가를 거치게 되면서 지역 간, 마을 간, 주민 간 우열을 나누는 기준이 되어 경쟁을 부추겼다. 평가와 연결되는 경쟁체제가 확립됨에 따라 군과 면 직원들의 독려와 격려가 일상화되었다. 군 단위로 마을별 평가회가 열리고 심사를 거쳐 순위가 매겨졌다(1976. 10. 7.). 그리고 우수한 평가를 받은 마을에는 대통령의 하사금이 내려오기도 했다(1974. 6. 15.). 국가는 시멘트와 비용의 일부를 지원하는 대가로 성과를 심사하고 평가하는 권한을 행사하였다. 국가는 심사와 평가의 기준을 일방적으로 정하고, 주민들은 심사에 대비해서 이미 완료된 사업을 심사 기준에 맞추어 다시 손보고 정비하였다(1972. 4. 18.).

평가의 결과에 따라 마을별, 개인별 우열관계가 공개되고 우수한 지역과 개인에 대해서는 포상이 주어지고, 열등한 지역과 개인에 대해서는 도덕적 비난이 가해졌다. 마을별 새마을지도자들이 군으로 모여 성공사례를 발표하고, 우수 사례에 대해서는 상금이 주어졌다(1980. 2. 23.). 농촌 주민의 노력과 능력, 성실성이 국가에 의해 심사되고 순위가 매겨졌다. 지시하고 평가하는 국가와 지시사항을 수행하고 평가 기준에 자신을 맞추는 농촌 주민 사이의 수직적 관계가 마을사업뿐 아니라 개별 농가경영의 영역에서도 당연한 것이 되었다.

그리고 새마을운동은 농촌 주민의 일상생활이 되었다. 주민들의 전통적 계 조직은 새마을 계(1973. 7. 7.)가 되었고, 마을 주민들의 쉼터인 마을회관은 새마을복지관으로 이름이 바뀌었다(1974. 10. 26.). 그리고 새마을복지관은 밤에 마을회의가 열려 주민들의 동원 일정을 협의하는 장소가 되었다. 전국의 각 지역마다 새마을다방이 들어서게 되었다는 사실은 매우 희 · 비극적인 사례의 하나이다. 『일기』의 저자는 모처럼 전주 나들이를 해서 이런저런 볼일을 마친 뒤, 전주의 새마을다방에서 친지를 만나 담소를 나누었다(1973. 8. 24.). 그리고 임실의 새마을다방에서 군청 직원을 만나 마을의 (새마을) 개발사업에 관해 상의하기도 하였다(1976. 3. 12.). 이처럼 새마을운동은 마을 조직으로, 일상적 활동의 공간으로 확장되어 주민 생활의 일부가 되었다.

이러한 점에서 새마을운동은 근대적 개발 논리를 앞세운 주민 동원체제였다고 할 수 있다. 그러나 이것은 단순한 농업 생산과 개발을 위한 노동력 동원에 머무르는 것이 아니었다. 오히려 농촌 주민의 일상 속에 깊숙이 들어와 국민적 도덕성과 생활규범을 내면화하기 위한 전면적 동원 전략이었다. 말하자면 새마을운동은 농촌 주민을 국민으로 통합하고, 국민적 도덕성을 주입하는 '국민 만들기' 사업이었다(고원, 2008: 36~47).

이데올로기적 동원

주민 통합을 위한 가장 효과적이고 직접적인 방법은 각종 행사와 축제를 개최하여, 주민의 열광과 연대의식을 동원하는 것이다.[13] 즉 사회집단의 정례화된 의례는 집단 성원들의 집합적 감정과 정서를 고무하고 재확인하는 기능을 가지고 있다고 이해된다. 특히 마을의 여론과 의사결정에 중요한 영향력을 지니는 유지집단을 이러한 행사에 주로 동원하는 것은 그들이 마을에 미칠 수 있는 확산 효과도 고려한 결과일 것이다.

군과 면 단위에서 개최되는 행사의 수는 무수히 많다. 그중에는 지역사회의 전통적 행사들도 있었다. 예를 들어 정월 대보름 굿은 매년 마을 주민들이 스스로 경비를 추렴해서 치렀다. 이러한 전통적인 행사들은 그 자체로 마을 주민의 통합을 목표로 하는 의례 행위이다. 그러나 1970년대에 국가에 의해서 계획되어 군, 면 단위에서 개최되는 행사는 이러한 전통적 마을 행사들과 분명히 구분되는 특성을 지닌다. 즉 국가기구에 의해서 주도되는 행사들의 경우, 마을 주민을 국민으로 동원, 통합하고자 하는 목표를 분명하게 제시하고 있다는 점이다. 이에 비해 마을의 전통 의례들은 마을 공동체의 자율성을 바탕으로 한 주민의 일체감을 강화하려는 목표를 지니고 있다.

『일기』에 나오는 대표적인 행사들을 열거해보면, '신평면 단합대회'(69. 10. 2), '농촌전진대회'(1970. 2. 3.), '임실군 반공단합대회'(1970. 4. 29.; 1973. 5. 25.), '임실군 산림녹화대회'(1971. 3. 3.), 자수간첩이 북한의 실정과 남파 간첩의 고생을 폭로한 '반공강연회'

---

13) 에밀 뒤르케임(E. Durkheim)은 의례(ritual)의 중요한 목적 중 하나를 집단 구성원의 공동체성을 강화하고 연대의식을 심어주는 데 있다고 보았다. 이에 관한 자세한 설명은 민문홍(2001)의 제4장을 참조할 것.

(1971. 3. 8.), '38선 땅굴 시찰'(1976. 4. 23.), '독농가 이앙기 견습대회'(1979. 9. 17.), '새마을운동 성공사례 발표회'(1980. 2. 23.), 식량증산대회(1980. 2. 27.), 군민정화촉진대회(1980. 8. 17.), 면민정화촉진대회(1980. 8. 19.) 그리고 수시로 열리는 각종 강연회와 사업별로 열리는 촉진대회 등이 있다.[14]

위에 열거된 행사와 대회들의 면면을 살펴보면, 그 목표는 크게 두가지로 모아진다. 하나는 반공국가의 국민 동원과 통합이고, 다른 하나는 농촌 개발사업으로의 주민 동원이다. 반공대회 및 강연회, 땅굴 시찰, 1980년의 군, 면민정화촉진대회 등이 앞의 목표를 위한 행사라면, 면 단합대회, 각종 전진대회와 촉진대회, 식량증산대회 등은 두 번째 목표를 지향하고 있는 행사들이다. 그리고 이 두 가지 목표는 1970년대 국가의 농촌사회에 대한 정책적 목표와 정확하게 일치한다.[15]

이 중 한 예로 1976년 4월 23일에 『일기』의 저자가 참가한 '38선 땅굴시찰'의 일정을 간단히 살펴보기로 하자. 최내우는 4월 12일 신평 지서로부터 땅굴시찰단에 선정되었다는 전화를 받았다. 그리고 4월 23일 오전 6시에 임실을 출발해서, 오전 7시 20분에 전주에 도착하여 전라북도청 앞에서 반공결단식을 한 뒤, 서울로 출발하였다. 오

14) 그 외에도 『일기』의 저자는 수시로 공화당 전당대회에 참가했다(1975. 1. 23.; 1976. 5. 23. 등).

15) 『일기』에서는 1979년에 처음으로 주민들의 정부정책에 대한 성토대회(노풍 피해자 농민들의 성토대회, 1979. 2. 24.)가 등장한다. 이것은 국가기관에 의한 동원이 아닌 주민의 자율적인 의사에 따라 국가정책을 대상으로 한 최초의 집단적 의사 표현이라 할 수 있는데, 1970년대 말에야 비로소 농촌사회에서 이러한 현상이 나타나고 있다는 점에 주목할 필요가 있다. 즉 새마을운동을 비롯한 1970년대의 농촌개발이 농민의 근대적 시민의식의 성장을 촉진시켰는가 하는 점에 대해서는 더 많은 논의가 필요하다고 판단된다.

전 11시에 서울에 도착하여 통일원에서 간단히 (반공)교육을 받고, 점심식사를 했다. 다시 12시에 출발하여 양주군 군부대에 도착하여 반공영화를 관람하고, 설명을 듣고, 2시 30분에 군인의 안내로 땅굴을 시찰하였다. 서울로 돌아와 숙소에서 하루를 묵고 다시 아침에 출발하여 임진각을 구경한 후, 수도경비사령부, 국회의사당을 구경하고 국립묘지에 와서 육영수 여사 묘소를 참배했다. 그리고 현충사에 들렀다가, 온양온천에서 다시 하루를 묵으면서 비로소 일행과 술 한 잔씩 나눌 수 있었다. 4월 25일 귀가한 저자는 5월 1일 열린 마을 총회에서 "전방 시찰단에 갔다온 실정을 이민에 자세히 설명해주었다. 그러니 후방의 국민들은 전방 수비군의 노고를 보고 생각할 때 우리도 한시도 놀지 말고 술도 과음 말고 간소하고 검소한 생활을 해야겠더라고 당부했다"(1976. 5. 1.).

한국전쟁과 전후의 반공국가 확립의 경험을 고스란히 체험한 농촌 주민들에게 반공은 이데올로기를 넘어 도덕적 지배력을 지니고 있었다. 군사적 통제 속에서 반공국가의 국민임을 주민 스스로 증명해야 했던 공포의 체험은 반공국가의 엄격한 규율에 순응하는 국민을 생산해냈다.[16] 이렇게 형성된 엄격한 반공 규율화는 1970년대 농촌개발을 위한 주민동원 체제의 밑바탕이 되었다. 1970년대에 수시로 열려 주민을 동원했던 각종 대회들은 농촌 주민의 국민으로서의 정체성을 확인하고 고무하는 기능을 담당하고 있었다.

---

16) 특히 수복 이후의 토벌이 주로 농촌 산간지역을 중심으로 이루어졌다는 점을 감안하면, 농촌 주민들은 반공 규율을 더 강하게 내면화했을 것이다. 이상의 내용에 대해서는 이성호(2013) 참조.

감시와 통제

푸코(1994)는 감시의 제도화를 통해 조직적이고 체계적인 규율사회가 만들어지는 과정에 대해 설명하였다. 그가 정형화하고 있는 원형감옥의 논리에 따르면, 일정한 공간 단위 내에서 일상생활의 세세한 부분까지 규율화하고 제도화된 방식으로 감시를 하는 것은 피감시자의 육체와 정신을 동원하는 일종의 권력 기술이다. 1970년대 농촌사회의 마을 단위까지 국가 관료기구의 감시와 통제가 가능했던 것은 이미 그 이전에 식민지 지배기구의 틀을 계승한 국가기구가 강력한 힘을 지니고 있었고, 한국전쟁을 통해서 국민 동원체제가 확립될 수 있었기 때문이다. 그런데 감시의 범위가 공식적, 법적 영역을 넘어 주민들의 일상생활과 생각까지 확장되었다는 점은 국가의 권력 기술이 근대화되었음을 보여주는 것이다.

1970년대에 국가기구는 체계적으로 조직된 관료제도를 활용해서 농촌사회를 마을 단위까지 감시하고 통제했다. 군과 면 직원들 그리고 경찰은 법적인 영역을 넘어 마을 주민들의 일상생활 전반을 통제 범위에 넣고 감시하였다.[17] 감시의 대상에는 주민의 의식과 정치적 성향도 포함되었다. 1971년 초에는 4월의 제7대 대통령선거를 앞두고 선거운동이 본격화되었는데, 마을 단위로 협의회를 조직하여 공화당, 면, 지서가 긴밀하게 협의하면서 선거운동을 전개하였다 (1971. 1. 9.; 3. 23.; 3. 28.; 3. 29.; 3. 30.; 4. 25.). 그 과정에서 마을 주민 중 "정권은 이번에 교체해야" 한다고 말한 사람이 주민

---

17) 노풍 피해를 본 농민들이 성토대회를 열기로 했는데, 사전에 이를 파악한 지서장이 마을의 유지였던 최내우에게 연락을 해서 지인들의 참석을 만류하도록 했다(1979. 2. 25.). 이는 조직된 관료제도가 지역민을 통한 직·간접적 통제를 일상적으로 하고 있었음을 보여준다.

을 통해 보고되고, 면장과 공화당 면당 간부와 당원들이 모여 그의 사상에 대해 의견을 나누고 조심할 것을 당부하기도 했다(1971. 4. 25.). 선거철과 같은 상황이 아니더라도 마을 주민의 동향은 조사와 감시 대상이었다. 지서에서 마을 주민들의 계 조직 현황을 조사하기 위해 마을을 다녀가기도 하고(1971. 2. 2.), 일제 강점기에 만주에서 행방불명되어 소식이 끊긴 친족의 동향을 조사하기도 했다(1975. 3. 23.)

주민들의 도박 행위를 단속하고 처벌하거나 부정 임산물을 단속하는 것은 1970년대 농촌사회에서 흔한 일이고, 그것은 법적 영역에 속하는 것이었다. 도박 행위에 대한 감시와 단속은 지서에서 담당하고, 부정 임산물 단속은 군청의 산림계에서 맡고 있었다. 이들은 수시로 마을을 감시하고 단속하였는데, 적발이 되는 경우 마을 주민들은 단속하는 공무원과 감시당하는 주민 사이의 권력 관계를 재삼 확인하게 되었다. 예를 들어 부정 임산물을 지고 오다 단속에 걸리게 된 한 주민은 단속 공무원에게 뺨을 얻어맞았다(1970. 8. 4.).[18] 또한 도박 사건에 연루된 주민들은 사건화하는 것을 무마하기 위하여 돈을 갹출하여 지서장에게 건네주어야 했다(1975. 1. 17.). 한편 이러한 감시와 단속은 법적인 영역을 넘어서서 진행되었다. 이를 테면 지역별로 조림사업계획이 수립되자, 마을의 산림 소유주들은 조림의 의무를 짊어지게 되었고, 군 산림계에서는 산림 조림 현황을 검사하고 평가하였다(1971. 5. 11.). 이러한 감시와 통제는 국가와 농촌 사회 간의 수직적 권력관계를 공식화하는 기제로 기능하였는데, 주민

---

18) 일기를 통해 단속 공무원의 폭력 외에도 농민들 사이의 사적 폭력이 농촌 사회에서 독특한 규범의 하나로 작동하고 있었음을 확인할 수 있다(안승택, 2013).

들은 군과 경찰에서 이러한 조사와 심사를 나올 때마다 공무원들에게 음식을 대접하거나 접대비를 쥐어 주어야 했다.

4. 국가의 지적, 도덕적 지배와 주민의 자발적 동원

국가는 물질적 지배력뿐 아니라 지적, 도덕적으로 농촌 주민들보다 확실히 우위에 있었다. 1970년대의 농업정책은 쌀 자급을 위한 다수확품종 볍씨의 보급과 재배·관리에 중점이 두어졌다. 국가에서는 18개 장려품종을 지정하고 마을을 대상으로 전문지도원과 행정요원을 전담 배치하여 영농 일정 전반을 관리하도록 하였다. 신품종의 재배법을 보급하기 위한 농업기술교육도 활발하게 진행되었다. 농촌지도소와 군, 면에서 주민을 동원하여 교육을 실시하기도 했지만, 그보다는 농촌지도소의 지도사가 직접 마을을 찾아다니며, 현장 상황에서 필요한 각종 영농 관련 지식을 지도하는 방문교육이 훨씬 효과를 거두었다. 조생종 볍씨가 보급되면서는 묘판 설치시기를 재촉하는 지시가 농가에 전달되었고(1976. 4. 4.) 시설물 설치 상황을 점검하고 지도하는 방문교육도 수시로 이루어졌다. 특히 농업의 기계화가 진전되면서 기술교육의 중요성은 더욱 커졌다. 1979년 이앙기가 보급되면서 이듬해의 기계 이앙을 위한 이앙기 조작 기술 교육, 이앙기용 묘상의 설치와 관리 등에 관한 교육의 빈도가 부쩍 늘었다(1979. 9. 17.; 9. 18.; 10. 10.; 10. 24.; 10. 25.).

양잠과 식목, 젖소 사육 등은 국내외 시장의 수요를 예측하는 국가 능력에 의해서만 계획되고 추진될 수 있는 것이었다. 그리고 그 보급과 기술 교육도 국가에 의해서 주도되었다. 그리고 이러한 국가계획에 의한 영농은 때로 실패로 끝나게 되기도 했지만,[19] 상당한 경우에는 수확량의 증가와 농가 소득의 증가를 가져왔다. 대표적으로 양잠은 1960년대에 잠사업이 수출산업으로 부상하면서 농가의 소득증대사업의 주요 작목으로 지정되었다. 국가에서는 1968년 전국에 23개 집단 잠업단지를 조성하여 누에고치 증산에 주력하였다. 『일기』의 저자인 최내우도 1960년대 후반부터 누에를 치기 시작했는데, 양잠을 통해서 1972년 48만 원, 1974년에는 108만 원의 소득을 올렸다. 이것은 정미소와 쌀 · 보리농사 다음으로 최내우의 소득 항목 중세 번째 순위에 해당하였다. 최내우의 양잠에 대한 열정은 일본에서견직물 수입을 규제함에 따라 수출이 막히게 되자, "대통령 각하께서텔레비를 통해서 상전에는 (뽕나무를 심지 말고) 전환토록 (하라고)"(1976. 3. 5.) 한 이후에도 한동안 계속되었다.

이처럼 국가가 농촌사회에 대해 절대적인 지적, 기술적 우위에 있음으로써, 농민들의 입장에서는 국가가 권장하는 품목과 품종을 선택하고, 군청과 면사무소 그리고 농촌지도소 직원에게서 농업 기술 교육을 받는 것이 곧 경제적 이익과 직결되는 것으로 이해되었다.[20] 특히 국가의 시책에 충실히 따르면 지원 대상자로 선정될 가능

---

19) 대표적인 실패 사례로 1974년의 통일벼 재배로 인한 손해와 1979년 노풍 재배의 실패 등을 들 수 있다. 『일기』에서는 "재배한 통일벼를 탈곡해 보니 많이 부패하여"(1974. 10. 31.) "공판에서 등외 판정을 받았고"(1974. 11. 18.), "노풍 신품종을 이앙했더니 모두 죽어서 수확이 없어 괴로웠다"(1979. 1. 1.)고 기록되어 있다. 또한정부의 권장에 힘입어 시작한 축산도 판로가 불투명해 축사 설비 등에 들어간 50만원의 투자비 손실을 감수하고 포기해야 했다(1979. 1. 3.).

20) 이 과정에서 농민들이 갖고 있던 전통적 · 경험적 지식과 판단은 무시되기 일쑤였다. 『창평일기』와 비슷한 시기에 경기도 평택에서 작성된 『평택일기』에는 지역 조건에 맞지 않는 신품종 강요로 갈등을 빚는 모습이 잘 드러나 있다(문만용, 2013: 36).

성이 높아졌고, 이것은 다른 농가에 비해 더 많은 혜택을 받을 수 있다는 것을 의미했다. 이러한 점에서 군과 면, 농촌지도소 등과의 인맥을 친밀하게 맺어 놓는 것은 개인의 이익을 위해 매우 효과적인 일이었다. 따라서 명절이면 촌지나 선물을 건네는 것이 당연한 일이 되었고, 때로는 공무원들이 먼저 다소간의 촌지를 요구하기도 했다(1970. 9. 12. ; 1971. 1. 23.).

농촌 주민의 일상생활에 대한 감시는 농촌의 전통적 생활방식을 전근대적이고 비생산적이라고 간주하고, 생활 개선을 통해서 농촌의 발전을 이룰 수 있다는 계몽적 수사를 내세우면서 이루어졌다.[21] 이러한 도덕적 통제는 주민들의 자발적 동의를 동원하는 데 성공을 거두었고, 국가의 지적, 기술적 우위는 도덕적 지배로 연결되었다.[22] 국가 시책에 협조하지 않는 주민은 불량한, 비도덕적인 사람으로 간주되었다. 주민들은 국가 시책에 자발적으로 협조하고 스스로를 동원하기 시작했다. 스스로 계획해서 농로 개설을 하기로 하고 일에 착수했다(1970. 8. 7.). 주민들은 산림녹화사업의 중요성을 인식하고 산에서 나무를 잘라 운반하는 주민들을 스스로 적발하여 신고하게 되었다(1971. 1. 9.).

1971년 마을 총회에서 결의한 주점 폐쇄 결정은 농촌 주민의 자발적 동원의 대표적인 사례로 꼽을 만하다. 1월 17일 마을 회의에서 한 주민이 동네 주점을 없애자는 제안을 해서 "만장일치로 통과시키

---

21) 1970년대 전반에 걸쳐 전개되었던 '허례허식'과 '퇴폐풍조 일소' 운동 등이 이러한 특징을 전형적으로 보여준다. 이 기간 동안 농촌 지역에서 추진된 '주거환경, 생활환경 개선사업' 등도 '전통적인 것=전근대적인 것'이라는 등식을 전제로 한 것이다.

22) 조희연(2010: 105~107)에 의하면 1960~1970년대 초반 사이에 국가의 근대화정책이 국민적 헤게모니(hegemony)를 확보하게 되었고, 이로 인해서 1970년대의 개발정책은 전 국민의 광범한 동의하에서 전개될 수 있었다.

고 불원 총회에 넘기기로" 했다(1971. 1. 17.). 사흘 뒤에 열린 마을 총회에서 "앞으로 좋은 부락을 만드는 데 우리가 술집에서 술부터 먹지 말자고 제안하고, 회의석상에서 이의 없이 조목을 통과시키고, 우리 대는 못살망정 2대 청소년에는 잘 살기 위해 유종의 미를 거두도록"(1971. 1. 20.) 해주기 위해서 주점 철거를 결정하였다. 그리고 이 결정은 바로 주점 주인에게 통보되었다.[23]

주점 주인은 변변히 항의조차 해보지 못하고 마을 회의의 결정에 따르기로 했다. 그런데 이 결정은 마을에서 조그만 논란거리가 되었다. 주민 중 일부가 주점 폐쇄 결정에 대해 문제를 제기하고 나선 것이다. 즉 주민 중 일부가 "대한민국에 입법부가 하나인 줄 알았더니 우리 동네까지 둘이라고. 헌법에 보장되어 있는데, 술장사도 생업인데 어떤 놈이 내 돈 주고 술 먹는데 말리냐고"(1971. 1. 21.) 반발한 것이다. 그러나 이러한 내부의 불만은 "이제 이런 행위(도박)가 다시 시작된다면 청소년들에 무슨 말 할 수 있느냐"(1971. 2. 23)는 도덕적 논리[24]에 눌려 공론화되지 못하고 일부 주민들의 뒷말로만 돌다 슬그머니 잦아들었다.

1971년 마을 개발사업의 추진과정에서 일어났던 한 시비의 사례는 개발 논리가 개인의 법적 권리보다 훨씬 우선한다는 점을 보여주고 있다. 마을 소류지를 조성하면서 개발위원인 최내우는 토지 소유주를 불러서 토지 양도를 요구했다. 그런데 토지 소유주는 토지정리 비용을 요구하면서 거절했다. 그러자 최내우는 토지 소유주에게 화를

---

23) "정 □□(주점 주인)를 불러다 어제 밤에 회의한 끝에 주점을 없애기로 했는데 사전에 계획을 해서 폐지할 것을 각오해라 했다"(1971. 1. 18.).

24) 실제로 주점의 내실은 주민들 중 성인 남자들이 모여 도박을 벌이던 장소였다. 그래서 주민의 반발에 대해 주점 철거의 논리로 '도박 근절'이 내세워질 수 있었다.

내면서 욕설을 퍼부었다.

"나는 화가 났다. 현장에 박ㅁㅁ를 데리고 가서 약 10평쯤 요구했더
니 불응했다. 정리금 10만 원을 대라 했다. 개ㅁ놈이라면서 욕설을
했다"(1971. 4. 15.).

그런데 그 다음 날 토지 소유주인 박ㅁㅁ가 찾아와서 "어제 미안하
다면서 용지를 양도하겠다고 했다. (최내우는) 박ㅁㅁ를 데리고 현장
에 가서 양도받을 땅에 말뚝을 박고 돌아왔다"(1971. 4. 15.). 위의
사례들을 통해서 확인할 수 있는 것처럼 1970년대 농촌사회에서 개
발 논리는 개인의 근대적 법적 권리를 압도하고 있었다.

5. 농촌사회 권력구조의 변화

1970년대 마을의 의사결정구조는 이장, 마을참사, 개발위원장, 자
치회장, 새마을지도자 등을 중심으로 구성되었다. 마을 개발사업을
비롯한 공동사업들은 마을회의를 통해서 결정되는 형식적 절차를 밟
지만, 몇 사람의 마을 리더들에 의해 의제의 선정과 사업의 내용은
미리 조정되었다. 1970년대에 마을 리더들이 수행한 주요 업무는 국
가의 개발정책을 마을 단위에서 조정·집행하는 일이었다. 군, 면을
통해서 마을로 내려오는 국가의 개발계획과 지원은 이들을 통해서
주민들에게 전달되고, 배분되었다.

마을 앞 다리와 도로, 농로, 저수지 등 마을 개발사업과 조림사업,

퇴비증산, 집단상전 조성 등 생산 증대 운동 그리고 누에 공판, 추곡 수매, 소 사육농가 지원 등 주민의 소득과 직결된 사업의 대부분이 마을 단위에서는 이들에 의해 결정되고, 주민들에게 전달되었다. 마을 리더들은 군과 면 등 관료조직의 구성원들과 가장 긴밀하게 친분을 유지하고 있었고, 면과 군 회의에서 국가의 개발계획과 시책에 관해서 가장 먼저 정보를 얻게 되는 집단이었다. 그리고 개발사업에서의 노동력 동원 계획과 가구별 배분, 가구당 추곡수매 물량 결정, 소 사육 지원 대상자 선정, 비료 및 농약 배분 등 농업경영의 중요한 영역에서 일차적인 결정권을 지니고 있었다. 따라서 마을 리더들은 국가 계획을 마을 단위에서 집행하는 국가권력의 대행자이자, 마을 사업의 집행을 결정하는 마을의 권력층이었다.

마을 리더들은 또한 마을의 주점 폐지를 결정하고, 도박과 풍기문란을 감시하고 단속할 수 있는 도덕적 권한을 가지고 행사할 수 있는 집단이었다.[25] 1971년 1월에 있었던 주점 폐쇄 결정도 마을 리더들의 회의 자리에서 제안된 것이었다. 이들은 도박을 하는 주민들이 발견되면, 마을 규칙에 어긋난다는 이유로 "화토 방석을 차면서 이럴 수 있나"(1971. 5. 24.)라고 훈계하고 제지할 수 있는 권한을 국가기구로부터 위임받아 행사하는 도덕적 지도 집단이었다.

따라서 이들이 마을 개발사업에서 얻어지는 이익을 사적으로 전용할 수 있는 가능성은 언제나 있었다. "마을 사무소와 마을 창고짓는 데 사용할 목재와 제재의 일부를 이장이 사적으로 유용"(1969. 5. 29.)하기도 하고, "(마을 리더 중 한 사람이) 잠실도 짓지 않고도 자

---

25) 실제로 최내우는 1972년 지서에서 도박근절위원으로 위촉장을 받았다(1972. 2. 20.).

금 5만은 누구보다도 먼저 타고, 실제 잠실을 지어놓은 사람은 주지 않는"(1969. 7. 6.) 일도 마을에서 발생했다. 이로 인해서 마을에서 갈등이 발생하기도 했지만, 언제나 마을 내부의 논란으로 그쳤을 뿐 마을 리더들의 공적인 지위에 영향을 미칠 정도로 문제가 되는 일은 많지 않았다.

『일기』의 저자인 최내우는 1949년부터 1965년까지 마을 이장을 맡고 있었다. 마을 내에서 삭녕 최 씨는 마을의 유력 집안으로 해방 이전에도 마을 구장 직을 거의 독점하다시피 했다.[26] 이장 직에서 물러난 이후에도 최내우는 마을 개발위원, 산림계장 등의 직책을 맡아서 마을 권력의 한 축을 차지하고 있었다. 그러나 1970년대 이후에는 점차 세대교체가 진행되면서 권력의 중심에서 밀려나고 있었다. 세대교체가 마을 권력구조의 변화를 만들어낼 수 있는 힘은 새마을운동과 같은 개발사업에서 나올 수 있었다. 즉 적극적인 추진력을 갖춘 젊은 지도자를 선호하는 새마을운동은 새로운 청년 세대의 자발적인 참여를 동원할 수 있었다. 국가는 젊은 지도자를 선발하고 이들에게 강력한 지원을 함으로써 마을 권력의 세대교체에 힘을 실어주었다. 즉 마을 권력이 세대 간 교체를 통해서 변화될 수 있었던 것은 국가가 청년 세대의 힘을 성공적으로 동원함으로써 가능해진 것이었다(김영미, 2009: 192~207). 그 대가로 국가는 마을 단위에서 국가 시책을 추진할 적극적이고 자발적인 동력을 확보할 수 있었다.

마을의 전통적 권력은 점차 지배력을 상실하게 되고, 상징적으로

---

26) 최내우는 『일기』 이외에, 1993년 작성한 회고록(『월파유고』)을 남겼다. 그 기록에 보면 일제 강점기 동안 자신의 형님이 구장 직을 맡았다고 적혀 있다.

만 남아 있게 되었다.[27] 그에 비해서 마을 리더들의 결정은 구체적인 집행력을 수반하고 있었다. 그래서 이들에 대해 반대하는 것은 개발 사업에 반대하는 것이고, 국가 시책에 저항하는 것이었다. 즉 마을 리더들의 권력 행사에 저항하는 집단은 마을을 "자기 손아귀에 넣지 못하니까 불평"(1970. 2. 28.)하는 집단으로 간주되었고, 마을의 근대화를 저해하는 세력이었다. 그래서 "이장은 창인리 최 씨 족속에 매여 이장질 할 터이면 차라리 그만 두겠다"(1970. 4. 21.)고 마을의 전통적 유지집단에 대해 선전포고를 할 수 있었다.

6. 맺음말

1970년대 농촌 개발은 국가의 농촌사회에 대한 압도적인 물질적 지배력과 지적·도덕적 우위를 바탕으로 추진되었다. 이 시기의 농촌 개발은 농업·농촌의 근대화를 구호로 내세워 농촌 주민을 물리적, 정신적으로 동원함으로써 가능했다. 식민지 통치를 위해 수립된 강력한 국가 관료기구를 배경으로 형성된 국민 통제체제가 효율적인 주민 동원을 가능하게 한 배경이 되었다.

빠른 속도로 진행되는 산업화 과정에서 농업 부문은 확장된 시장경제 속으로 흡수되었고, 농촌 주민의 생활은 점차 열악해지는 시장에

---

27) 그렇지만 마을의 전통적인 노인 공경이 사라진 것은 아니었다. 1970년대에도 양로당에 마을의 나이든 어른들이 모여 있었다. 마을 리더들은 가끔씩 양로당의 노인들에게 식사를 대접하거나 마을일에 대해 상의하기도 하였다. 그러나 양로당은 마을에서 일어난 사건이나 추문 등에 대해서는 상당한 발언권을 지니고 있었지만, 마을의 개발사업에 관한 의사결정구조에서는 완전히 배제되어 있었다(이정덕 외, 2012a: 30).

서의 지위를 국가의 지원에 의존해서 보전하지 않을 수 없었다. 국가는 농업 부문에서 경제적 지원과 우월한 기술적 지위를 활용하여 농민의 생산과 유통 영역에 대한 지도력을 강화하였다. 뿐만 아니라 주택, 도로, 교량 등 농촌의 생활 영역에 대해서도 지원을 확대하면서 농촌 주민의 삶에 대한 지배를 확대해나갔다. 공동작업, 부역 등 노동력 동원과 각종 단합대회, 궐기대회, 경진대회 등의 행사 동원을 통한 농촌 주민의 국민으로서의 통합을 추진하였다. 그리고 일상적 감시와 통제 또한 강화하였다.

1970년대의 농촌 개발을 통해 국가로부터 농촌의 마을사회까지 이어지는 수직적 지배·통제체제를 효율적으로 확립할 수 있었던 것은 농촌 주민들의 자발적 동원과 협조가 있었기 때문이다. 농촌의 비생산적, 비효율적 요소들을 제거하고 생활 개선을 통해 농촌 발전을 이룰 수 있다는 국가의 계몽적 수사는 농촌 주민들의 동의를 끌어내는 데 성공을 거둘 수 있었고, 국가의 도덕적 지배력을 강화시켜 주었다. 한편 주민들은 국가의 농촌 정책에 대한 자발적 협조와 참여가 자신들에게 경제적으로 이익이 된다는 사실을 잘 이해하고 활용했다.

국가의 농촌사회에 대한 지배는 농촌의 권력관계를 변화시킴으로써 더욱 효과적으로 진행될 수 있었다. 국가는 변화에 대해 보다 적극적이고 의욕적인 젊은 세대를 지원함으로써 농촌사회의 전통적 지배구조를 해체시켰다. 국가의 강력한 물질적 지원과 정보의 제공 그리고 변화에 대한 긍정적 인식을 교육받은 젊은 세대는 농촌사회의 새로운 권력집단으로 부상할 수 있었다.

국가는 농촌사회에 대한 지배와 동원을 통해서 농업 개발을 촉진하면서 농촌사회로부터 산업화를 추진할 수 있는 물질적, 인적, 정치적 자원을 확보할 수 있었다. 도시 산업지역으로 낮은 가격의 식량과 젊고 유순한 노동력을 공급하는 것은 당시 저임금 산업화 전략의 가장 기본적인 조건이었다. 그리고 정치적으로는 도덕적 지배를 강화시키는 주민 동원체제를 확립하는 것이 정권의 안정에 매우 중요한 바탕이 되었다. 이것이 1970년대 국가주도 산업화 전략의 밑거름이 되었음은 물론이다.

한편 이 동원 과정에 참여함으로써 농촌사회와 농촌 주민들은 농업의 쇠퇴과정에서 발생하는 자신들의 불안정한 시장적 지위를 보완, 보충할 수 있는 물질적 자원을 국가로부터 지원받을 수 있었다. 마을 권력구조의 성공적 재편을 통해서 부상한 새로운 마을 권력집단은 국가의 물리적, 도덕적 동원과 지배 질서에 참여하고 협력하는 것이 자신들의 개인적 이익을 위해서도 매우 효율적이라는 사실을 곧 파악할 수 있었다. 그러나 농촌주민의 경제적 이익에 대한 이해가 곧 농촌사회에서 근대성의 형성을 보여주는 것이라고 이해하기는 쉽지 않다. 농촌주민들이 자신의 권리의식을 인식하고, 자율적으로 집단적 의사표현을 할 수 있게 되기까지는 아직 긴 시간이 더 필요했기 때문이다.

참고문헌

고원. 2008. "새마을운동의 농민동원과 '국민 만들기'". 공제욱 엮음, 『국가와 일상: 박정희 시대』. 서울: 한울.

김수욱, 유병민. 2003. "산업화 과정에서 한국 농촌사회의 변화 양상", 『한국농업교육학회지』 35(4): 1~14.

김영미. 2009. 『그들의 새마을운동』, 푸른역사.

김윤태. 2012. 『한국의 재벌과 발전국가 : 고도성장과 독재, 지배계급의 형성』. 서울: 한울.

문만용. 2013. "일기로 본 박정희 시대의 농촌 '과학화'", 한국지역사회학회, 『지역사회연구』 21(1): 25~43.

민문홍. 2001. 『에밀 뒤르케임의 사회학— 현대성 위기 극복을 위한 새로운 패러다임을 찾아서』. 서울: 아카넷.

박광주. 1992. 『한국 권위주의 국가론— 지도자본주의체제하의 집정관적 신중상주의 국가』, 인간사랑.

박찬승. 2009. "한국전쟁과 마을— 기존 연구의 정리와 향후 연구의 과제." 『지방사와 지방문화』 12(1): 411~455.

안승택. 2012. "폭력의 거처: 한 현대농촌일기에 나타난 거친 농민들과 촌락공동체 그리고 국가", 한국지역사회학회, 『지역사회연구』 21(1): 45~71.

오도넬, G.(한상진 옮김). 1984. 『관료적 권위주의와 조합체제: 제3세계 정치체제의 새로운 전망』. 서울: 한울.

윤해동. 2006a. "일제시기 면제 실시와 근대적 관료·행정제도의 도입." 『한국사학보』 24: 23~287.

_____ . 2006b. 『지배와 자치』. 서울: 역사비평사.

이성호. 2013. "반공국가 형성과 지역사회의 변화", 한국지역사회학회, 『지역사회연구』 21(1): 1~24.

이정덕, 김규남, 문만용, 안승택, 양선아, 이성호, 김희숙. 2012a. 『창평일기1』. 서울: 지식과교양.

이정덕, 김규남, 문만용, 안승택, 양선아, 이성호, 김희숙. 2012b. 『창평일기2』. 서울: 지식
　　과교양.

이환병. 2011. 『모범 농민·마을의 성장과 농촌 새마을운동』, 성균관대학교 사학과 박사학
　　위논문.

임경택. 1991. 『한국권위주의 체제의 동원과 통제에 관한 연구: 새마을운동을 중심으로』,
　　고려대학교 정치외교학과 박사학위논문.

임형백, 이성우. 2003. "농촌과 도시의 공존을 위한 인식론적 전환: 근대화론 비판." 『농촌
　　사회』 13(2): 41~73.

정기환. 2003. "농촌인구와 가족구조의 변화", 한국농촌경제연구원, 『한국 농촌사회의 변
　　화와 발전』: 28~50.

조희연. 2010. 『동원된 근대화』. 서울: 후마니타스.

지수걸. 2007. "일제하의 지방통치 시스템과 군 단위 '관료-유지 지배체제." 『역사와 현실』
　　63: 345~379.

지수걸. 2010. "한국전쟁과 군 단위 지방정치." 『지역과 역사』 27: 5~39.

황병주. 2011. "새마을운동을 통한 농업 생산과정의 변화와 농민 포섭." 한국사회사학회.
　　『사회와 역사』 90: 5~48.

통계청. 1994. 『지난 30년간 고용사정의 변화』.

통계청. 각 년도. 『한국통계연보』.

Bonanno, Alessandro. 2006. "The state and rural polity." in Cloke, P., T. Marsden & P.
　　Mooney(eds). *Handbook of Rural Studies*. London: SAGE Publications.

Colke, Paul. 2006. "Conceptualizing rurality." in Cloke, P., T. Marsden & P. Mooney(eds).
　　Handbook of Rural Studies. London: SAGE Publications.

색인

사항

서명

필자 소개

▌이정덕

서울대 인류학과를 졸업하고, 미국 뉴욕시립대에서 인류학 박사학위를 취득했다. 1993년부터 전북대학교에서 문화인류학을 가르치고 있다. 문화이론과 문화의 정치경제적 분석 그리고 서구편향적 이론의 극복에 관심을 쏟고 있다. 현재 전북대 쌀·삶·문명연구원 원장, 한국문화인류학회 부회장을 맡고 있다. 주요 논저로는 『창평일기 1~4』 등이 있다.

▌이케다 유타(池田勇太)

일본 쥬오대(中央大) 사학과를 졸업하고, 도쿄대(東京大) 대학원 인문사회계연구과에서 일본사 전공으로 문학박사 학위를 취득하였다. 이이다시(飯田市) 역사연구소 연구원을 거쳐 현재 야마구치대(山口大) 인문사회학과 교수(강사)로 재직 중이다. 전공은 일본근대사이며, 지금까지 근대로의 정치·사회적 변혁에서 유교적 이념의 역할에 주목하여 메이지유신사 분야의 연구를 진행해오고 있다. 주요 논저로 『維新変革と儒教的理想主義』, 『福澤諭吉と大隈重信』, 『胡桃澤盛日記』(공저) 등이 있다.

▌진정원(陳姃湲)

대만 중앙연구원 대만사연구소 부연구원으로 재직 중이다. 일본 식민 통치기의 대만 사회, 특히 하층민과 주변인을 연구하고 있다. 주요 저서로 『從東亞看近代中國婦女教育─知識分子對賢妻良母的改造』(2005), 『看不見的殖民邊緣: 日治台灣邊緣史讀本』(공저, 2012), 『東アジアの良妻賢母論─創られた伝統』(2006) 등이 있다.

▌허펑차오(何鳳嬌)

대만 국립정치대학(國立政治大學)에서 역사학으로 박사학위를 취득하고, 현재 국사관(國史館, Academia Historica)에서 연구원(纂修, Senior Researcher)으로 재직 중이다. 일제 시대와 전후 초기의 대만사에 관심을 두고 연구하고 있다.

▌옌하이젠(严海建)

남경대학(南京大學) 역사과에서 중국근현대사로 박사학위를 취득하고, 현재 남경사범대학(南京師範大學) 중국사학과 교수로 재직 중이다. 중화민국사를 전공하면서 『南京大屠杀研究』(공저, 2012), 일본군의 중국 침략, 국민정부 초기 청년운동 등 주로 제국주의 침략기와 중국 현대시기에 관심을 두고 연구하고 있다.

▌마츠다 시노부(松田忍)

일본 도쿄대(東京大) 역사문화학과를 졸업하고, 동 대학원 인문사회계연구과에서 일본사 전공으로 문학박사학위를 취득했다. 릿쇼대(立正大), 니혼대(日本大), 쇼와죠시(昭和女子)대학 강사, 일본 국회도서관 조사원을 거쳐, 현재 쇼와죠시대학 역사문화학과 교수(전임강사)로 재직 중이다. 전공은 일본 근현대사이며, 신생활운동, 농회(農會), 전후사(戰後史) 분야를 중심으로 연구를 진행 중이다. 주요논저로『系統農会と近代日本——1900~1943年』,『新生活運動協会——一九四〇年代後半～一九六〇年代半ば—』(공저),『西山光一日記』(공저) 등이 있다.

▌이성호

동국대학교 사회학과에서 박사학위를 취득하였다. 전북대학교 쌀·삶·문명연구원 HK교수 등을 지내고 현재 전북대학교 〈SSK 개인기록의 사회과학〉 연구팀 전임연구원으로 재직 중이다. 주로 노동과 빈곤 등을 주제로 지역사회 연구를 진행하고 있으며, 주요 저서로『전북지역 민주노조운동과 노동자의 일상』(공저),『전북지역 민주노조운동의 전환과 모색』(공저) 등과「반공국가 형성과 지역사회의 변화」등의 논문이 있다.

▌안승택

서울대학교 인류학과를 졸업하고, 동 대학원에서 인류학 박사학위를 취득했다. 지역문화연구소 연구원 및 연구위원, 역사문화연구소 특별연구원, 전북대 쌀·삶·문명연구원 HK교수 등을 지내고, 현재 서울대 규장각한국학연구원 HK연구교수로 재직 중이다. 전공은 역사인류학이며, 식민지시기를 중심으로 그 전후시기를 오가며 재래 농업기술과 농민사회의 근대적 이행 양상을 연구해오고 있다. 주요논저로『식민지 조선의 근대농법과 재래농법』,『평택일기로 본 농촌생활사』(공저),『조선 기록문화의 역사와 구조』(공저) 등이 있다.